Labor Economics Studies in China: 1978–2018

中国劳动经济学40年

（1978–2018）

杨伟国　高文书　主编

中国社会科学出版社

图书在版编目（CIP）数据

中国劳动经济学40年:1978—2018/杨伟国，高文书主编. —北京：中国社会科学出版社，2018.12

ISBN 978 - 7 - 5203 - 3752 - 6

Ⅰ.①中… Ⅱ.①杨… ②高… Ⅲ.①劳动经济学—中国—文集 Ⅳ.①F240 - 53

中国版本图书馆 CIP 数据核字（2018）第 279633 号

出 版 人	赵剑英	
责任编辑	侯苗苗	桑诗慧
责任校对	李 剑	
责任印制	王 超	

出　　版	中国社会科学出版社
社　　址	北京鼓楼西大街甲 158 号
邮　　编	100720
网　　址	http://www.csspw.cn
发 行 部	010 - 84083685
门 市 部	010 - 84029450
经　　销	新华书店及其他书店

印　　刷	北京明恒达印务有限公司
装　　订	廊坊市广阳区广增装订厂
版　　次	2018 年 12 月第 1 版
印　　次	2018 年 12 月第 1 次印刷

开　　本	710×1000 1/16
印　　张	14.75
插　　页	2
字　　数	242 千字
定　　价	65.00 元

凡购买中国社会科学出版社图书，如有质量问题请与本社营销中心联系调换
电话：010 - 84083683

前 言[①]

劳动经济是国民经济的重要领域，事关国计民生。劳动经济是指劳动力的培养、提供、配置、使用和权益保障等一系列运行过程，涉及人口、教育、健康、培训、就业、失业、工资、收入分配、劳动关系、社会保险等诸多内容，是国民经济中极为重要的一个领域。劳动经济的发展，意味着劳动力的可持续供给、劳动者素质的不断提高、劳动力资源的充分利用、劳动者工资和生活的有效保障、劳动者工作条件和工作环境不断改善、劳动关系的和谐稳定以及劳动者工作效率和满意度不断提升。由于劳动经济涉及人民群众生活的方方面面，在一定意义上，劳动经济就是民生经济，对社会的和谐、稳定和健康发展极为重要。

改革开放 40 年来，中国的劳动经济取得了举世瞩目的成就。就业规模不断扩大，就业结构显著优化，就业质量显著提高，劳动力市场不断完善，劳动者权益保障明显提升，人民群众的获得感不断增强。中国劳动经济的发展，为劳动经济学在中国的发展提供了沃土，催生出了大量具有中国特色的劳动经济学研究成果；同时，中国劳动经济学的发展和创新，又进一步促进了中国劳动经济的发展。

纵观过去 40 年的发展，中国劳动经济学的研究内容不仅完全涵盖了劳动经济学的传统领域，如劳动力需求、劳动力供给、工资、人力资本投资、歧视、工会、劳动力市场规制等，还拓展到经济增长与就业增长的关系、就业结构与产业结构的协调、农村劳动力转移就业、贸易与就业、人口红利、刘易斯转折点、营养与健康等诸多新兴领域，并逐渐从微观走向宏观，逐渐走出一条贯穿微观和宏观经济分析的路子。中国劳动经济学虽然起步较晚，但由于其专注和研究的往往是经济社会发展过

[①] 杨伟国，中国人民大学劳动人事学院院长、教授，德国劳动研究所（IZA）研究员；高文书，中国社会科学院人口与劳动经济研究所研究员。

程中面临的重大理论和现实问题，学科发展突飞猛进，学科体系初步形成，研究成果对国家重大战略决策和政策制定发挥了重要的作用。

改革开放 40 年以来，劳动经济学的教学单位、科研机构、学术刊物和学术团体更是获得巨大发展。众多高等院校开设了劳动经济专业，招收和培养本科生、研究生甚至博士生。一些高校甚至成立了专门的劳动经济学院，如中国人民大学劳动人事学院、首都经济贸易大学劳动经济学院。我国还先后成立了专门的劳动经济学研究机构，如中国社会科学院人口与劳动经济研究所、中国劳动和社会保障科学研究院等。劳动经济的专业学术刊物也从无到有、由少到多，发展到目前的《劳动经济研究》《人口与经济》等百花齐放的格局。2016 年 5 月，劳动经济学会正式成立，中国劳动经济学界又拥有了一个自己的全国性专业学术团体。

此外，从研究方法上看，中国劳动经济学界已经从初期的简单描述分析，发展到注重调查和实证研究，现代经济学的理论和方法已经得到普遍应用。而且，中国劳动经济学界已经积累了大量的长期微观调查数据，如北京大学的"中国健康与养老追踪调查"（China Health and Retirement Longitudinal Study，CHARLS）、中国社会科学院的"中国城市劳动力调查"（China Urban Labor Survey，CULS）、中国社会科学院和北京师范大学的"中国居民收入调查数据"（China Household Income Projects，CHIP）等，为中国劳动经济学研究提供了丰富的第一手数据。

应该说，40 年来中国的劳动经济学取得了巨大成绩，不仅实现了与国际学术界对等交流，还形成了具有自身特色的内容体系。

本书以中国劳动经济发展的实践为主线，从就业与经济增长、劳动力转移、工资决定、工资差距、人力资本投资、劳动力市场运行等方面，综述改革开放 40 年以来学术界对这些领域的研究成果，描述相关研究的进展、创新及未来的研究方向。

本书作者均长期从事劳动经济学的研究和教学工作，熟悉中国劳动经济的实践与政策，对劳动经济学的理论和方法有较好的掌握，能够将劳动经济理论和中国的实践结合起来进行阐述。希望本书能够反映改革开放 40 年来中国劳动经济研究的主要脉络和基本观点，但由于时间有限，有些问题没有进行专门的论述。本书主编和各章作者限于水平，书中肯定会存在诸多不足之处，敬请读者批评指正。

目　　录

第一章　中国就业理论与实践的研究进展 ………………………… 1

第一节　就业优先战略的确立和发展 ……………………………… 1

第二节　就业结构和产业结构协调性的探讨 ……………………… 4

第三节　关于技术进步就业效应的讨论 …………………………… 7

第四节　对延迟退休和生育政策调整就业效应的关注 …………… 10

第五节　新经济对中国就业影响的研究 …………………………… 14

第二章　改革开放以来中国就业弹性研究的回顾与展望 ………… 22

第一节　就业弹性的研究概况 ……………………………………… 22

第二节　就业弹性测算及其变动趋势的研究 ……………………… 24

第三节　关于就业变动和经济增长关系的争论 …………………… 27

第四节　就业弹性的影响因素体现了经济发展的阶段特色 ……… 30

第五节　就业弹性估算方法的不断完善 …………………………… 32

第六节　进一步研究的方向 ………………………………………… 34

第三章　中国灵活就业问题研究进展 ……………………………… 42

第一节　灵活就业概念的探讨 ……………………………………… 43

第二节　灵活就业形成机理的分析 ………………………………… 48

第三节　灵活就业的统计与测度 …………………………………… 52

第四节　灵活就业工资和收入差距的研究 ………………………… 57

第五节　灵活就业管理与政策的研究 ……………………………… 59

第六节　未来研究方向 ……………………………………………… 63

第四章 改革开放以来中国劳动力流动研究 ············ 70

第一节 中国劳动力流动基本历程 ············ 70

第二节 中国人口流动与人口空间分布 ············ 77

第三节 中国人口流动与经济增长 ············ 79

第四节 中国少数民族人口流动 ············ 81

第五节 中国人口流动的新趋势 ············ 83

第五章 改革开放 40 年中国农村劳动力转移就业政策研究 ············ 90

第一节 在改革开放中走出的中国特色农村劳动力转移
就业道路 ············ 91

第二节 改革开放 40 年中国农村劳动力就业政策的演进及
特点 ············ 96

第三节 改革开放 40 年中国农村劳动力转移就业政策
研究成果 ············ 109

第六章 改革开放以来关于工资决定机制的研究 ············ 117

第一节 工资决定机制内涵的研究 ············ 117

第二节 国有企业工资形成的研究 ············ 118

第三节 非国有企业工资形成的研究 ············ 122

第四节 农民工工资形成的研究 ············ 124

第五节 关于工资形成机制的实证研究和完善建议 ············ 126

第七章 中国工资差距研究 40 年综述 ············ 131

第一节 绪论 ············ 131

第二节 工资差距的测量方法 ············ 134

第三节 中国工资差距的测量与成因分析 ············ 137

第四节 中国工资差距研究的评价和展望 ············ 154

第八章 中国人力资本理论研究的创新和发展 ············ 162

第一节 人力资本理论与经济发展 ············ 162

第二节 教育决策与回报 ············ 168

第三节　教育质量与教育发展 ……………………………………… 175

第九章　改革开放以来职业培训研究的演进和嬗变 ……… 184

第一节　改革开放初期至 1992 年的职业培训研究 ……… 185

第二节　1993 年以来职业培训研究的演进及重点 ……… 189

第三节　改革开放 40 年来职业培训研究的嬗变特征 ……… 196

第四节　简评和展望 ………………………………………… 198

第十章　改革开放 40 年来劳动力市场歧视研究的发展趋势 ………… 203

第一节　劳动力市场歧视理论和测量方法 ……… 204

第二节　关于性别歧视的相关研究 ……… 209

第三节　关于户籍歧视的相关研究 ……… 212

第四节　关于相貌歧视的相关研究 ……… 216

第五节　总结 ………………………………………… 220

后　记 …………………………………………………… 227

第一章　中国就业理论与实践的研究进展[①]

就业是最重要的民生，对社会稳定和经济发展具有重要意义。中国人口基数大，经济发展水平还不高，解决就业一直是社会经济发展中极为重要的问题。如何实现充分就业也便成了国家需要面临和解决的重大问题，因而，就业问题也就成为中国劳动经济学研究的最为重要的领域之一。改革开放 40 年来，学术界从中国的就业战略、经济增长与就业增长的关系、就业结构与产业结构的协调、技术进步对就业的影响、新经济发展对就业的影响、生育政策调整的就业效应等众多方面，对中国的就业问题展开了广泛而深刻的研究，取得了丰富的成果，并实现了一定的理论创新。

第一节　就业优先战略的确立和发展

就业优先可以说是中国经济发展的一大特点。中国就业优先战略的提出，在世界劳动就业发展史上可以算得上浓墨重彩的一笔。所谓就业优先战略，就是要把促进就业放在经济社会发展的优先位置，作为经济社会发展的优先目标，选择有利于扩大就业的经济社会发展战略。我国在 21 世纪初期基本确立了就业优先战略，直接推动了我国劳动经济事业的蓬勃发展。目前，就业优先战略已经深入人心，在新时代，就业优先战略又被赋予了新的内涵。

一　就业优先战略的确立

2002 年中共中央、国务院发布《关于进一步做好下岗失业人员再就

---

① 高文书，中国社会科学院人口与劳动经济研究所研究员。

业工作的通知》，是就业优先战略开始酝酿的阶段；2008 年国务院发布《关于做好促进就业工作的通知》，基本确立了就业优先战略；2013 年以来，随着中共中央《关于全面深化改革若干重大问题的决定》等纲领性文件的颁布，就业优先战略持续深化（袁廿一等，2017）。

就业优先战略，是基于我国基本国情的选择，特别是在经济转型期和社会转轨期，有着深刻的背景（毕京福，2010）：首先，经济增长拉动就业增长的速度放缓，就业弹性系数不断下降；失业人员增多；劳动力总量增长对经济增长的贡献率减小。其次，就业问题始终是民生的首要问题，实施就业优先战略、扩大就业，是优先保障人们的劳动权利、充分满足人们对劳动的需求、进一步夯实社会和谐的基础。再次，扩大就业是城市化的必然要求，城市化的过程是农村劳动力不断向城市转移的过程。实施就业优先战略，实现城市化进程与扩大城乡就业相协调，方能使城乡二元结构转换的过程成为统筹城乡发展的过程。最后，"就业优先"也是我国的就业形势所决定的，从长期看，我国仍面临较大的就业压力，必须采取"就业优先"战略。

关于就业优先战略的措施，有学者认为，要以经济发展促进就业；促进就业创业，重点解决就业结构性矛盾；实施积极就业政策，鼓励以创业带就业；制定提高就业质量的政策与措施（李连根、唐铃，2017）。也有学者认为，应选择扩大就业的经济发展方式，形成经济发展与扩大就业良性互动的长效机制；实施更加积极的就业政策，形成促进就业的综合性经济政策体系；持续加大对就业的资金投入，形成公共财政保障、社会各方面多元化投入的机制，对自行创业或自营就业的人员实施多项扶持措施（马永堂，2011）。有学者强调，应扶持第三产业和中小微型企业发展，创造更多就业岗位（马永堂，2016）。有学者强调建立经济发展与扩大就业的联动机制：保持必要的经济增长速度，确定合理的经济结构，区域发展战略满足多层次的就业需要；进一步规范就业政策操作流程，简化程序，完善服务，提高针对性和可操作性，最大限度地为老百姓享受政策提供便利（信长星，2014）。有学者指出，需要改革失业保险制度，发挥其防失业、促就业的功能，包括：扩大失业保险的适用范围；严格失业津贴给付条件；加强失业保险的促进就业功能；改革失业保险制度的新趋势（马永堂，2016）。

学者们还研究了国外就业促进政策对中国就业优先战略的可借鉴之

处。美国的就业战略目标是：培养一支高素质的劳动力队伍，为劳动者创造更多的就业机会；建立一支有保障的劳动力大军，提高工人及其家属的保障水平；创造高质量的工作环境，培育安全、卫生、公平、优质的工作场所；建立一支有竞争力的劳动力队伍，在 21 世纪的经济浪潮中保持竞争力。英国的总体就业战略目标是：为国民创造平等、有保障的就业环境，提供更多的培训、就业机会，以提高国民自身的就业能力并减少对失业津贴的依赖，提高人们的独立性和福祉。日本在《2010—2020 年新增长战略基本方案》中规定了未来十年就业发展战略总目标，即增加需求，推动经济与就业增长，实现国民的富裕生活（马永堂，2010）。

二　新时代就业优先战略的新内涵

党的十八大以来，习近平总书记发表重要讲话，精辟阐明了新时期我国就业改革发展的重大理论和实践问题，丰富并发展了中国特色社会主义就业理论。在经济发展新常态下，我们要坚持实施就业优先战略和更加积极的就业政策，以创业带动就业，以发展促进就业，以政策保障就业，努力实现更充分、更高质量的就业（李云，2017）。

近年来，我国就业形势在稳中向好的同时呈现出一些新趋势，新特点，逐步形成了新格局：经济结构优化，经济增长拉动就业能力增强；发展成果惠及人民群众，居民收入增长与经济增长已基本同步甚至高出经济增速；新经济蓬勃发展，就业渠道更宽；劳动力市场不断完善，劳动者就业质量全面提升（张车伟，2017）。

在新的历史时期，我国在有效应对就业问题的过程中，不断丰富和拓展就业优先战略的内涵：（1）践行以人民为中心的发展思想。把实施就业优先战略与稳增长、促改革、调结构、惠民生紧密结合起来，让市场在人力资源配置中发挥决定性作用，保持劳动力市场的灵活性；同时更好发挥政府作用，加强劳动力市场制度建设，加大就业支持力度，统筹推进就业岗位创造和就业质量提高（蔡昉，2017）。（2）就业形势的总体稳定，为有序推进供给侧结构性改革提供了更好条件，也丰富了就业优先战略的内涵。在新形势下，党和国家始终将就业安置放在重要位置，综合运用积极的就业政策和各项社会政策，通过从失业保险基金中列支援企稳岗补贴、中央财政安排 1000 亿元专项奖补资金、转岗就业和扶持创业等多种方式，保持了就业稳定，有效应对了失业风险，确保零就业家庭至少有一人稳定就业。(3)将就业优先战略与转变发展方式、提高发展质量的各项举措结合起来,把稳增长、保就业作为经济运行合理区间的下限,以促改革、调结构、惠民生为就业保驾护航(张车伟,2017)。这也是就业优先战略的另一个新内涵。

"中国梦归根结底是人民的梦,必须紧紧依靠人民来实现,必须不断为人民造福。"[1] 因此,就业优先战略更需秉承"以人为本"的理念,为劳动者谋福利。在我国当前农村剩余劳动力正由无限供给向有限剩余过渡,劳动力资源比较优势由数量向质量转移,并处于迈向高等收入阶段的关键期(袁廿一、陆万军,2017),就业优先战略也需要由就业数量优先转向就业质量优先,并在经济新常态下完善劳动力市场体制、加强人力资本投资,进一步推进充分就业的进展。

第二节 就业结构和产业结构协调性的探讨

产业结构与就业结构的协调发展,是国民经济健康发展的重要保证,是产业结构优化升级和劳动力充分就业的根本途径。合理的产业结构能够推动就业结构的良性发展,优质的就业结构也为产业结构的转型升级奠定坚实基础。因此,产业结构和就业结构的协调性问题,一直是中国劳动经济研究的一个重点领域。

一 就业结构与产业结构协调性的衡量方法

国内学者对产业结构和就业结构的协调性研究始于 20 世纪 80 年代。中国在研究产业结构与就业结构协调性或均衡性问题时,主要采用比较劳动生产率、就业弹性、结构偏离度作为分析工具。据此与国际理论标准模式相对比,中国产业结构水平基本接近标准模式,与标准模式协调性较好,而中国就业结构则与标准模式不协调特征较为明显,第一产业就业比重明显偏高,第二、三产业就业比重偏低,第一产业劳动力向第二、三产业转移缓慢(景建军,2016)。

---

[1] 习近平:《在第十二届全国人民代表大会第一次会议上的讲话》,《人民日报》2013 年 3 月 18 日。

结构偏离度分析法。该方法是测算中国三次产业就业结构与产业结构之间的偏离度，并与钱纳里国际标准模型进行比较分析。从结构偏差系数的纵向发展趋势看，1980 年以来我国第三产业的偏差系数经历了迅速上升、平稳微动、再迅速上升、平稳缓慢上升几个发展阶段（景跃军、张昀，2015）。王庆丰（2010）运用结构偏离度分析，发现中国就业结构与产业结构之间存在较大的结构性偏差。夏杰长等（2000）在研究中国产业结构与就业结构演变问题时，通过计算历年来三次产业的结构偏离度，然后与产业结构演变国际标准模式或其他国家进行横向比较后，认为中国的产业结构与就业结构具有不相称的特点，主要表现为就业结构调整滞后于产业结构。施勇（2006）研究了近十年以来淮安三次产业的结构偏离度的变化情况，并基于就业结构与产业结构协调性的视角，对劳动力流动与资源配置效率进行了分析。张樨樨等（2016）通过收集改革开放以来三次产业相关面板数据，求得两大结构偏离度，研究发现第一产业的产业结构偏离度较大，第二、三产业偏离度保持持续下滑趋势。

结构协调系数法。该方法是通过定义产业结构与就业结构协调系数，对中国产业结构与就业结构的整体协调性进行纵向和横向比较分析。基于相似系数经验公式构建了产业结构与就业结构协调系数，改革开放 40 年以来我国产业结构与就业结构长期处于失衡状态，整体协调性较差，协调系数呈现明显的波浪形变动；从地域上看，中国产业结构与就业结构协调系数呈现明显的东、中、西部依次降低的梯度分布，省际差异极为悬殊（王庆丰，2009）。

灰色关联分析与时间平移法。灰色关联分析方法是一种动态发展态势的量化描述和比较方法，这里将产业结构看成一个灰色系统，以就业结构的样本数据为依据，用关联度来描述因素之间关系的强弱、大小和次序等。王庆丰（2009）采用灰色关联分析与时间平移相结合的方法，基于 Moore 结构值测算中国就业结构滞后时间，结果发现中国就业结构滞后时间为 5 年。周建安（2006）采用灰色关联分析方法可以分析产业结构与就业结构的关联程度，结果表明：产业结构与第三产业的就业状况联系最为紧密，而与全社会的总体就业状况关系甚微；并发现我国就业构成的变化主要发生在第一产业与第三产业之间，产业结构与就业结构的变动缺乏协调性，产出结构的调整快于就业结构的调整，这与经验研究或一般规律是相违背的。

还有学者通过构建收敛速度测度模型，测算中国就业结构趋近于产业结构的收敛时间。1978—2008 年，中国就业结构不断向着理想结构收敛，年均收敛速度为 1.24；但是，2008 年中国三次产业就业结构与理想就业结构的差距仍然高达 38.53（王庆丰，2010）。

二 中国产业结构与就业结构不协调的表现

（一）就业结构与产业结构之间存在结构性偏差

中国就业结构与产业结构之间存在较大的结构性偏差。第一产业结构偏离度一直为负值，而且呈逐渐扩大趋势，表明第一产业现在已成为劳动力净流出部门，且数量有增无减；第二产业结构偏离度在改革开放初期呈直线下降趋势，说明目前采取的资本密集型发展模式导致第二产业无法吸收更多本应该吸收的劳动力；第三产业是当前结构偏离度最小的产业，说明第三产业的产业结构与就业结构正在向均衡状态靠近。

张榉榉等（2016）通过关联产业结构，研究发现第一产业的产业结构偏离度较大，第二、三产业偏离度保持持续下滑趋势。景建军（2016）也得出类似结果，即第一产业发展协调性较差，有大量剩余劳动力没有转移；第二产业发展协调性较好，促进劳动力就业作用明显，但是产业结构和就业结构的协调空间还很大；第三产业发展的协调性最好，吸纳劳动力能力较强，产业结构演变和就业结构转换逐渐趋于同步。

产业结构和就业结构的偏差，制约了我国产业结构的升级与劳动力的合理配置。一是产业结构偏差，二是劳动就业结构偏差，我国经济增长对劳动力需求的贡献率已出现下降趋势，劳动力就业困难成为制约我国经济快速增长的一大因素。而不合理的产业结构严重影响了劳动力就业空间的进一步拓展，出现了劳动力过剩与产业结构调整滞后并存现象（邬爱华、贾生华，2003）。

随着经济结构的调整，我国产业结构与就业结构发展的偏离度越来越大，产业结构与就业结构是一对矛盾的统一体，是相互影响、相互制约的（伍海亮，2009）。而且，就业量的提升离不开结构的合理化及其与关联结构的适配协同。张榉榉等（2016）通过实证解析就业结构的现状与发展趋势，揭示出就业结构与产业结构耦合发展过程中存在的结构畸形与演化危机。

（二）就业结构变动滞后于产业结构变动且第三产业发展相对滞后

结合一般经验与国际比较，并对比较劳动生产率、结构偏离度进行实证分析的结果表明，我国产业结构与就业结构的变动关系处于失衡状态，就业结构变动显著滞后于产业结构变动，而且劳动力的产业转移具有超越第二产业，直接向第三产业转移的特征。

夏杰长（2000）研究认为第一产业劳动力就业份额有所下降，而且呈现明显的阶段性特征；第二产业劳动力就业的绝对人数迅猛增加，但改革开放以来其相对比重基本趋稳；第三产业劳动力就业的份额偏低，发展相对滞后，但前景十分广阔。周建安（2006）分析发现第一产业就业严重过剩，即存在较多的剩余劳动力；第二产业的就业不足，还没有发挥其所应有的吸纳就业的潜力；第三产业的就业潜力有待开发。这一就业结构又与我国产业结构的现状相符——第一产业下降过快，第二产业上升过快，第三产业发展长期滞后。就业结构演变明显滞后于产业结构，也使得大量劳动力滞留在农村，严重阻碍了我国经济的健康顺利发展（周兵、冉启秀，2008）。

（三）就业结构与产业结构、经济结构变动不同步

我国的产业结构和就业结构的变化在总体上较为迟缓，就业结构的发展严重滞后于产业结构，无论从时间序列、空间范围还是三大产业的角度，我国的产业结构与就业结构发展的非均衡性较为明显（伍海亮，2009）。中国就业结构不适应产业结构转型，表现在：一是劳动力投入偏向第三产业，但全社会产出的技术和投入结构的变化并不利于第三产业的发展；二是在产业结构调整中工业对劳动力的净排出效应迅速增强；三是农业生产率提高导致的劳动力减少效应对第二产业和第三产业结构调整带来较大压力（何德旭、姚战琪，2008）。

第三节　关于技术进步就业效应的讨论

一　关于技术进步与就业总量关系的争论

目前，关于技术进步如何影响就业数量的研究较多，但至今仍未能达成共识，争议不断，主要包括以下三个观点：第一种观点认为技术进

步对就业数量存在损害效应，第二种观点认为技术进步对就业有创造效应，而最后一种观点将技术进步对就业的影响分为两面，它既有促进就业增长的一面，也有抑制就业增长的一面（崔友平等，2013）。

（一）技术进步对就业的"损害效应"

有人认为技术进步正是"资本深化"过程的表现形式，使企业向资本密集型转变，机器取代劳动力，排斥大量富余人员，导致经济增长的就业弹性下降，就业压力增大（张军，2002）。机器人应用的不断普及可能引起大规模失业，且伴随自然力慢慢取代人力，人类面临的就业压力将愈加严峻（赵磊、赵晓磊，2017）。

在实证研究方面，有学者基于中国 31 个省区市截面数据，分析认为技术进步的发展使得资本和劳动形成替代关系而导致就业减少（姚战琪、夏杰长，2005）。有人根据工业部门的属性不同，按照资源密集、资本密集、劳动密集和技术密集进行分类，在此基础上考察不同类型的技术进步对于不同属性的工业部门的就业的影响，结果表明除了劳动密集型的工业部门之外，技术变化均对其就业有负向作用，技术效率对劳动密集型和资本密集型的工业部门的就业有负向影响（叶仁荪等，2008）。也有人在利用 DEA 方法估算全要素生产率的基础上，分析了 20 世纪 90 年代以来我国技术进步对就业总量的增长以及对就业的产业结构变化的影响，表明技术进步对就业增长的影响在我国表现为就业挤出效应（朱轶、熊思敏，2009）。也有人从产业结构的角度来分析问题，即分别考察第二产业、第三产业之中的技术进步对于就业的影响，研究表明工业部门（第二产业）的技术进步并未带来就业的增长，而服务业（第三产业）的技术进步反而对就业有抑制作用（宁光杰，2008）。

（二）技术进步对就业的"创造效应"

有关学者认为科技进步有促进就业量的增长和让劳动者意识到人力资本投资的重要性的双重优势，因而，中国应重视科技进步的正向作用，积极发展高新技术产业对就业数量的促进作用（翟群臻，2005）。在研究分析技术进步、经济增长以及就业这三者的相互关系中，发现技术进步是就业增加的重要原因，对缓解就业压力有着不可替代的作用（李博、温杰，2010）。有人采用 1985—2008 年的行业面板数据，对工业行业中技术进步的就业效应进行分析，建立计量模型结果表明，技术进步对工业行业整体就业具有促进作用（胡鞍钢、盛欣，2011）。也有学者基于 18

个行业 2003—2007 年的数据，构建了面板数据模型，分析了技术进步对城镇青年劳动力就业的影响，发现引进技术创新每增加 1%，青年相对于成年人获得城镇就业岗位的优势就增加 0.1%（崔友平，2001）。

（三）技术进步对就业的"双面效应"

技术进步一方面对劳动产生排斥作用，出现了"机器排挤工人"的现象，同时，技术进步也会促进消费需求的增长，拓宽就业领域，并增加就业量（龚玉泉、袁志刚，2002）。技术进步对就业的影响是双重的，但应从长、短期来区分。短期来看，技术进步提高了劳动生产率，扩大了机器使用范围，从而产生技术进步的就业排斥效应，但从长期来看，技术进步能提高社会的人均收入水平，引起消费结构的优化以及产业结构的升级，并促进就业增长（陈泽聪，2001）。有学者通过分析 1993—2008 年制造业 25 个行业的就业情况，利用向量自回归模型（VAR 模型）得出技术进步在时间维度上对就业的影响，即技术进步短期内会对就业产生负面影响，但是长期来看影响不会很大（甘梅霞、刘渝琳，2006）。也有学者采用实证分析方法，认为长期来看技术进步对就业不存在稳定的替代关系，通过工资对劳动力价格的调控，能够有效促进技术进步的长远利益，并避免短期就业的剧烈波动，从而在推进技术进步的条件下发挥中国的劳动要素禀赋优势（叶仁荪等，2008）。

二 关于技术进步与就业结构的关系的讨论

就业结构应是不同类型劳动力相对数量变化的体现，最突出的表现是拥有高技能劳动者与拥有较低技能的劳动者的工作职位数量的变化。技术进步通过对劳动生产率、教育年限、技能培训等产生影响，由此产生对就业结构的影响，并带来收入变化、工作转移以及劳动市场的调整等。

技术进步对就业结构的影响包括产业结构变动和劳动力素质结构变动两部分，其影响集中体现在产业结构方面，它让就业结构有着向高新产业化发展的趋势，而缓解结构性失业要加大对劳动者教育和技能等方面的培训。此外，政府也应当采取必要的举措，抑制技术进步对就业增长的挤出作用（刘文军，2011）。在对劳动力素质结构的影响方面，大多数学者认为随着技术进步，社会会增加对高技能劳动者的需求并减少对低技能劳动者的需求，因此劳动者会更加重视对自己人力资本的投资以适应不断变动的就业结构，从而进一步引起劳动力素质结构的改变（宋冬林等，2010）。

在实证研究方面，有学者将我国的技术进步分为中性技术进步、非中性技术进步和资本体现式技术进步，采用我国 1978—2007 年的数据考察我国的技术进步是否存在技能偏向性，即技术进步是否仅仅会导致高技能的人才需求增加，结果发现我国的技术进步确实存在技能偏向性，从而得出技术进步对于我国的就业结构产生了显著的影响的结论（李博、温杰，2010）。

三　简要的评论

综合以上关于技术进步对就业总量的影响研究可以发现，技术进步对就业总量既有促进作用也有抑制作用，一方面是技术进步可以创造新的就业岗位，增加就业；另一方面是技术进步通过淘汰旧的岗位，减少就业。在技术进步对就业结构的影响方面，技术进步对不同技能劳动力的需求不同，由于技术进步提高了对高技能劳动力的需求，致使产业等其他层面的就业结构也随之产生变化。

在技术进步对于就业总量影响的研究之中，大多数学者以我国的数据为基础进行实证分析，由于计量方法和数据的不同，所以对于我国的技术进步对就业的影响是有正向的促进作用还是负面的抑制作用这一问题并没有得出一致性的结论，对于技术进步对就业效应期限也存在较大争论。另外，关于技术进步对就业结构影响的研究较少，更少有学者关注技术进步对就业质量的影响。

第四节　对延迟退休和生育政策调整
就业效应的关注

中国正处于经济社会的转型时期，以人口生育率降低和人均寿命延长为特征的人口老龄化已经发生，并且会对社会经济的发展产生诸多影响。中共十八届中央委员会第五次全体会议公报提出，促进人口均衡发展，坚持计划生育的基本国策，完善人口发展战略，全面实施一对夫妇可生育两个孩子政策，积极开展应对人口老龄化行动。而实施"延迟退休年龄"的政策也是十八届三中、五中全会提出的重要任务。为此，学术界针对延迟退休、生育政策调整对就业的影响，进行了相关研究。

一　延迟退休可能的就业影响

摆在延迟退休面前最大的阻碍也是对就业市场的冲击，从短期来看就业冲击的"改革阵痛"在所难免，但对于就业的冲击也很大程度局限于城镇正规就业（对于灵活就业影响较小）及大学生就业。加上老年人与年轻人岗位置换的不对等，这种冲击既不会长期存在更不会如悖论预期的影响巨大。从长期来看，我国劳动力供给发生深刻变化，延迟退休对于劳动力市场的挤入效应明显是削减企业用工成本减轻负担的有力措施，这很大程度会促进就业（刘琛，2015）。

有人认为，延迟退休会导致更多的失业。因为让进入退休期的参保者继续工作一段时间会对新增劳动力的就业产生挤出作用，延迟退休的时间越长所产生的挤出作用越大。并且这种挤出作用还存在个体差异性，总体而言对供不应求的高劳动技能者影响很少，而对供过于求的低劳动技能者则影响很大。不管挤出效应的个体差异性如何，延迟退休毕竟会提高社会平均失业率（邹铁钉、叶航，2015）。

延迟退休年龄对就业及劳动力市场影响的短期效应，包括：挤占待业者的就业岗位，尤其是年轻劳动力；使老年劳动者处于不利竞争地位；隐形就业显性化（张奎等，2014）。也有人认为，延迟退休增加失业只是短期效应，因为短时间内延长退休年龄，势必会造成应该退休却未退休的一部分人员滞留在劳动力市场，挤占年轻人的就业岗位，这就是延迟退休的间接替代影响。但长期内延迟退休对就业有积极的影响：第一，延迟退休长期内能有效地减少退休返聘现象，不仅发挥老年人的作用，创造了更多的社会财富，而且避免了退休返聘现象造成的退休人员侵占年轻人就业岗位现象；第二，延迟退休长期内能促进就业岗位的产生，从上面的分析可知，导致就业岗位增加的一个重要因素是居民的可支配收入的增加，延迟退休年龄，劳动者从业时间变长，收入也会增加，其对社会的需求增加，从而间接地对劳动力市场需求产生积极的影响；第三，延迟退休会降低企业运营成本，增加就业岗位（綦莎，2014）。

有学者关注延迟退休对特定人群的影响，认为从短期来看，延迟退休会对就业产生挤出效应，且这一挤出效应主要作用于找工作初期的年轻就业人口，而对劳动力中坚阶层的中青年劳动力影响甚微。但是从长期来看，延迟退休所带来的人力成本下降和社会消费需求的增加产生的引致需求效应会慢慢显现，企业扩大生产，劳动需求增加，不但不会"挤出"就业，反而在一定程度上"促进"就业。毕竟，影响一国就业的主要因素是 GDP 增长率和经济社会对就业的容纳能力，延迟退休并不会对就业产生负面影响，反而会产生正面的积极效应（赵霖，2015）。

学者们认为，将就业压力作为反对延迟退休政策推行的基本论点可能是站不住脚跟的。延迟退休年龄对就业的负面影响可能多少会存在，但其影响规模并不像部分学者表述的那么大，其作用方向更是可能存在对就业的正向效应。随着产业结构升级与经济发展质量的提升，我国对劳动力的吸纳能力还有许多成长空间，因此应该用历史的、动态的眼光来考察劳动力市场就业岗位的数量，从而为延迟退休政策提供更完善的决策依据（王克祥、于凌云，2016）。

延迟退休对劳动者本身并非一无是处。退休年龄延长就个人而言，可以使个人有更多的工作时期的积累，以满足退休生命周期比的延长需要，也可以顺应人力资本储存期延长的要求，同时相应延长其释放期，让个人可以更多地参与社会公共事务（邵国栋，2008）。

二 生育政策调整的就业效应

全面放开二孩政策，不仅对我国未来人口总量及走势产生长久的影响，同时也会对人口的性别年龄结构产生明显的影响。由于目前我国妇女的二孩累积能量较大，立即全面放开二孩，未来数年内年度出生人口规模将剧烈增加，导致这些出生队列的人口规模与相邻年龄组相比显著增大（翟振武等，2014）。有学者指出，与生育政策未调整的情形相比，生育政策调整将使未来的人口净增长率提高 3 个千分点，表明全面二孩生育政策调整能够有效缓解未来人口规模的过快下降（王金营、戈艳霞，2016）。全面二孩的推行，能够产生以下作用：人口结构趋于正常化；缓解人口红利消退危机；解决社保空账危机（吴俊策，2017）。有学者指出，在全面放开二孩生育政策的情形下，随着生育水平的稳定和预期寿命增长的稳定，2080 年后，我国人口金字塔将保持一个稳定状态，各年龄组人口的比重处于均衡，儿童、少年比重没有大幅度减少，老年人口比重尚在可接受范围之内（王金营、戈艳霞，2016）。

全面放开二孩政策，能够增加未来劳动力供给。有学者指出，我国未来劳动力资源的供给会受到生育政策调整的潜在影响。立即全面放开二孩，妇女累积的二孩生育能量得以释放，出生人口规模增加，相当于增加了劳动力资源的未来供给（翟振武等，2014）。同时，也有助于人口老龄化趋势减缓。老龄人口比重在 2030 年后有明显下降，说明全面二孩生育政策在一定程度上缓解了人口老龄化的问题（王金营、戈艳霞，2016）。虽然新生育政策不会改变 21 世纪中叶以前的老年人口规模，但可以通过增加出生人口影响人口老龄化水平，对近中期老龄化水平有微弱的降低作用，预计到 2050 年能使老龄化水平降低 2 个百分点左右。而且，新生育政策实现了城乡家庭生育数量规定的一体化，也消除了在政策层面上对人口素质改善的负面影响，有助于促进人口素质提升（原新，2016）。

生育政策调整会对女性就业带来直接影响。生育二孩不仅将造成女性职工的职业中断，还将迫使女性在择业过程中面临被歧视的风险，而后者对女性就业的影响往往高于前者（康蕊、吕学静，2016）。而且，女性就业的性别歧视是一个普遍的社会现象，全面二孩政策的出台将对女性的就业问题产生新的影响。文章从经济学的角度分析了女性就业歧视的原因，发现"二孩政策"的出台会增加企业对女性的就业歧视，这势必会影响女性生育二孩的意愿（范梦雪等，2016）。有研究指出，"全面二孩"政策下女性就业面临以下困境，即女性就业数量下降，女性就业能力下降，女性就业愿望降低，女性就业层次降低，加重女性自身压力（田娜，2017）。

三　简要的评论

综上所述，在相关文献中，大部分学者将延迟退休的影响分为短期和长期，并得出在两个时期中的不同影响。此外，实行"全面二孩"政策会在未来的人口结构、数量和质量等方面产生积极的影响，并且对减缓我国人口老龄化进程有积极作用，部分学者还提出了"全面二孩"政策在女性就业方面的消极影响。延迟退休和生育政策的调整是符合我国社会发展规律的，但是我们也必须采取有效的措施，努力克服其不利影响，更好地适应我国经济社会的发展。

第五节　新经济对中国就业影响的研究

"新经济"一词最早被用来形容 20 世纪 90 年代美国繁荣的经济景象。2014 年 10 月，我国发布《国务院关于加快科技服务业发展的若干意见》并首次使用"新经济"这一提法。随后陆续出台的政府文件中多次出现以"网络化、智能化、服务化和协同化"为特征的"互联网＋""物联网""云计算""大数据"和"人工智能"等字眼，标志着我国新经济时代的到来。那么，什么是新经济呢？学界对此尚未得出统一定论，但存在一个普遍共识，即人类的发展与进步源于创新活动。为此，有课题组将新经济理解为：由创新驱动所形成的新产业和新业态经济活动。新经济由两个方面组成，一是以研发和新科技成果以及新兴技术的应用为依托的具有一定规模的新产业经济活动。二是为了满足市场多元化、差异化和个性化的商品和服务的需求，借助互联网和大数据平台，对传统经济进行内外要素重组，以"互联网＋"模式为代表的新业态经济活动（张车伟，2017）。

一　新经济就业人员的特征

新业态下的共享用工平台吸引了具有典型新业态劳动者特征的就业人员。有课题组发现在平台就业者中，女性就业者比重略高于男性，就业者年轻化趋势明显，高学历人群聚集以及就业者的户籍分割不明显（孟续铎，2018）。在新经济背景下，女性在劳动力市场上参与率的提升很大程度上得益于互联网降低了信息搜寻的成本，提高了人与工作匹配的效率。有研究表明，互联网使用显著促进女性就业，增加了女性整体就业率的 6.85%。互联网使用提升了已婚、低学历或是农业户口的女性活动自雇就业的可能性，也增加了未婚、高学历和城镇户口的女性寻求非自雇就业的机会（毛宇飞、曾湘泉，2017）。互联网经济吸纳了大量的女性、青年和流动人口就业，这是传统经济所无法比拟的优势。

二　新经济对中国就业数量的影响

新经济、新业态为劳动者创造了大量的新就业岗位。数据显示，

2016 年新经济就业规模达到 7189 万人，占总就业比重的 10.1%，新经济辐射其他行业就业人数达到 5001 万人，占总就业比重的 6.4%（张车伟等，2017）。以互联网为核心的数字经济所带动的非农就业占总非农就业比重已从 2014 年的 15.2% 上升到 20.2%（夏炎等，2018）。有学者认为在当前新经济、新业态和互联网经济发展迅速的背景下，"平台就业""网络就业"和"创业型就业"为劳动者提供更多的机会选择，就业容量日益增大。目前，活跃在滴滴出行平台上的网约车司机的人数超过 2000 万人，知识技能分包平台猪八戒网的服务提供者人数达到了 1000 万人，阿里巴巴平台解决就业人数 3400 万人，2016 年已有 6000 万人提供分享经济服务，其中平台员工人数约有 585 万人。预计到 2035 年，数字经济为中国创造的总就业容量将达到 4.15 亿人（孟续铎，2018）。

三　新经济对中国就业结构的影响

新经济促进了我国就业结构的升级和优化。自 2011 年起，我国第三产业的从业者人数显著提升，第一产业、第二产业和第三产业的就业比重分别从 2011 年的 34.8%、29.5% 和 35.7% 演变为 2015 年的 28.3%、29.3% 和 42.4%。其中，第一产业和第二产业的就业比重都有所下降，而第三产业的就业比重上升了 6.7%（李长安，2016）。2016 年年底，我国第三产业的就业人数已达到 33757 万人，第二产业的就业人数也超过了第一产业，实现了就业结构的转型升级（赖德胜，2018）。截至 2018 年 9月，三次产业的就业人员比重分别达到 27.4%、28% 和 44.6%。[①] 学者们认为就业结构的升级和优化不仅说明了第三产业在将农业劳动人口转移到非农业劳动人口方面起到的显著作用，也为第二产业劳动者转移阵地开辟道路。第三产业在技术创新的驱动下得以快速发展，很大程度上保证了经济下行时期就业保持稳定的趋势。

四　新经济对中国就业形态的影响

经济新常态下，就业形态更加灵活多元。有学者认为在新技术革命刺激下引发的生产资料智能化、数字化和信息化条件下，通过劳动者与

---

① 李希如：《就业形势总体稳定就业质量稳步提高》，国家统计局官方网站（http://www.stats.gov.cn/tjsj/sjjd/201810/t20181023_1629311.html）。

生产资料的互动，实现虚拟经营和实体生产之间的灵活协调而产生了新的工作模式，即新就业形态。目前，我国市场上的新就业形态大体可分为：创业式就业者、自由职业者、依托于互联网或是市场化资源的多重职业者以及其他新业态下的就业模式（张成刚，2016）。也有学者认为在第四次工业革命、"双创""四众""互联网＋"和"共享经济"背景下的就业市场和工作呈现不断变革的趋势。就业渠道日益多元，工作形式更加灵活，与受限于时间和空间的传统工作模式不同，新型的就业形式表现为非全日制、临时性、季节性和弹性。"平台就业""网络就业"和"创业型就业"等更加灵活多样的新就业形态层出不穷，这将成为今后劳动力市场的新常态（孟续铎，2018）。

五　新经济对中国就业质量的影响

伴随我国经济进入新常态，经济增速放缓，就业面临压力，就业质量日益得到学界和政策制定者的关注。党的十八大报告提出"推动实行更高质量的就业"，党的十九大报告更强调"要坚持就业优先战略和积极就业政策，实现更高质量和更充分就业"。有学者认为创新引领高质量发展，对创新起到决定作用的人力资本要素日益重要，尤其离不开人力资本配置即就业状况。就业质量大致包括工作的稳定性、工作待遇和工作环境、提升和发展机会、工作和生活的平衡度、意见表达和对话机制（赖德胜，2017）。

新经济、新业态打破了传统稳定的劳动关系。有学者认为互联网平台的发展催生了大量兼职、非全日制工作以及各类临时用工，从而出现所谓的零工经济（gigeconomy），本质上是劳动关系的碎片化和去劳动关系化。对于这种新型的雇佣关系是否会发展为主流，学者认为仍需要更深入的观察和实证分析（王文珍、李文静，2017）。

六　新经济对就业提出的挑战

新经济给就业带来机遇的同时，对就业提出了更多挑战。（1）革新人们对就业的传统看法。有学者认为依托于新技术革命的新经济正在对就业造成严重冲击，尤其是人工智能、大数据将持续颠覆人们对就业的传统看法。（2）匹配就业数量和质量的问题。有学者指出人类资本积累所面临的质量问题大于数量问题，中国劳动力市场将面临人与工作岗位之间匹配程度不够的挑战。还有学者指出我国劳动力的工作时间过长，部分群体更是面临工作时间长、收入水平不高、工作环境不理想、居住环境差和缺乏社会保障等问题，新经济下的就业质量问题略显严峻（赖德胜，2017）。（3）新旧增长动能的转换问题。新经济形态下的就业人员特征日趋年轻化和高学历。有学者指出不同于传统经济主要依靠农民工的劳动力供给，新经济的增长主力军落到了大学毕业生身上。二者之间的迭代更替在经济转型升级过程中将在劳动力市场中凸显（张车伟，2018）。（4）就业人员劳动权益保障问题。学者们认为现行的劳动保障法律体系虽对兼职或非全日制工作做出相关规定，但基本是将其自身定位为传统的企业雇佣的辅助，面对灵活就业人员数量的激增以及多样化就业形态，现行的保障体系明显滞后。

为了应对新就业面临的挑战，实现更高质量的就业，有学者提出从宏观层面要坚持创新驱动，从微观层面要构建和谐的劳动关系，完善现有劳动法律法规在非标准劳动关系方面的欠缺，为灵活用工企业与灵活就业人员提供保障。要高度重视对部分特殊群体例如大学应届毕业生和农民工的支持，通过教育和培训，促进新旧动能的协调转换。综上所述，中国劳动力市场将在新经济、新业态和网络经济的环境中不断变革更替，可预见的是，中国的就业将朝着更高质量的方向迈进。

参考文献

毕京福：《关于实施"就业优先"战略的思考》，《山东人力资源和社会保障》2010 年第 9 期。

蔡昉：《十八大以来就业优先战略的丰富发展》，《中国就业》2017 年第 4 期。

陈泽聪：《我国制造业技术进步的就业效应——基于 25 个行业的实证分析》，《科技进步与对策》2001 年第 1 期。

崔友平：《利用技术进步增加就业》，《当代经济研究》2001 年第 10 期。

崔友平、康亚通、王晓：《马克思技术进步与就业理论及我国的政策建议》，《经济与管理评论》2013 年第 2 期。

范梦雪、陈健、谢振：《全面二孩政策对女性就业歧视的影响分析》，《现代经济信息》2016 年第 15 期。

甘梅霞、刘渝琳：《我国推进技术进步与发挥劳动要素禀赋优势两难冲突的解决路径分析》，《财贸研究》2006 年第 4 期。

龚玉泉、袁志刚：《中国经济增长与就业增长的非一致性及其形成机理》，
　　《经济学动态》2002 年第 10 期。

何德旭、姚战琪：《中国产业结构调整的效应、优化升级目标和政策措
　　施》，《中国工业经济》2008 年第 5 期。

胡鞍钢、盛欣：《技术进步对中国青年城镇就业的影响——基于 18 个行
　　业的面板数据分析》，《科学学研究》2011 年第 5 期。

景建军：《中国产业结构与就业结构的协调性研究》，《经济问题》2016
　　年第 1 期。

景跃军、张昀：《我国劳动力就业结构与产业结构相关性及协调性分析》，
　　《人口学刊》2015 年第 5 期。

康蕊、吕学静：《"全面二孩"政策、生育意愿与女性就业的关系论争综
　　述》，《理论月刊》2016 年第 12 期。

赖德胜：《高质量就业的逻辑》，《劳动经济研究》2017 年第 6 期。

赖德胜：《新经济：就业结构转型升级的新动能》，《劳动保障世界》2018
　　年第 10 期。

李博、温杰：《中国工业部门技术进步的就业效应》，《经济学动态》2010
　　年第 10 期。

李长安：《经济新常态下我国的就业形势与政策选择》，《北京工商大学学
　　报》（社会科学版）2016 年第 6 期。

李连根、唐铃：《论经济新常态下的就业中优先战略研究》，《创新与创业
　　教育》2017 年第 1 期。

李云：《习近平就业优先战略思想述论》，《求实》2017 年第 11 期。

刘琛：《打破悖论：延迟退休对就业的影响分析》，《社会保障研究》2015
　　年第 4 期。

刘文军：《论经济发展方式转变中的劳动者素质提升》，《中国劳动关系学
　　院学报》2011 年第 4 期。

马永堂：《国外就业优先战略及措施对我国的启示》，《中国就业》2010
　　年第 12 期。

马永堂：《国外在产业结构调整升级中的就业促进政策和措施》，《中国劳
　　动》2016 年第 12 期。

马永堂：《全球化条件下的就业优先战略》，《全球化》2011 年第 12 期。

毛宇飞、曾湘泉：《互联网使用是否促进了女性就业——基于 CGSS 数据的经验分析》，《经济学动态》2017 年第 6 期。

孟续铎：《新业态发展中劳动关系面临的问题及对策》，《中国人力资源社会保障》2018 年第 4 期。

宁光杰：《中国转型期技术应用对就业的影响研究——来自工业行业的考察》，《中国人口科学》2008 年第 6 期。

綦莎：《我国延迟退休问题研究》，硕士学位论文，山东师范大学，2014 年。

邵国栋：《基于生命周期理论的延迟退休年龄合理性研究》，硕士学位论文，中国人民大学，2008 年。

施勇：《劳动力流动与资源配置效率分析——基于就业结构与产业结构协调性的视角》，《上海金融》2016 年第 3 期。

宋冬林、王林辉、董直庆：《技能偏向型技术进步存在吗？——来自中国的经验证据》，《经济研究》2010 年第 5 期。

田娜：《全面放开二孩政策背景下女性就业问题研究》，硕士学位论文，山东师范大学，2017 年。

王金营、戈艳霞：《全面二孩政策实施下的中国人口发展态势》，《人口研究》2016 年第 6 期。

王克祥、于凌云：《关于渐进式延迟退休年龄政策的研究综述》，《人口与经济》2016 年第 1 期。

王庆丰：《我国产业结构与就业结构整体协调性测度研究》，《科技管理研究》2009 年第 11 期。

王庆丰：《中国产业结构与就业结构协调发展研究》，博士学位论文，南京航空航天大学，2010 年。

王文珍、李文静：《平台经济发展对我国劳动关系的影响》，《中国劳动》2017 年第 1 期。

伍海亮：《我国产业结构与就业结构非均衡发展的分析》，硕士学位论文，首都师范大学，2009 年。

习近平：《在第十二届全国人民代表大会第一次会议上的讲话》，《人民日报》2013 年 3 月。

夏杰长：《我国劳动就业结构与产业结构的偏差》，《中国工业经济》2000 年第 1 期。

夏炎、王会娟、张凤等：《数字经济对中国经济增长和非农就业影响研究——基于投入占用产出模型》，《中国科学院院刊》2018 年第 7 期。

信长星：《实施就业优先战略和更加积极的就业政策》，《行政管理改革》2014 年第 11 期。

姚战琪、夏杰长：《资本深化、技术进步对中国就业效应的经验分析》，《世界经济》2005 年第 1 期。

叶仁荪、王光栋、王雷：《技术进步的就业效应与技术进步路线的选择——基于1990—2005 年中国省际而板数据的分析》，《数量经济技术经济研究》2008 年第 3 期。

袁廿一、陆万军、陈燕莹等：《就业优先：战略演进与理论述评》，《中国劳动》2017 年第 10 期。

袁廿一、陆万军：《中国就业优先战略的内在逻辑与阶段演进》，《重庆理工大学学报》（社会科学版）2017 年第 9 期。

原新：《我国生育政策演进与人口均衡发展——从独生子女政策到全面二孩政策的思考》，《人口学刊》2016 年第 5 期。

翟群臻：《论科技进步、经济增长与就业》，《运筹与管理》2005 年第 5 期。

翟振武、张现苓、靳永爱：《立即全面放开二孩政策的人口学后果分析》，《人口研究》2014 年第 2 期。

张车伟：《如何应对就业面临的"三大挑战"?》，《中国就业》2018 年第 8 期。

张车伟：《十八大以来我国就业新特点和就业优先战略新内涵》，《人才资源开发》2017 年第 19 期。

张车伟：《人口与劳动绿皮书：中国人口与劳动问题报告 No. 18——新经济就业》，社会科学文献出版社 2017 年版。

张车伟、王博雅、高文书：《创新经济对就业的冲击与应对研究》，《中国人口科学》2017 年第 5 期。

张成刚：《就业发展的未来趋势，新就业形态的概念及影响分析》，《中国人力资源开发》2016 年第 19 期。

张军：《资本形成、工业化与经济增长：中国的转轨特征》，《经济研究》2002 年第 6 期。

张奎、王语妍、陈莹：《延迟退休年龄对就业及劳动力市场的影响》，《广东广播电视大学学报》2014 年第 3 期。

张榍榍、周振、李聪聪：《我国就业结构失衡及其矫正》，《经济与管理评论》2016 年第 3 期。

赵磊、赵晓磊：《AI 正在危及人类的就业机会吗？——一个马克思主义的视角》，《河北经贸大学学报》2017 年第 6 期。

赵霖：《延迟退休对我国就业的影响分析》，硕士学位论文，山东大学，2015 年。

中国劳动和社会保障科学研究院课题组、孟续铎：《共享用工平台上从业人员劳动就业特征调查分析》，《中国人力资源社会保障》2018 年第 4 期。

周兵、冉启秀：《演变与就业结构协调发展分析》，《中国流通经济》2008 年第 7 期。

周建安：《中国产业结构升级与就业问题的灰色关联分析》，《财经理论与实践》2006 年第 5 期。

朱轶、熊思敏：《技术进步、产业结构变动对我国就业效应的经验研究》，《数量经济技术经济研究》2009 年第 5 期。

邹铁钉、叶航：《普遍延迟退休还是分类延迟退休——基于养老金亏空与劳动力市场的联动效应视角》，《财贸经济》2015 年第 4 期。

第二章　改革开放以来中国就业弹性
研究的回顾与展望[①]

　　改革开放 40 年以来，"以经济建设为中心"的发展理念必然带来对经济增长的高度重视，而就业是民生之本，劳动力就业状况既是经济增长的一种反映，也是经济景气的一种"晴雨表"（王蕾、吴双，2003）。探究经济增长与就业的关系，能为决策部门制定适宜的经济发展战略和产业政策提供依据（周灵灵，2014），而经济增长与就业的关系一般可用"就业弹性"这一指标来衡量，因此大量学者围绕此进行了深入探讨与研究。本文回顾了改革开放 40 年来"就业弹性"的相关研究，以期对就业弹性的变动、趋势及影响因素等进行一个较为全面的评述，为研究者和实践者了解我国就业弹性研究的历程和现状提供一些基础性材料。

　　本文主要从以下几个方面对就业弹性的研究进行了回顾与总结：第一部分介绍就业弹性相关研究的整体变动趋势；第二部分对就业弹性测算的结果及其变动趋势进行总结；第三部分则对就业增长和经济增长之间的关系存在的争议进行归纳；第四部分综述就业弹性的影响因素；第五部分则从估算方法的角度对就业弹性的研究进行归类；第六部分基于过去 40 年就业弹性的研究，提出未来的发展方向。

第一节　就业弹性的研究概况

　　本文以"就业弹性"作为标题的关键词，在"中国知网"上检索

---

　　①　杨玉梅，北京林业大学讲师，德国劳动研究所（IZA）研究员；杨伟国，中国人民大学劳动人事学院院长、教授，德国劳动研究所（IZA）研究员。

1978—2018 年的研究，共收集到 268 篇文献，本文的回顾主要针对这些文献展开。从发表年度上来看，我国针对就业弹性的研究，早期相对较少，在 2000 年之后有一个爆发式的增长（详见图 2-1）。这可能与我国在 20 世纪 90 年代中后期开始出现比较严峻的就业问题，学界开始关注如何解决就业问题有关，其中，就业弹性也成为研究的热点之一。

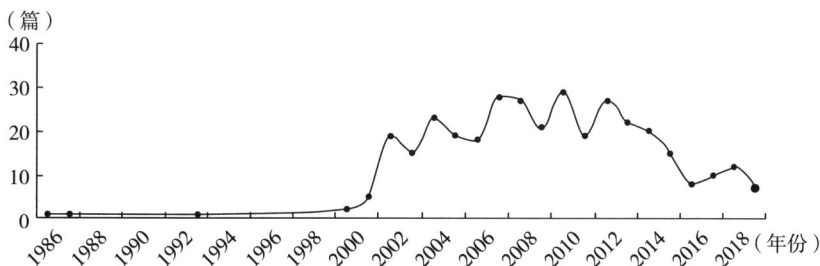

图 2-1　就业弹性研究的变动趋势（1978—2018 年）

2000 年以前只有两篇研究就业弹性的文献，最早一篇是发表于 1985 年的《投资就业弹性问题探讨——兼论广东实现就业与经济良性循环的对策》（张炳申，1985），该研究产生的背景是，1978—1982 年我国曾发生较为严重的待业问题，作者希望通过探讨投资对就业影响的大小，亦即"投资就业弹性"，提出实现扩大就业与经济发展良性循环的方法。另外一篇发表于 1992 年，主张从就业弹性的角度来选择主导产业（王后虎，1992）。进入 2000 年后，大量针对就业弹性的研究才开始展开。

通过对文献关键词的分析发现，围绕就业弹性的研究，分别从就业弹性的影响因素，如技术进步等；就业影响的重点关注群体，如"大学生"；就业弹性在不同维度上的表现，如产业、第三产业等进行展开。此外，研究还包括就业弹性大小带来的结果及其影响，以及解决的对策等方面的内容（详见图 2-2）。

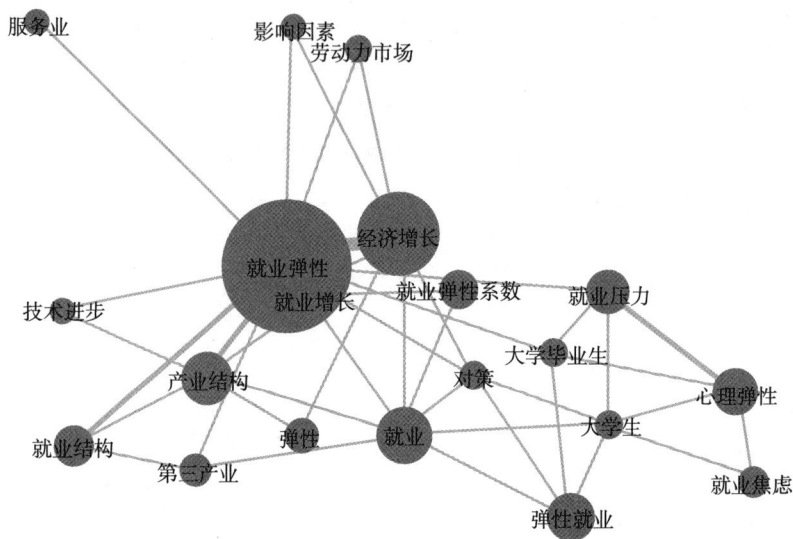

图 2 - 2　就业弹性文献的关键词（1978—2018 年）

第二节　就业弹性测算及其变动趋势的研究

就业弹性是指经济增长每变化一个百分点所对应的就业数量变化的百分比，用以衡量经济发展对就业的带动作用。在过去 40 年间，学者对我国全国层面、产业层面、地区层面的就业弹性及其变动趋势都进行了深入的测算和研究；从群体上来说，则重点关注了大学生的就业弹性问题。

一　基于全国的就业弹性研究

在全国层面就业弹性研究中，不同学者采用不同的方法，基于不同的数据，对整体就业弹性的大小及变动趋势进行了测算与分析，得出的结论存在比较大的差异。

一种结论是认为我国就业弹性偏低且存在下降趋势。有研究指出与发达国家相比，我国就业弹性总体水平偏低，这可能也与我国过度追求经济增长而忽视就业增加的政绩考核标准有关（孟凯巍，2016）。孙婕

（2011）采用双对数模型来估计我国 1952—2009 年的就业弹性，发现在 0.12—0.22 变动，变化趋势表现为"整体上呈现先上升后下降的趋势"，以及"总体水平比较低，就业压力比较大，与发达国家的就业弹性相比，差距较为明显"等特点（程连升，2006）。还有一些研究运用不同的方法，分别都得出我国的就业弹性在 20 世纪 90 年代以后，有明显的下降（李向亚、郭继强，2003；李红松，2003；阎革，2002）。

还有一些研究则不支持就业弹性下降的观点，认为因为隐性失业、企业冗员等的存在，导致就业弹性被低估（丁守海，2009；吕民乐，2006；简新华、余江，2007）。李文星（2011）基于企业层面的微观数据的测算也不支持中国经济增长的就业弹性下降或偏低的观点。还有学者甚至认为，伴随产业结构的演化，就业弹性的变化将呈"U"形曲线，也即降到一定程度后，就业弹性会趋于稳定且有回升的可能（李伟，2006）。

二 基于不同地区的就业弹性比较研究

改革开放以后，不同地区间的经济发展模式及经济结构等方面都存在区域性的差异，对就业的吸纳能力是否存在不同，哪些因素会导致区域差异，引起了学者们的关注和研究。

（一）东、中、西部的就业弹性差异

针对东中西部的就业弹性差异，有研究对我国东、中、西三大经济地带 1978—2003 年的经济总体就业弹性和非农就业弹性进行估计，论证了东部地区就业弹性均明显高于中、西部地区（张江雪，2005），还有一些研究虽然得出的就业弹性系数大小有所差异，但一般都支持东部就业弹性高于中、西部地区（尹志锋、李辉文，2012；蓝宝江、李军，2006）。而赖德胜、包宁（2011）则利用 1997—2009 年省际面板数据对三大区域的动态就业弹性进行了估计，发现东部地区只有短期就业弹性显著高于中、西部地区，但长期就业弹性的区域差异并不大。

（二）各省内部就业弹性研究

针对各省的就业弹性，也有相关研究，如山东（董廷杰、薛立勇，2012）、辽宁（薛巍，2005）、海南（张恒、冯月花、程少林，2004）、江苏（薛信莉、唐学文、党耀国，2005）、湖北（向运华、朱娜，2005）、陕西（姚波、吴诣民、王丛，2006）等，这对各省内部因地制宜选择恰

当的政策措施，提高经济对就业的吸纳能力有更好的针对性。

（三）城市之间就业弹性差异比较

对不同城市就业弹性的比较研究发现，较大规模城市和东部城市在绝对数值上具有更高的劳动生产率，但城市就业吸纳能力在增速上与城市生产效率存在替代关系；较大规模城市的较强就业吸纳能力取决于多种因素，包括工业化发展阶段、城市就业结构、城市化进程、基础设施与公共服务水平以及城市民营与外资经济发展水平等（田野、李平，2014）。还有研究从县域就业水平的空间格局，对我国东、中、西部县域经济就业弹性进行了估计，发现中国县域经济对就业的带动作用甚微。且认为东部、中部不能仅靠经济增长来解决就业问题，而应该更加重视协调产业结构调整与就业水平提升的关系（刘春光，2017）。

三　不同产业和行业的就业弹性差异研究

（一）不同产业间的就业弹性比较

随着我国经济的快速发展，产业结构不断调整和升级，成为解决就业问题的重要途径，通过产业结构调整对经济系统内部产业结构进行优化，可以使各行业吸纳劳动力达到最大（李从容、祝翠华、王玉婷，2010）。反之，产业结构不合理则会成为影响就业弹性的核心因素（郑静，2008），因此，如何通过三大产业的发展提升就业吸纳潜力，成为学者们关注的问题。刘军丽（2009）通过测算，发现1978—2006年，我国第一、二、三产业的平均就业弹性分别为0.185、0.303和0.337，可以看出第一产业的就业弹性最小，第二产业次之，第三产业弹性最大，还有一些研究也得出比较接近的结论（赵海娟，2006）。张顺和陈丁（2008）则考察了我国三大产业就业弹性之间的动态关系，实证分析发现第二产业就业弹性的增加不但有利于本产业自身，也有利于第一产业与第三产业就业弹性的增加。

（二）产业内部的就业弹性研究

还有一些研究专门针对各个产业内部的就业弹性进行了比较深入的分析。蔡昉（2004）首先对入世后我国制造业就业弹性的变化进行了分析，指出制造业就业吸纳能力的提升应借助于对 FDI 的吸收，发挥我国制造业的比较优势。还有研究则针对制造业内部的就业弹性差异进行了实证检验，发现对于整个制造业而言，中国制造业价值链长度的变化对就业弹性的影响为负；对于不同要素密集度而言，劳动密集型部门的价值链长度对就业弹性的影响为负，而资本密集型部门的价值链长度对就业弹性的影响为正（郭沛、秦晋霞，2017）。还有研究则从微观角度探讨了制造业外包对两类弹性的影响，发现制造业外包水平的提高显著增大了劳动力自身需求弹性和交叉需求弹性，接包的提升作用更明显，这对于解决我国全球化过程中面临的就业问题有很大启示（史青、张莉，2017）。第三产业已成为扩大就业的主要渠道（裴雨明，2004），也得到很多学者的关注（姚波、吴诣民、王丛，2006）。有研究认为我国第三产业就业结构不甚合理，需要优化（薛信莉、唐学文、党耀国，2005；陈果，2006）。第三产业的一些细分行业，包括旅游业（张小利，2014）、绿色产业（张玉静、魏东、刘冬花，2013）等。

除了产业就业弹性外，不同所有制（蒋荷新，2007）、不同行业（方明月等，2010）的就业弹性问题也引起了一定的探讨和分析。此外，大学生作为最受关注的就业群体，他们的就业弹性也引起了一些讨论，包括就业弹性（高晓清、周钦，2014）和就业能力弹性（王培君，2012）测算，大学生就业弹性与心理压力（刘虹，2010；吴佳，2016，2017）和就业压力的关系（谭斌，2008）等。

第三节　关于就业变动和经济增长关系的争论

通过梳理文献发现，关于我国经济增长的就业弹性研究，有两种不同的观点，一种是认为我国的经济增长没有带来就业的应有增长，就业弹性偏低（杨淑华、鄢咏红，2006；胡鞍钢，1997；阎革，2002；陆铭、欧海军，2011）；另一种则与之相反，认为经济增长的就业弹性并没有下降，只是出现了效率就业（刘军，2003；简新华、余江，2007；龚玉泉、袁志刚，2002）。

一　就业弹性系数下降或偏低的原因

关于我国就业弹性系数下降或偏低的原因，文献中提出几种解释：
（一）统计缺失导致就业弹性被低估
蔡昉等（2004）的研究发现，因为传统就业统计只涵盖"单位就业"

范畴，而 20 世纪 90 年代以后，大量新增就业是通过一些传统统计不能涵盖的渠道，比如非正规就业等实现的，导致通过传统统计渠道获得的就业增长数字不能反映真实的就业增长，据此计算出的就业弹性就有可能被严重低估。通过调整后重新计算城镇就业弹性，发现就业弹性虽然还是偏低，但是没有明显的下降。

（二）隐性失业造成名义就业弹性偏低

在研究和测算就业弹性时，是否考虑隐性失业是基于经济发展阶段的一个极为特殊而又重要的问题（陆梦龙，2007）。龚玉泉和袁志刚（2002）认为要正确理解和识别中国经济增长和实际就业增长间的关系，其关键是如何定义和衡量劳动投入，尤其是名义劳动投入和有效劳动投入。对劳动投入量的不同定义和度量统计，完全可以得出截然相反的结论。一些研究通过测算和调整隐性失业人数，计算了真实就业弹性，发现经济增长对就业的拉动还是显著的（吕民乐，2006；邓志旺、蔡晓帆、郑棣华，2002；龚玉泉、袁志刚，2002）。

（三）经济结构调整带来就业吸纳下降

自改革开放 40 年以来，我国一直在积极调整产业结构和所有制结构，但是资本密集型的发展道路的选择，导致就业结构和经济结构的失衡。在 20 世纪 90 年代前后，第一、二、三产业产值和聚集的就业人数的不匹配导致在结构调整过程中，第一产业已经不再具有吸纳就业的潜力（张本波，2005），第二产业就业弹性下降与工业中出现资本密集度增高的特点有关，第三产业虽然保持较高的吸收就业能力，但增长不快，就业吸纳能力下降（蔡昉，2003）。1992 年以后，产业结构的调整遵循了资源的市场配置机制，就业吸纳能力被逐渐释放出来，经济发展对就业能产生一定的带动效果（唐鉱、刘勇军，2003；郑静，2008）。但是，因为短时间内，结构调整和技术进步在更高层次上产生了新的就业需求，由于教育发展滞后带来的人力资本含量偏低等问题，导致产业结构调整带来的就业吸纳能力无法迅速体现出来，进一步地表现为就业弹性偏低（魏下海，2008）。

（四）工资刚性与高劳动生产率并存造成我国在某一阶段无就业增长

有学者认为无就业增加的经济增长在发展中国家，特别是正在进行市场经济改革的国家也很普遍，解释了工资刚性与高劳动生产率并存是造成中国无就业增长的原因（宋小川，2004）。文章通过一个动态非均衡模型模拟了劳动力市场的非均衡过程、工资动态轨迹、经济人的最优行为和适应性优化行为，认为企业的适应性优化行为和若干制度因素构成了工资刚性的基本要素。科技革命带来的劳动生产率的提高在促进经济增长的同时，与工资刚性一起导致就业没有增长。

（五）政府干预经济会导致经济增长创造就业的能力下降

有研究从地方政府干预角度解释了中国经济增长创造就业能力较低的现象，研究发现外商直接投资能够显著提高单位 GDP 增长所带来的就业弹性，但政府干预削弱了外资的就业创造能力。同时，具有生产性的省级政府基本建设支出与 GDP 的比值每上升 1 个百分点，城市就业弹性就下降 0.089。从趋势上来看，如果政府支出（特别是基础建设支出）与 GDP 的比值持续上升，那么，就业弹性就将持续下降。如果要提高经济增长的就业吸纳能力，就必须减少政府对招商引资和经济发展的干预（陆铭、欧海军，2011）。

此外，城镇化滞后和城乡分割导致的劳动力流动不畅等，也会造成就业弹性偏低（孙彪，2008）。

二　实际就业弹性并没有显著下降

（一）真实就业弹性表明经济对就业拉动作用是显著的

一些研究在控制了冗员以及隐性失业等问题后，对就业弹性进行重新测算，发现经济对就业的带动作用远大于之前的估计结果，实际就业弹性没有明显下降。如龚玉全、袁志刚（2002）认为如果考虑有效劳动需求，我国就业增长率会大大提高，GDP 增长的就业弹性系数也相应有所上升；邓志旺等（2002）认为相对于名义就业弹性，考虑隐性失业的实际就业弹性并没有急速下降；还有学者认为中国 20 世纪 80 年代的就业弹性在表现经济增长的真实就业吸纳能力上是无效的，1995 年后，由于国企改革力度加大等原因，早期积累的隐性就业人口开始通过下岗的形式大量释放出来，国有企业冗员的减少量大大高于同期增加量。因此，该时期实际创造的就业机会大于增加的就业人数，这导致就业弹性系数被人为地缩小了（简新华、余江，2007）。从这个角度考虑，我国在 1995 年后经济增长的就业拉动能力可能没有想象的那么悲观，整个时期的经济增长和就业增加存在一致性。

（二）微观数据的计算结果不支持就业弹性偏低的观点

有研究利用 2001—2008 年中国深沪两市 508 家制造业上市公司的微观就业数据和企业动态劳动需求方程，重新估计了中国经济增长的就业弹性。实证结果表明，中国制造业上市公司的总资产规模扩张（即企业投资）具有显著的就业效应。因此，企业微观数据并不支持中国经济增长的就业弹性下降或偏低的观点（李文星，2013）。当然，这也可能与数据所处的时间阶段正处于经济增长的上升周期有关。

第四节　就业弹性的影响因素体现了
经济发展的阶段特色

明确就业弹性的影响因素，就可以有针对性地调整相应政策，来更好地促进就业，因此很多学者从不同角度对不同范围和层次的就业弹性变化的影响因素进行了研究（王旭升、王婧，2008）。对以往研究文献的总结发现，影响就业弹性的因素主要来自我国过去 40 年的经济发展和变革，有很强的阶段特色。

一　经济增长方式的影响

经济增长方式的变化是资本、技术、劳动力等生产要素投入综合作用的结果。经济发展方式中所采用的资本和劳动力组成方式，对就业弹性系数具有双重效应，如资本密集型和劳动力稀缺型的经济发展方式会减少对就业的吸纳，反之则反（张本波，2002，2005）。

其中，技术创新和进步是经济发展方式转变的核心（李从容、祝翠华、王玉婷，2010；魏下海，2008）。魏下海（2008）认为我国采取的技术进步方式是靠资本的不断深化来实现的，从而形成了改革开放后，技术进步对就业的影响经历了由就业促进到就业挤压的不同发展阶段。20世纪 80 年代的技术进步对就业有正面影响，90 年代技术进步则减少了对就业的吸纳（齐建国，2002）。有学者认为，这与企业在技术选择上显示了资本替代劳动的偏差，由此造成劳动力在经济增长过程中受到排挤（张军，2002；张车伟、蔡昉，2002）。

二 经济结构调整的影响

一些学者认为我国改革开放后就业增长和经济增长的不一致，很大程度上是由于我国在过去 40 年间经济结构的不断调整（孙伟楠，2015）。不同学者分别从三大产业（刘泓，2000）、不同行业和不同部门（杨淑华、鄂咏红，2006）等角度研究了经济结构调整与就业弹性之间的关系，都得出经济结构调整对就业弹性有比较显著影响的结论。

（一）生产要素在不同产业间的调整

改革开放以来，产业结构构成不断进行调整，资源配置更强调有效性，劳动力在不同产业间也进行了相应的调整和变化（史英杰、吴育华、蔺宇，2008；李丽莎，2010）。由于第一产业的就业弹性最低，第二、三产业的就业弹性比较高，农村剩余劳动力逐渐流动到城市，进入第二、三产业，伴随产业机构调整的经济增长，极大提升了对就业的吸纳能力，就业弹性得到显著正向影响（李从容、祝翠华、王玉婷，2010）。但是，我国产业结构的变动速度和产业结构的偏离度还是导致就业低于经济增长所应带来的增长速度，就业弹性系数偏低的主要原因（向玲、唐俊，2012）。此外，还有很多研究从不同地区内部各自产业结构的特点，分析了地区产业结构对就业数量和就业结构的影响，如山东（张同全、高建丽、周汉伟，2012）、青海（曹建云，2007）、甘肃（罗粲波，2007）、河北（幸莉仙、巴雅尔满来，2015）、吉林（王广国，2007）等，对进行各地产业结构调整以提升就业弹性提出了一些建议。

（二）所有制产权结构调整

所有制构成的变化也对就业吸纳效率产生了很大的影响。我国的所有制构成从改革开放之初的几乎全部为国有和全民所有制企业，逐渐演变成民营中小企业占很大比重的所有制结构模式（常进雄，2003）。早期的非公有制企业更多是劳动密集型企业，就业吸纳能力强，把从国有企业释放出来的大量隐性失业人群转化成真实就业人群，成为影响就业弹性最显著的因素之一（吕民乐，2006；田贵生，2005）。

三 经济与收入增长的影响

过去 40 年，随着经济发展，我国人民的收入水平不断提升，收入差距逐渐拉大。有研究认为，收入本身会影响就业弹性，且会有截然不同的两个方向的影响（孙伟楠，2015）；有研究则通过实证分析发现，收入和就业弹性间有明显的负相关关系（常进雄，2005）。针对收入为什么会影响就业弹性，常进雄（2005）认为有以下几方面的原因：（1）人均收入的提高会导致产品需求结构的变化，尤其是会增加技术和资本密集型的产品需求，随之降低劳动密集型产品的需求，资本技术密集型产品的就业弹性要小于劳动密集型产品，所以带来了就业弹性的下降；（2）人均收入的增加提高了技术进步在经济增长中的重要性，进而影响就业弹性；（3）收入的增加会促进教育发展，提升个体的人力资本和劳动生产率，进而降低对劳动力数量的需求，导致就业弹性的下降。

除了上述因素外，还有很多研究从其他角度对就业弹性的影响因素进行了研究，包括经济体制改革（常进雄，2005）、劳动生产率（卢羽佳，2010）、政府干预（俞建浓，2013）、全球化和对外贸易（李娟，2012；李娟、万璐，2014；盛斌、牛蕊，2009）、就业保护法规（程延园，2009）、价值链长度（郭沛、秦晋霞，2017）、信息化发展（张哲文，2016）和金融危机（丁守海，2009）等。

第五节　就业弹性估算方法的不断完善

大量研究使用不同方法对我国的就业弹性进行测算，概括起来，从测算理念角度考虑，这些方法大概可以分为两大类，一类是直接按定义测算，另一类是通过构造计量经济模型，通过回归分析来测算就业弹性（许秀川，2005）。

一　定义计算法

按定义直接计算的就业弹性方法，又根据所用数据是单年还是多年数据的差异，分为点弹性和弧弹性两种。

（一）点弹性

点弹性是直接根据定义计算某一年经济增长率对就业增长率的影响比例，可以很简洁地反映经济增长对就业的影响大小，早期的很多研究均采用这种方法（张车伟、蔡昉，2002；蔡昉、都阳、高文书，2004）。在应用中发现，点弹性在某些年份产生了急剧变动，在 20 世纪 90 年代初就业弹性忽然大幅下降（张车伟，2002），因为就业弹性反映的是要素投入方式，理论上要素投入方式不应该在某一时点产生重大变化，因此，点弹性无法很好地解释要素投入结构的变动趋势。

（二）弧弹性

弧弹性是考量连续一段时间内就业增长对经济增长的平均变化率。通常将时期划分为不同阶段，然后分别考虑不同阶段就业弹性的大小（阎革，2002；齐建国，2000）。该方法可以看到不同阶段的就业弹性变化，但是在同一阶段内部看不出变化，与点弹性存在同样的问题，无法反映出各年份在要素投入结构上的差异（丁守海，2009）。

点弹性和弧弹性的共同缺陷是忽略了除经济增长以外的其他因素对就业的影响，即暗含了产值外其他因素均保持不变的假设。如果经济运行环境发生较大变化，经济增长以外的因素就可能对就业产生额外的影响，就无法根据经济增长对未来的就业变化进行良好的预测。为了能更好地预测就业增长的变化，学者们开始引入回归分析的方法来测算就业弹性，该方法允许把影响就业变化的其他因素也纳入计量模型中来，提高经济增长和就业增长之间关系的拟合度，更为准确地测算就业弹性。

二　计量经济模型法

计量经济模型法根据数据类型的不同而选择不同的回归方法，数据类型包括宏观时间序列数据、面板数据，以及微观数据等。

（一）时间序列数据回归分析

使用时间序列数据的，最初是通过对时间序列数据进行简单的 OLS 回归，得出某一时间段的就业弹性值，如有学者计算了 1993—2002 年的就业弹性（许秀川，2005）。但是在比较长的时间跨度内，技术水平和要素投入都可能发生变化，就业弹性也会发生变化，这一方法存在无法测算就业弹性逐年值的内在缺陷。为了解决这一问题，学者们通常会将较长的时间序列数据拆分为若干时间段，对每个阶段进行回归分析然后进行比较，进而测算出不同时期的就业弹性值并进行趋势判断。如张本波（2002）分别计算了我国"六五"到"九五"期间的就业弹性，并据此对"十一五"期间的就业弹性进行预测（张本波，2002）。但是对时间阶段进行细分后，导致每个阶段的样本量偏少，计算结果容易偏高，可信度下降。

(二) 面板数据的回归分析

为解决时间序列数据计算就业弹性时的数据结构及样本偏小问题，一些学者将面板数据引入研究之中（丁守海，2009；丁守海、刘昕、蒋家亮，2009；刘春光，2017；尹志锋、李辉文，2012；张江雪，2005；赖德胜、包宁，2011；陆梦龙，2007）。面板数据用短期数据就能收集到足够的样本，避免了在较长时间跨度内要素结构发生剧变的可能。此外，即使在较短时间内存在一些导致要素结构变化的因素，如遗漏变量带来的估计偏误，还可以通过固定效应模型等计量方法对影响进行清除（丁守海、刘昕、蒋家亮，2009；陆梦龙，2007）。因为这些优点，大量研究采用了面板数据对就业弹性进行测算，但根据数据特点及方法的发展，不同学者采用的具体计量方法存在一些差异。

(三) 企业微观数据计量模型

不管是定义计算还是模型计算，以往的研究都是基于宏观数据的测算，但是宏观数据存在统计范围不全面、统计数据的真实性、影响因素难以全面囊括等诸多问题，因此，有学者采用了企业层面的微观数据来检验和测算经济增长的就业弹性（李文星，2013；王德文、王美艳、陈兰，2004）。王德文等（2004）利用辽宁省 1999—2001 年的企业调查数据，分析了中国工业结构调整对其生产效率和就业吸纳的影响，发现轻工业部门和劳动密集型产业的较快增长为缓解当时严峻的失业问题发挥了重要作用。李文星（2013）则利用 2001—2008 年中国深、沪两市 508 家制造业上市公司的微观就业数据和企业动态劳动需求方程重新估计了中国经济增长的就业弹性。

除了以上这些常用的计量模型外，还有一些学者采用新古典增长函数模型等对就业弹性进行测算，因为生产函数模型存在经济增长和就业增长之间互为因果的逻辑性问题，运用此方法的研究相对较少（孟凯巍，2016；张本波，2005；邓燕萍、刘克纾，2006）。

第六节　进一步研究的方向

通过对文献的梳理，我们发现，自 1978 年至今，学术界对就业弹性的研究无论从涉及的广度还是研究的深度，都取得了大量的成果。在这些基础上，还有一些内容有待未来进一步推动和完善。

第一，就业弹性研究的系统性尚需进一步推动。我国过去 40 年的经济体制、发展模式、外部环境等都处于一个大变动大演进的过程，如何系统地考虑所有相关因素，在 40 年的跨度周期中，来探索和理清就业弹性的变动趋势及背后的原因和逻辑，无论对于就业弹性的学术研究，还是对于指导现实工作中的经济增长和就业，都有极为重要的意义。当前的研究更多侧重某一方面或某一阶段，尚缺乏更为系统和综合的探讨。

第二，就业弹性的研究可更为关注质量层面。就业弹性代表着经济增长率对就业增长率的影响，更多强调就业数量层面的变化。过去 40 年的发展，经济发展对就业的吸纳能力已经得到极大的发展，有效缓解了劳动力供求之间的矛盾，解决了因为经济体制改革、生产力发展水平较低等导致的国企冗员以及隐性失业人群的再就业问题。在当前阶段，就业数量问题已经不再成为经济发展中的难题，所以党的十九大报告指出，"要坚持就业优先战略和积极就业政策，实现更高质量和更充分就业。"在接下来一个阶段，就业的难点和重点是如何通过经济的发展来提升就业质量。这需要对就业弹性的研究无论从方法还是角度上，都要有所创新，为就业质量的提升提供有效和有针对性的政策建议。

第三，研究所需的数据结构仍需完善。数据质量对于提升研究结果的准确性是极为重要的，缺乏良好的数据对于就业弹性的研究来说等于"无米之炊"。过去的研究大部分基于宏观数据，主要包括截面数据、时间序列数据和面板数据，从前面的分析中我们也可以看到，采用面板数据分析更为可信。但是所有的统计数据都存在统计口径和统计真实性等方面的问题，导致一些学者期望基于企业层面的微观数据进行实证分析。不过，除了一些上市公司外，我国在企业层面的微观数据极为缺乏，虽然中国人民大学劳动人事学院自 2012 年开始收集全国 10 个城市的 350 家企业的雇主雇员匹配数据，但是样本量很少，不利于研究的开展。未来在相关数据库的建设，以及相适用的计量方法方面还有很多工作要做。

参考文献

蔡昉：《解决就业问题的关键是提高经济增长的就业弹性》，《领导决策信息》2003 年第 27 卷。

蔡昉、都阳、高文书：《就业弹性、自然失业和宏观经济政策——为什么经济增长没有带来显性就业?》，《经济研究》2004 年第 9 卷。

曹建云：《青海省产业结构调整与就业弹性问题研究》，《青海社会科学》2007 年第 6 期。

常进雄：《正确认识当前我国 GDP 就业弹性下降的一些积极意义》，《中国劳动》2003 年第 9 期。

常进雄：《中国就业弹性的决定因素及就业影响》，《财经研究》2005 年第 5 期。

陈果：《我国第三产业各分行业就业弹性的实证分析》，《特区经济》2006 年第 1 期。

程连升：《超时加班与就业困难——1991—2005 年中国经济就业弹性下降分析》，《中国经济史研究》2006 年第 4 期。

程延园：《就业保护法规与劳动力市场弹性》，《中国人民大学学报》2009 年第 4 期。

邓燕萍、刘克纾：《江西就业弹性与劳动力就业增长路径分析》，《江西社会科学》2006 年第 11 期。

邓志旺、蔡晓帆、郑棣华：《就业弹性系数急剧下降：事实还是假象》，《人口与经济》2002 年第 5 期。

丁守海：《中国就业弹性究竟有多大?——兼论金融危机对就业的滞后冲击》，《管理世界》2009 年第 5 期。

丁守海、刘昕、蒋家亮：《中国就业弹性的再估算》，《四川大学学报》（哲学社会科学版）2009 年第 2 期。

董廷杰、薛立勇：《从就业弹性系数的变动看山东省就业形势》，《中国就业》2012 年第 4 期。

方明月、聂辉华、江艇等：《中国工业企业就业弹性估计》，《世界经济》2010 年第 8 期。

高晓清、周钦：《大学生就业与 GDP 就业弹性模型关系及影响》，《高校教育管理》2014 年第 5 期。

龚玉泉、袁志刚：《中国经济增长与就业增长的非一致性及其形成机理》，《经济学动态》2002 年第 10 期。

郭沛、秦晋霞：《价值链长度对就业弹性的影响——基于中国制造业数据的经验研究》，《劳动经济评论》2017 年第 1 期。

胡鞍钢：《中国就业状况分析》，《管理世界》1997 年第 3 期。

简新华、余江：《基于冗员的中国就业弹性估计》，《经济研究》2007 年第 6 期。

姜世健：《产业结构与就业弹性对大学生就业影响的实证分析》，《教育科学》2014 年第 4 期。

蒋荷新：《上海市私营和个体经济就业弹性分析》，《中国集体经济》2007 年第 5 期。

蒋一鸣：《从就业弹性看大学生就业现状》，《甘肃农业》2004 年第 11 期。

赖德胜、包宁：《中国不同区域动态就业弹性的比较——基于面板数据的实证研究》，《中国人口科学》2011 年第 6 期。

蓝宝江、李军：《产出增长、资本积累与中国工业就业弹性——基于东部与中西部 1998—2002 年省际工业数据的测算》，中华外国经济学说研究会第十四次学术讨论会论文，北京，2016 年 10 月。

李从容、祝翠华、王玉婷：《技术创新、产业结构调整对就业弹性影响研究——以中国为例的经验分析》，《科学学研究》2010 年第 9 期。

李红松：《我国经济增长与就业弹性问题研究》，《财经研究》2003 年第 4 期。

李娟：《全球化、劳动需求弹性与就业风险研究述评》，《经济学动态》2012 年第 3 期。

李娟、万璐：《贸易自由化加剧就业市场波动了吗？——基于劳动需求弹性角度的实证检验》，《世界经济研究》2014 年第 6 期。

李丽莎：《从产业结构研究经济增长对就业的贡献——探析我国就业弹性偏低的原因》，《企业经济》2010 年第 12 期。

李伟：《现阶段我国就业弹性的变化趋势及对策分析》，《理论导刊》2006 年第 1 期。

李文星：《中国经济增长的就业弹性》，《统计研究》2013 年第 1 期。

李向亚、郭继强：《中国就业弹性急剧下降的原因解析》，《经济体制改革》2003 年第 5 期。

刘春光：《中国县域就业的空间分异及就业弹性研究》，《生态经济》2017 年第 10 期。

刘泓：《未来十年我国的就业形势及对策》，《南开经济研究》2000 年第 4 期。

刘虹：《大学生心理弹性与其就业心理的关系研究》，硕士学位论文，苏州大学，2010 年。

刘军：《对我国就业增长规模的估算》，《劳动保障通讯》2003 年第 6 期。

刘军丽：《我国三大产业就业结构与就业弹性的实证分析》，《统计与决策》2009 年第 9 期。

卢羽佳：《论我国工业企业就业弹性系数的影响因素》，硕士学位论文，清华大学，2010 年。

陆梦龙：《经济演进与就业弹性测算——基于变截距模型的分析》，《经济与管理》2007 年第 11 期。

陆铭、欧海军：《高增长与低就业：政府干预与就业弹性的经验研究》，《世界经济》2011 年第 12 期。

吕民乐：《我国真实就业弹性的测算》，《统计与决策》2006 年第 5 期。

罗粱波：《甘肃产业结构调整与就业弹性问题研究》，《甘肃金融》2007 年第 11 期。

孟凯巍：《中国就业弹性的实证分析及未来的政策选择》，硕士学位论文，东北财经大学，2016 年。

齐建国：《2000 年：中国经济的最大威胁是就业弹性急剧下降》，《世界经济》2000 年第 3 期。

齐建国：《中国总量就业与科技进步的关系研究》，《数量经济技术经济研究》2002 年第 12 期。

裘雨明：《第三产业就业结构变迁与就业弹性实证分析》，《重庆工商大学学报》（社会科学版）2004 年第 4 期。

盛斌、牛蕊：《贸易、劳动力需求弹性与就业风险：中国工业的经验研究》，《世界经济》2009 年第 6 期。

史青、张莉：《中国制造业外包对劳动力需求弹性及就业的影响》，《数量经济技术经济研究》2017 年第 9 期。

史英杰、吴育华、蔺宇：《城市就业弹性与产业结构的实证分析》，《生产力研究》2008 年第 17 期。

宋小川：《无就业增长与非均衡劳工市场动态学》，《经济研究》2004 年第 7 期。

孙彪：《城乡劳动力市场分割对就业弹性的影响及对策》，《商业时代》2008 年第 12 期。

孙婕：《我国就业弹性的变化趋势及影响因素分析》，硕士学位论文，山西财经大学，2011 年。

孙伟楠：《中国经济增长的就业弹性影响因素分析》，硕士学位论文，北京交通大学，2015 年。

谭斌：《大学生就业弹性提高与就业压力缓解》，《企业家天地（下半月刊)》（理论版）2008 年第 4 期。

唐鉱、刘勇军：《关于中国经济增长与就业弹性变动的非一致性研究理论综述及评论》，《市场与人口分析》2003 年第 6 期。

田贵生：《中国经济增长的就业弹性研究》，硕士学位论文，郑州大学，2005 年。

田野、李平：《中国城市就业吸纳能力及其影响因素研究——基于 286 个地级市就业弹性的分析》，《西部论坛》2014 年第 2 期。

王德文、王美艳、陈兰：《中国工业的结构调整、效率与劳动配置》，《经济研究》2004 年第 4 期。

王广国：《吉林省产业结构调整中的就业弹性研究》，硕士学位论文，吉林大学，2007 年。

王后虎：《就业弹性与主导产业的选择》，《中国工业经济研究》1992 年第 7 期。

王蕾、吴双：《经济增长、就业增长及就业弹性研究观点综述》，《中国人力资源开发》2003 年第 5 期。

王培君：《论大学生就业能力的弹性》，《市场周刊·理论研究》2012 年第 3 期。

王旭升、王婧：《影响中国就业弹性的因素分析》，《改革与战略》2008 年第 4 期。

魏下海：《技术进步、人力资本与劳动力就业——解读中国就业弹性的变动趋势》，《探索与争鸣》2008 年第 5 期。

吴佳：《高职大学生就业焦虑、心理弹性与社会支持的关系》，《内蒙古师范大学学报》（自然科学汉文版）2016 年第 3 期。

吴佳：《自我分化在高职大学生就业焦虑与心理弹性关系中的中介作用》，《内蒙古师范大学学报》（自然科学汉文版）2017 年第 1 期。

向玲、唐俊：《我国产业结构评价及其与就业弹性的关系研究》，《商业时代》2012 年第 30 期。

向运华、朱娜：《湖北省就业弹性分析》，《科技进步与对策》2005 年第

8 期。

幸莉仙、巴雅尔满来：《河北省产业结构与就业弹性研究》，2015 International Conference on Education Research and Reform（ERR 2015）论文，Bangkok，Thailand，2015 年 4 月。

许秀川：《就业弹性测算方法的选择及基于我国数据的实证分析》，《西南农业大学学报》（社会科学版）2005 年第 3 期。

薛巍：《老工业基地的就业弹性与就业结构分析——以辽宁为例》，《科技和产业》2005 年第 7 期。

薛信莉、唐学文、党耀国：《江苏省第三产业发展与 GDP 就业弹性分析》，《统计与决策》2005 年第 8 期。

阎革：《我国就业弹性系数迅速下降的原因》，《广西社会科学》2002 年第 6 期。

杨淑华、鄢咏红：《我国经济增长与就业弹性相悖矛盾的思考》，《经济纵横》2006 年第 4 期。

姚波、吴诣民、王丛：《陕西第三产业就业弹性测算与预测》，《统计与决策》2006 年第 22 期。

尹志锋、李辉文：《产业就业弹性及区域对比——基于 1990—2009 的省（市）级面板数据》，《湘潭大学学报》（哲学社会科学版）2012 年第 1 期。

俞建浓：《政府干预、资本深化与就业弹性：理论与经验证据》，硕士学位论文，浙江大学，2013 年。

张本波：《解读我国经济增长的就业弹性》，《宏观经济研究》2002 年第 10 期。

张本波：《我国就业弹性系数变动趋势及影响因素分析》，《经济学动态》2005 年第 8 期。

张炳申：《投资就业弹性问题探讨——兼论广东实现就业与经济良性循环的对策》，《暨南学报》（哲学社会科学版）1985 年第 2 期。

张车伟：《我国就业弹性变化的趋势》，《中国劳动》2002 年第 7 期。

张车伟、蔡昉：《就业弹性的变化趋势研究》，《中国工业经济》2002 年第 5 期。

张恒、冯月花、程少林：《从就业弹性系数看海南就业趋势》，《海南时报》2004 年 4 月 21 日。

张江雪：《我国三大经济地带就业弹性的比较——基于面板数据模型（Paneldatamodel）的实证研究》，《数量经济技术经济研究》2005 年第 10 期。

张军：《增长、资本形成与技术选择：解释中国经济增长下降的长期因素》，《经济学》（季刊）2002 年第 1 期。

张顺、陈丁：《中国产业间就业弹性的动态关系研究》，《统计与决策》2008 年第 18 期。

张同全、高建丽、周汉伟：《山东省产业结构与就业结构存在的问题及对策——基于就业弹性的分析》，《山东工商学院学报》2012 年第 3 期。

张小利：《基于旅游业增加值测度的我国旅游就业弹性分析》，《经济经纬》2014 年第 3 期。

张玉静、魏东、刘冬花：《我国绿色产业产值就业弹性的实证分析》，《经济问题探索》2013 年第 7 期。

张哲文：《信息化发展对我国就业弹性的影响》，硕士学位论文，上海社会科学院，2016 年。

赵海娟：《我国三大产业就业弹性的比较》，《统计与咨询》2006 年第 4 期。

郑静：《就业弹性与产业结构相互作用机制研究》，硕士学位论文，青岛大学，2008 年。

周灵灵：《中国就业弹性的变动趋势及原因：综述与评析》，《劳动经济评论》2014 年第 1 期。

第三章　中国灵活就业问题研究进展[①]

灵活就业伴随我国改革开放的深入而产生并发展，且在促进市场就业机制形成、推动城镇化进程，以及吸纳农村剩余劳动力、解决城镇下岗职工再就业和缓解贫困等方面都起到了举足轻重的作用。本文梳理和评价了我国劳动经济学科领域近20年来的相关研究现状，阐明灵活就业在概念探讨、形成机理分析、就业统计与测度、工资与收入差距问题以及就业管理与就业政策等方面的研究进展，并在此基础上，指出未来需要深入和完善的若干方向和研究主题。

我国自1978年改革开放以来，随着计划经济向社会主义市场经济体制的转变，劳动力市场也由行政计划配置转向由市场调节。在此过程中，就业机制也相应地从刚性转向柔性。灵活就业伴随着我国的经济体制转轨经历了从无到有，规模从小到大的快速发展。在我国，灵活就业有其存在和发展的必然性、必要性和可能性。灵活就业在创造城镇就业岗位、转移农村剩余劳动力以及缓解贫困方面的作用显著。我国政府一直高度重视充分就业这一经济目标，并始终坚持把扩大就业放在经济和社会发展的突出位置，对灵活就业的作用极为重视。在经济体制改革和社会结构转型的过程中，日益增加的就业压力促使政府鼓励劳动者采取多种灵活的形式实现就业。于是，灵活就业作为适应市场经济的一种新型就业形式在中国快速发展起来。《中共中央关于制定国民经济和社会发展第十三个五年规划的建议》中也明确提出"加强对灵活就业、新就业形态的支持，促进劳动者自主就业"。诸多数据表明，现阶段灵活就业已代替正规就业，成为我国城镇就业的主渠道和新增就业岗位的主要来源。可以说，灵活就业的形成和发展均与市场化程度密切相关，是劳动力市场发展的重要内容和主要体现形式。

[①]　刘红霞，首都师范大学管理学院副教授。

自 20 世纪 90 年代中后期以来，灵活就业（非正规就业）就引起了经济学、社会学、管理学、地理学、法学等各学科领域的诸多学者的关注，他们从不同角度使用多种方法对灵活就业及其相关内容进行了研究，现已取得一些非常有价值的研究成果。总体来看，我国灵活就业的研究呈现多学科、多视角并存的局面，研究内容比较多样，研究范畴也较为宽泛。本文聚焦于劳动经济学领域的研究，旨在通过文献分析，理清我国灵活就业的研究进展和未来的研究趋势。归纳起来，劳动经济学界对于灵活就业（非正规就业）的研究内容主要集中在以下五个方面：相关概念探讨、形成机理分析、就业统计与测度、工资与收入差距以及就业管理与就业政策研究。

第一节　灵活就业概念的探讨

一　概念的提出

"灵活就业"（Flexible Employment）的概念可以追溯到 20 世纪 70 年代初由国际劳工组织针对发展中国家提出的"非正规就业"（Informal Employment）。而"非正规就业"的概念与"非正规部门""非正规经济"相关联。随着经济的发展和行业分工的细化，非正规就业因能创造更多就业岗位、吸纳大量劳动力，其规模在许多国家不断扩大，并在各国的劳动力市场中起到日益重要的作用。

改革开放之前，在传统的计划经济体制下，我国大陆一切都是"正规"的，既无"非正规"的概念，亦无"非正规部门"的说法，因此"非正规就业"也就被理所当然地排除在计划经济的体制之外。后来，随着经济转轨和社会主义市场经济的逐步确立，非正规部门和非正规就业才逐步产生并发展起来。20 世纪 90 年代，面对国有企业改革带来的大量下岗职工再就业的压力，上海作为改革开放以来市场化的前沿阵地先试先行，于 1996 年从国外引入了"非正规就业"的概念，由市政府组织建设"非正规就业劳动组织"，用以解决当时的下岗职工的再就业问题。此后"非正规就业"一词开始进入国人的视线，并迅速引起了各领域学者的广泛关注。

但是，对于"非正规就业"这一提法，从其引入之初，就一直有学者（如董克用等）不主张使用这种直接按照英文翻译的称谓。理由是该提法从中文的字面意思来看含有贬义，容易令人误解，且当时人们的就业观念难以接受这种被冠以"非正规"的就业名称。不断有学者呼吁改变译法，也有很多学者使用其他称谓来代替，一时间出现了诸如"分散性就业""非典型就业""非标准就业""非全职就业""弹性就业"等多种提法，其中"分散性就业"是董克用（2000）根据中国就业的实际情况提出的概念，而"非典型就业""非全职就业"等主要是借鉴了欧洲一些国家的提法。许多学者专门撰文进行了概念辨析，遗憾的是学者们并没有达成一致的意见。但从文献检索情况来看，使用最多的还是"非正规就业"一词。

我国政府在 2001 年首次在《国民经济和社会发展第十个五年计划人口、就业和社会保障重点专项规划》中提及"实行灵活的就业形式"，该文件提出："引导劳动者转变就业观念，采取非全日制、临时性、阶段性和弹性工作时间等多种灵活的就业形式，提倡自主就业"。一些学者受此启发便主张用"灵活就业"替代"非正规就业"，因为他们认为"灵活就业"的提法既能避免上述问题，又更能明确表达这种新就业模式的特点和优越性。到 2002 年，我国劳动和社会保障部劳动科学研究所在《我国灵活就业问题研究报告》里首次界定了"灵活就业"的概念，这得到了很多学者的认同和使用。现阶段政府的政策文件、法律法规等均使用"灵活就业"来表述，在学术上，虽然有一部分学者为了跟国外研究保持一致，仍然使用"非正规就业"的概念，但是可以看到越来越多的学者用"灵活就业"代替了"非正规就业"。实际上，就其实质和内涵而言，两者并无本质差异。近年来，随着共享经济等新经济形态的出现和发展，"互联网＋就业"开始产生，十八届五中全会公报中首次提出了"新就业形态"的概念，概括了新一轮技术革命所导致的就业模式的巨大变化。随后，杨伟国教授在"'十三五'中国经济转型、就业与社会保障"国际研讨会上指出，"新型就业"将成为"十三五"期间的主流就业模式。就其实质而言，无论是"新型就业"还是"新就业形态"的提法，都与灵活就业密不可分。

综合来看，"灵活就业"概念的提出及其被认可和重视，本身就反映了人们在改革开放后就业观念的转变，是我国政府和人民基于市场条件和现实情况重新审视就业，改变了计划经济体制下的就业认知的结果。

二　相关概念界定

（一）非正规就业的概念

20 世纪 70 年代初，国际劳工组织提出了"非正规就业"的概念，当时是针对"非正规部门"提出的，特指那部分在低报酬、小规模、保障差、不稳定的非正规部门的就业。所以最初的"非正规就业"即指非正规部门就业。后来，随着研究的深入和实践的深化，非正规就业的范围才拓展到既包括那些在非正规企业和家庭中的就业，又包括那些在正规部门中的非标准就业。这表明，这一概念在国外也处于变化与发展的过程当中。这就导致我国学者在引入这一概念时所产生的理解差异在所难免。综合国内现有研究发现，对于"非正规就业"概念有以下三类主要的界定角度和方式。

其一，有一部分学者从界定什么是"非正规部门"的角度来界定，认为"非正规就业"就是"非正规部门就业"。例如杨燕绥（2003）、姚裕群（2005）等。

其二，大部分学者借鉴了国外后来对于非正规就业的概念界定，认为新的概念界定更为合理，也更加符合我国实际，所以就以就业门类细分为基础，结合中国的国情来界定这一概念。例如全国总工会原副主席薛昭鋆（2000）在就业门类差异的基础上，从与传统典型就业形式的区别的角度来界定，认为非正规就业是"广泛存在于非正规部门和正规部门中的，有别于传统典型的就业形式"，具体包含非正规部门中的各种就业门类和正规部门中的非正规就业（如短期临时性就业、非全日制就业、劳务派遣就业、分包生产或服务项目的外部工人等）。这一概念对后来研究的影响较大，许多学者都以此为依据进行概念阐释，甚至有部分学者直接将"非正规就业"称为"非典型就业"。而张丽宾（2004）认为单纯从就业门类以及是否与传统典型的就业形式相同的角度来界定并不能反映"非正规就业"的全部特征，于是他在就业门类的基础上，增加了是否符合规章制度这一区分标准，认为"非正规就业"实际上包括"非正规部门就业"和"非标准就业"。他所谓的"非标准就业"即指那些不符合相关制度和规避法律约束的就业，如非全职全日制、劳务派遣或租赁等。另有一些学者结合中国的劳动状况，在就业门类基础上增加了劳动关系和就业稳定性两个维度来界定,认为非正规就业是"正规部门中没有正式劳动关系的就业形式,以及非正规部门中一直处于不稳定状态的就业",黎煦和高文书(2010)的观点与之近似,认为"非正规就业是非正规部门中的就业和正规部门中缺乏正式和稳定劳动关系的就业"。至于非正规部门究竟包含哪些类型,杨宜勇(2002)基于国际劳工组织的细分方式,结合我国国情指出非正规就业部门包含三种类别,即雇用很少工人的微型企业、家庭式的生产和服务单位、独立的个体劳动者。

其三,另有一部分学者则突破了就业门类的限制,直接从非正规就业的性质和特点角度出发来界定。例如李强和唐壮(2002)注意到了非正规就业者的身份特征,指出非正规就业是指那些尚未获得正式的就业身份、地位不是很稳定的就业,传统上称为"临时工"。而万向东(2008)则综合了雇佣关系、政府管制和就业效果三个维度来界定,认为非正规就业是指"具有非正式的雇佣关系(无合同、临时雇用、随意决定工资等)、未进入政府征税和监管体系、就业性质和效果处于低层次和边缘地位的劳动就业"。张彦(2009)也是基于非正规就业的性质和特点,从概念的"界入"和"界出"两方面将非正规就业界定为"那些因在付酬、劳动时间、劳动关系、工作形态、社会保障及经营活动这六个方面存在不固定、不稳定或不规范而与正规就业有性质上区别的劳动就业形式。"而彭希哲、姚宇(2004)因认识到了非正规就业的动态变化性而设计了一个动态界定框架,认为非正规就业一般在主流社会保障体制的覆盖之外,具有低收入、小规模、不稳定的特征,其形式与主体就业人群会随着经济发展阶段及劳动就业状态的不同而发生变化。

总体来看,随着人们认识的深化,"非正规就业"的内涵在不断丰富,其外延也在不断拓展。尽管我国学者从不同角度来界定这一概念,但大部分学者都认为非正规就业包含非正规部门就业和正规部门的非正规就业。只是对于究竟哪些经济活动群体该纳入非正规就业人群,学者们仍有不同意见。由于概念的边界模糊不清,造成在计量时的做法各有特点、各行其是,从而不利于从总体上准确把握非正规就业的发展态势并精准施策。

(二)灵活就业的概念

2002 年,我国劳动和社会保障部劳动科学研究所在其《我国灵活就业问题研究报告》里首次将"灵活就业"的概念界定为"在劳动时间、收入报酬、工作场地、社会保险、劳动关系等几方面（至少一方面）不同于建立在工业化和现代工厂制度基础上的、传统的主流就业方式的各种就业形式的总称"。该概念后来被广泛认可和使用。但这一概念提出后，给莫衷一是的"非正规就业"的概念又增添了新论题，学界开始讨论"灵活就业"和"非正规就业"两个概念之间的关系。综合来看，主要有以下两种声音。

一种认为"灵活就业"等同于"非正规就业"。例如彭希哲和姚宇（2004）认为"灵活就业"是我国劳动就业部门提出的一个与国际上广泛采用的"非正规就业"相对应的概念。杨怀印和鞠志红（2008）也认为灵活就业也可以称作"非标准就业""非正规就业"。李艳霞（2013）通过比对这两个概念后亦认为二者并无本质区别，但她指出在政府的公文、法律法规的表述和学者的研究中应尽量使用"非正规就业"一词，以便与国际劳工组织和大多数国家使用的概念保持一致。加之"非正规就业"的提法本身存有歧视，不符合中国的情境，并与人们传统的观念相悖，一些学者开始主张用"灵活就业"代替"非正规就业"。

另一种则认为"灵活就业"有别于"非正规就业"。例如杨燕绥（2003）认为两个概念虽有关联，但是是从不同角度来界定的，"灵活就业"是从就业形式上来说的，而"非正规就业"与"非正规部门"直接相关，是从就业部门正规与否方面来解释的。曾湘泉（2006）曾指出"灵活就业"涵盖的范围比"非正规就业"更广，"既包括非正规就业，也包括正规就业"，但从其全文表述的内容来看，其认为的"非正规就业"系特指"非正规部门就业"。赵建国、杨燕绥（2010）认为"灵活就业"是"非正规就业"和"非全职全日就业"两个概念的集合和进步。

总之，我国学术界对"灵活就业""非正规就业"的概念界定多有讨论，对其称谓也一直众说纷纭。实际上，根据劳动部劳科所的解释，"灵活就业"一词在含义上的所指与"非正规就业"基本是一致的。有学者认为"灵活就业"是政府政策性提法，而"非正规就业"是学术研究的提法，因其更容易与国际研究接轨。就中国现阶段的状况而言，"灵活就业"已被政府和社会广泛接受和使用，学术界在近年来也开始逐渐用"灵活就业"替代"非正规就业"。所以，本文将这些与"非正规就业"相关的诸如"非典型就业""非标准就业""弹性就业"等一系列概念以及近年来政府提出的"新就业形态"和部分学者提出的"新型就业"等称谓均置于"灵活就业"的范畴下来讨论。

第二节 灵活就业形成机理的分析

这方面的研究主要解答的是为什么会出现灵活就业（非正规就业）。在这方面，研究者们分别从宏观和微观两个层面进行了探讨。

一 宏观原因

宏观方面的分析主要是针对宏观的环境因素对非正规部门和非正规经济的影响来论证非正规就业的产生逻辑。从国内以往的研究来看，学者们主要是基于西方的非正规就业相关理论，结合中国的实际，解释中国非正规就业的成因，同时也论证西方理论在中国的适用情况。其中，涉及的理论主要有贫困就业理论、二元经济理论、制度边缘理论、新马克思主义理论以及新自由主义理论等。其中的贫困就业理论被一些学者认为是非正规就业产生和发展的内动力学说，而二元经济理论则是其外动力学说。归纳起来，所研究的宏观环境因素涵盖了以下四个方面。

（一）政治因素（P）

促使非正规就业形成、发展的最大政治因素莫过于改革开放的经济政策，改革开放导致制度边界发生了变化，给非正规就业带来了发展空间。丁金宏等（2001）根据制度边缘理论指出我国的非正规就业之所以产生和发展，是因为这次由高度集中的计划经济转向社会主义市场经济的改革，减少了政府对经济的直接控制，促使处于制度边缘的一些诸如非正规经济活动开始出现并逐步发展壮大。与此同时，所有制结构改革促使非公有制经济也得到了快速发展的机会，使得原来的一些"地下经济"转为"地上"，企业的灵活用工和劳动者的灵活就业也因此变得顺理成章。而对外开放的政策，也被多位学者以"贸易开放"为变量，验证了能够提高劳动者从事非正规就业的概率。

（二）经济因素（E）

促使我国非正规就业产生的经济因素包括经济增长、经济结构调整等因素。胡鞍钢和杨韵新（2001）认为经济结构的调整改变了就业结构，中国的经济运行机制的市场化、所有制结构的非国有化以及对外开放的经济全球化促成了中国城镇就业的非正规化。改革开放之后，第三产业的发展催生了大量非正规就业需求，创造了大量灵活就业岗位。此外，也有一些研究证实了经济增长是促成中国非正规就业产生和发展的重要影响因素。

（三）社会因素（S）

这里的社会因素，学者们探讨的主要是城市化（城镇化），因为城市化（城镇化）促进了人口流动。十一届三中全会后，农村的家庭联产承包责任制改革使大批农民从土地上解放出来。与此同时，城乡分割造成的收入差距的拉大，诱发了大量农村剩余劳动力流动到城市非正规部门务工，成为非正规就业的主力之一。闫海波等（2013）将伪城镇化纳入分析了中国的非正规部门的形成机理，结果发现城乡人均收入落差、伪城镇化和经济垄断程度都是导致非正规就业部门形成的主要驱动因素。

（四）技术因素（T）

随着科技进步和信息技术的飞速发展，新技术不断更新迭代，特别是计算机与互联网的广泛应用，给劳动力市场制造了无形的技术壁垒。一些低学历、低技能者因难以承担新技术革新带来的工作任务而被拒绝于正规部门之外；而那些高学历、高技能者则因能够适应新技术的变化而获得更加广阔和自由的就业空间。同时信息技术的进步使得"在家工作"成为可能，这给那些需要照顾家庭或无法到单位上班的人群（如女性、残疾人等）带来了新的就业机会。后来，随着第四次工业革命的来临、共享经济的发展，"互联网＋就业"的新就业形态出现，促使越来越多的人加入灵活就业的队伍中。

当然，因为灵活就业在促进市场就业机制形成、推动城镇化进程、吸纳农村剩余劳动力、解决城镇下岗职工再就业和缓解贫困方面都起到了举足轻重的作用，所以当时面对巨大的就业压力，政府因势利导，推动了灵活就业的发育。

二　微观原因

学者们讨论的促使我国灵活就业产生的微观层面的原因主要是从劳动力供求的主体（即企业和劳动者）的角度来分析的，但大多数学者是从作为就业选择决策主体和行为主体的劳动者角度来研究的。

（一）企业

作为用人主体的企业有诸多驱动其灵活用工的主客观因素。在以往研究中，学者们分析的成因主要集中在以下四个方面：（1）自身发展的需要。企业发展本身就在客观上需要灵活多样的用工形式，以便保持自身的灵活性和运作效率。（2）市场竞争的需要。市场经济下，企业间的竞争日益激烈，出于降低人工成本的需要，企业乐于采用灵活用工。（3）发展的可能性。改革开放给予了企业用人的自主权，使得企业灵活用工变得名正言顺。也就是说，灵活用工是企业的一种本能需要，只是因为受原有的体制和政策的限制而没有使用。但也有学者认为灵活就业始终存在，只是碍于体制问题没有公开，处于"地下"状态，而改革开放给予了企业用工自主权，使得这种更加符合企业需要的用工方式公开化了。

（二）劳动者

首先，从研究内容上来看，对于劳动者选择灵活就业的行为逻辑，国内学者主要围绕个人特征从以下三个基点上讨论。

其一，就业意愿。从就业意愿的角度出发来研究是一个重要的研究方向。许多学者对此进行了讨论，但他们的观点分歧较大。总体来看，主要存在以下三种论调。

1."选择论"

这一论调主要受到新自由主义理论的影响，认为劳动者选择非正规就业是其在竞争的劳动力市场上的一种主动选择。这种主动选择主要基于个人的灵活性、自主性就业偏好、个人对收益最大化的追求以及个人具备的企业家精神等要素。谭琳和李军锋（2003）、刘妍和李岳云（2007）、袁红清和赵丙奇（2015）等都认为劳动者灵活就业更多是一种主动选择。

2. 持反对意见的反"选择论"

这一论调主要受贫困就业理论和二元经济理论的影响，认为劳动者选择非正规就业是其在分割的劳动力市场上为维持生计的一种被动的无奈之举。如金一虹（2000）、李强和唐壮（2002）、石美遐（2007）等都持有这种观点。他们认为由于个人存在正规就业的障碍，如拥有人力资本（学历、技能）低、年龄大等弱势而难以获得进入正规部门就业的机会，为了维持生计而不得不选择非正规就业。出于传统的就业观念和

"正式身份"情结的束缚，许多劳动者只是将灵活就业作为临时性选择，一有机会还是会挤进正规部门就业。

3. 上述两种论调的综合

认为灵活就业者中既有主动选择的，也有一部分是被动选择的。这是后来随着研究的深入，大多数学者认同的观点，如吕红和金喜在（2006）、胡凤霞和姚先国（2011）等。刘洪银（2009）考虑了灵活就业群体的异质性，并从经济学上分析了灵活就业的形成和发展规律，他认为以追求工作的自由、获得更高人力资本价值和更好发展的高端灵活就业者系主动选择，而那些处于就业竞争弱势的低端灵活就业者则是被动的。此外，胡凤霞和姚先国（2011）在研究中发现，工资收入的估计值对农民工从事非正规就业具有显著的负作用，即那些预期收入高的农民工会主动选择非正规就业，反之则会被动进入非正规就业行列。

其二，禀赋。另有一部分学者是从禀赋的角度，利用微观数据对影响劳动者非正规就业选择的因素进行检验。例如，吴要武和蔡昉（2006）的研究显示，随着教育程度的提高，劳动者从事非正规就业的概率会下降。黎煦和高文书（2010）发现对进城农村劳动力而言，除个人特征外，人力资本状况以及所在行业和职业等都影响了其非正规就业选择，但其中受教育程度的影响力最大。

其三，家庭背景。也有少量研究从家庭背景的角度来分析，认为灵活就业虽是个人的劳动决策，但是在很大程度上受到家庭的影响，如专门有针对家庭收入和家庭老年照料对非正规就业的影响效应的研究。例如刘波和徐霭婷（2014）的研究发现，来自低收入和高收入家庭者更倾向于选择非正规就业，而来自中等收入家庭者则更易选择正规就业。

从研究方式和方法上来看，相关研究由初期的以思辨研究为主转向以实证研究为主，并且实证研究也逐渐由最初的考察宏观或微观某一层面的单一变量转为综合考察多个变量。现阶段有关成因的研究多是综合考察不同层面的多个变量之间的关系，甚至有研究细分了不同类型的非正规就业群体来分析其在形成机制上的差异。例如张延吉和张磊（2016）采用分层广义线性模型同时纳入并考察了宏观和微观两类因素对非正规就业形成的作用，也比较分析了自雇和受雇两类非正规就业群体在形成机制方面的差异。但该研究在微观变量上只考察了作为劳动力供给方的劳动者的个体属性，如性别、年龄、婚姻状况等人口统计学变量，缺少对劳动者需求方的用人单位方面因素的考察。

综合现有的研究结论可以发现，灵活就业因其自身具有高度的灵活性、自由性等优势，能够满足劳动者、企业、政府等多方主体的需求。不仅如此，它还在客观上迎合了经济全球化和经济新形态，也适应了新时期中国经济发展的需要，在促进经济增长、缓解就业压力和贫困等方面都发挥了重要作用，因而能迅速发展起来。所以说灵活就业的出现和形成发展具有其必然性和必要性，也存在客观的可能性。

第三节　灵活就业的统计与测度

为了从宏观上掌握非正规就业的发展状况，许多学者致力于研究非正规就业的统计与测度，相关研究视域集中于以下三个主题：（1）规模测算与特征分析；（2）发展态势分析与预测；（3）发展的影响因素研究。

一　规模测算与特征分析

由于我国尚未建立有关非正规就业的统计标准，政府的就业数据也难以有效区分正规就业和非正规就业，这给非正规就业规模的统计与测度造成了实质性困难。学者们基于各自的概念界定，通过数据测算，试图弄清楚我国非正规就业人员究竟达到了多大规模，以便为决策者提供政策制定的依据。以原劳动和社会保障部劳动科学研究所、现中国社会科学院劳动经济与人口研究所为主的一批学者先后对我国的非正规就业人员的数量和规模进行了测度。总体上，按照测度的依据和范围，现有的研究可以分为以下三类。

第一类是根据某一省市的具体情况，利用相关数据对相应省市内的非正规就业人员规模进行估算。例如张彦（2009）利用上海市现有统计数据，给出了 2000—2007 年该市非正规就业规模的两个估计量。黄彬云（2014）专注于城镇服务业中的非正规就业，运用有调整的综合法进行了估计，结果显示，江西省城镇服务业中的非正规就业呈上升趋势，且主要分布在配送服务业和个人服务业中。这些研究虽有利于摸清当地的非正规就业情况，为当地制定相宜的管理政策提供了有效支撑，但是由于其研究范围有限，难以反映总体上的非正规就业数量情况。

第二类是根据多个省市的调查数据来推算全国的非正规就业规模。其中，吴要武和蔡昉（2006）采用2002年国内66个城市的调查数据来推算，结果显示2002年中国城镇非正规就业占全部城镇就业的比例达48.2%。而屈小博（2011）运用中国健康与营养调查（CHNS）1997—2006年8个省份的调查数据来估算，结果表明在2004年和2006年非正规就业占城镇全部就业的比重分别是57%和58%。此类研究虽然对人们从更大范围上了解非正规就业的发展情况有益，但因其样本缺乏普遍性，数据质量的可靠性略弱，导致其结论的全面性、准确性受到质疑。

第三类是运用全国统计年鉴数据或普查数据推算全国的非正规就业规模。例如姚宇（2006）使用统计年鉴数据推算出了1997—2004年我国城镇历年的非正规就业规模，并发现其就业总量虽逐年递增，但其就业规模的弹性在2001年之后却在逐年下降。薛进军和高文书（2012）使用普查数据测算出2005年非正规就业占中国城镇就业的58.85%，据此推算出了2005年中国从事非正规就业的人数为1.63亿。因此类研究所使用的数据较为客观、可靠，故其研究结论更加有利于人们从总体上把握非正规就业的规模，对相关政策的制定具有重要的参考价值。但是由于多数研究的估算是基于某一年或几年的数据，且由于各自划定的列入非正规就业的人群并不相同，所以结论莫衷一是。

后来，张延吉和张磊（2017）借鉴了薛进军和高文书（2012）对非正规就业的界定，使用2011年中国社会状况综合调查（CSS）数据，测算出的结果与薛文非常接近（即非正规就业者占非农就业总量的58.19%）。在此基础上，他们又考虑了非正规就业异质性的特征，细分为非正规自雇者和受雇者两类人群，发现非正规自雇群体规模较大，逼近非正规受雇群体规模（两者比值为0.78:1）。

在关于非正规就业规模估算的研究中，结论存在较大悬殊。究其原因主要包括：（1）灵活就业本身具有流动性、隐蔽性和非全职全日制的特点，在统计中确实很难涵盖所有从业者。（2）关于非正规就业的统计概念、统计范围与界定标准目前学术界和统计部门皆无定论，因此对于哪些人群算是"非正规就业者"的观点并不一致，这造成在估算其规模时设计的统计口径有别。（3）学者们采用的数据不同、估算方法和使用的分析模型有差别。这些问题的存在影响了研究结论的信度和效度。

关于非正规就业的特征，研究普遍发现非正规就业者的受教育程度较低。但年龄和性别特征方面，不同的研究得出的结论并不一致。有研究推算的结果是青壮年劳动者比例相对较低、男性多，也有研究表明女性更多。当然，对于非正规就业特征的分析也不可避免地带有上述因使用的数据类型、覆盖面、统计口径不一致的问题。此外，以往的绝大多数研究都忽略了非正规就业的异质性特征，没有更多地反映不同类型的非正规就业群体的特征差异；同时也忽视了非正规就业存在的区域性差异，因为从实践情况来看，我国各省市由于经济发展水平、产业结构特色、当地政府推行的对待灵活就业的政策以及人们的就业观念等客观差异是存在的。

二 发展态势分析与预测

当前灵活就业在中国的劳动力市场上发挥了巨大作用这一点已得到学界公认，但是其发展态势如何？其就业规模是否会持续快速增长下去？学者们通过数据分析进行了预测，得出的结论却不尽相同。

（一）对过去灵活就业发展情况的测算

改革开放 40 年以来，灵活就业获得了快速发展，但其规模是否一直保持增长这一问题尚存争议。

多数学者的测算结果都支持持续增长，例如胡鞍钢和赵黎（2006）通过测算发现，在 1990—2004 年中国城镇非正规就业呈高速增长，其年均增长率为 12.9%。姚宇（2006）测算的 1997—2004 年我国城镇非正规就业规模也是逐年递增的。王海成等（2017）基于 2000—2013 年省际面板数据，采用差值法估算的结果显示，在这期间全国与各省城镇非正规就业率都呈大幅增长态势。王丽平（2013）根据统计年鉴数据估算指出，从 1990—2011 年非正规就业绝对规模由 2984 万人增至 2.26 亿人，年均增长速度高达 6.4%。

但是，少量学者发现非正规就业并非持续增长而是呈现先增后减的倒 U 形发展态势。例如李丽萍（2014）借鉴了胡鞍钢等的估算方法进行估算发现，1978—2012 年改革开放 35 年间的非正规就业规模随着经济发展水平的提高呈倒 U 形变化，即 2008 年之前处于上升趋势，之后便转为下降趋势。无独有偶，都阳和万广华（2014）研究了 1990—2012 年中国城镇非正规就业的规模和变动趋势后，也得出了类似的这种先升后降的倒 U 形变化形态，他们将这种下降归因于当时出现的劳动力市场规制的加强以及刘易斯转折的推动。

（二）对未来灵活就业发展趋势的预测

以往研究中，对于非正规就业未来发展趋势的预测有两种截然不同的观点。

一部分学者认为未来非正规就业规模仍将持续扩大。例如刘洪银（2006）基于1995—2006年我国城镇灵活就业人员比例逐年提高的情况推算，在未来我国灵活就业量会随着人均GDP、人均资本存量的增加仍呈上升趋势。有学者认为，近年来受到第四次工业革命、"互联网＋"、共享经济、零工经济等的影响，灵活就业又有了新形态，而且在我国政府鼓励发展的背景下，一系列互联网经济新业态的蓬勃发展将助推灵活就业在未来的爆发式增长，因为生产力角度的新就业形态才刚刚萌芽。这给了那些持有"非正规就业在我国具有长期存在和发展的合理性和必然性"观点的学者们以更大的信心。

而另一部分学者则认为非正规就业并不会持续增长下去，而是会随着经济增长而下降。例如，吴要武（2009）在研究了我国各城市2005年的非正规就业所占比重之后，得出非正规就业会随着城市经济的增长而呈现加速下降的趋势。张延吉和张磊（2017）指出，在未来经济发展水平提高了之后，劳动者从事非正规就业的概率会下降。李丽萍（2014）预测到未来在经济水平发展到一定程度以后，非正规就业的规模将会逐步缩小，并据此得出了"非正规就业正规化是一种不可逆转的大趋势"。

造成上述研究结论悬殊的主要原因除了研究者所采用的数据不同、估算方法有别、对于非正规就业的概念界定也有差异之外，在做趋势分析时忽略了多元因素的综合影响也是原因之一。任何一项经济活动和经济现象都是由若干因素共同驱动的，单一考虑一个或某几个因素，特别是将宏观和微观因素割裂开来讨论，则很容易造成研究结果的偏颇。

三　发展的影响因素研究

在规模测算的基础上，为了给政策制定者提供更多的参考信息，学者们又进一步考察了影响非正规就业规模的因素。总体上，所探讨的影响因素主要包括以下四类。

（一）制度性因素

多数学者都认为非正规就业的不规范问题影响了其健康发展，所以他们都主张通过制定完善的劳动保障制度来促进非正规就业的发展。可是有实证研究却发现最低工资制度及社会保险制度等劳动保护制度对非正规就业产生了显著的负向作用。也就是说，过多的就业保护政策反而会使非正规就业规模减小，因其加大了企业的用工成本，企业便采取了减少雇佣的对策。向攀等（2016）的研究结果表明，最低工资的提高最终将会促使劳动者流向正规部门就业，但其按照是否遵守最低工资标准作为划分正规部门和非正规部门的依据有待商榷。

（二）经济性因素

这方面研究的学者聚焦在经济增长、贸易开放对非正规就业规模的影响上。对于经济增长与非正规就业规模的关系如前所述，现有的研究结论分歧较大。部分学者认为，非正规就业规模会随着经济增长而不断扩大，但也有学者认为会缩减，如张延吉和张磊（2017）研究发现：从事非正规就业的概率与经济增速正相关，但会随经济发展水平的提高而显著下降。而有关贸易开放与非正规就业规模的关系，许多学者都发现贸易开放能有效促进非正规就业规模的扩大。此外，陈翊和冯云廷（2016）通过空间计量发现，市场化进程对于扩大非正规就业规模具有正向促进作用。

（三）社会性因素

这方面主要是社会学领域的学者以城市化角度切入开展的研究，例如丁金宏等（2001）指出中国城市化进程的加快，为非正规部门的发展提供了外在动力。因为城市化进程加速意味着会有更多的农村人口进入城市，充实城市劳动力市场，这必然进一步促进非正规部门的发展。而李强和唐壮（2002）认为中国未来几十年里城市化的发展，都只会使非正规就业的规模大大扩张。此外，也有少量地理学领域的学者（如黄耿志等）从城市化、空间分布角度来进行研究。

（四）综合性因素

之前的研究都是针对宏观或微观某一层面的某一个或某几个变量展开的，可是近年来有些学者考虑到了各个层面的不同因素有可能会交叉影响非正规就业的规模，所以通过构建综合性影响因素模型来系统考察不同层面的影响因素对非正规就业规模的影响。例如周申和何冰（2018）利用面板门槛模型，实证考察了贸易开放与非正规就业的关系是否会受到就业保护制度（以最低工资标准为变量）的影响，结果表明只有在最低工资水平在一定区间内时，贸易开放才能对非正规就业产生显著的正向影响，即会带动非正规就业规模的扩大。

第四节　灵活就业工资和收入差距的研究

国内关于非正规就业的工资和收入差距的研究沿着以下两条主线开展：一是受二元主义理论假设影响，考察非正规就业与正规就业的收入差距问题；二是受非正规就业异质性理论的启发，考察非正规就业者内部的收入差距问题。但研究前者的居多。

一　非正规就业与正规就业的收入差距研究

受二元主义理论影响，许多人都认为灵活就业是低端就业，就业人员就业能力较弱，因而其收入较低。可事实是否果真如此？如果收入差距确实存在，那么造成这种差距的原因又是什么？对此，一些学者进行了求证。

相较国外，我国大陆有关正规就业者与非正规就业者收入差距问题的研究起步较晚，基本上从 2008 年才开始，且相关研究集中于检验"正规就业收入溢价的存在性"。大多数研究都证实了正规就业的收入溢价确实存在，即非正规就业者的收入显著低于正规就业者，这表明非正规就业人员收入的外部不公平程度高。但是张彦吉和秦波（2015）基于 2011 年中国社会状况综合调查数据的分析却否定了这一结论，他们从总体小时收入和月收入水平来看，并未发现非正规就业者显著低于正规就业者。

进一步来看，虽然对于正规就业者与非正规就业者收入差距的研究结论高度一致，但是研究者们对于收入差距成因的分析却分歧较大。例如常进雄和王丹枫（2010）的实证研究结果表明，"正规就业和非正规就业之间的工资差异中有 81.01% 是由受教育程度、经验等可观测的人力资本要素导致的"。后来的一些研究也都证实了人力资本因素是导致出现这种收入差距的主要原因。也就是说，多数研究发现非正规就业者的教育收益率较低。但也有研究证明了非正规就业者的教育收益率并不低于正规就业者。另有学者研究发现，正规就业者与非正规就业者之间的收入差距主要是由中低端的工资差异引起的，并且工资分布段位不同，其收入差距的成因有别，其中在工资分布中低端，歧视等非市场因素是主因；而在工资分布高端，教育和经验等人力资本差异才是主因。还有一些研究发现，正规与非正规就业者之间的工资差距是由劳动力市场歧视造成的，只是不同研究发现的影响程度略有差异。如屈小博（2011）认为差距的 20% 左右是劳动力市场歧视造成的，薛进军和高文书（2012）将这一作用力确定为 26.49%，而张抗私等（2018）发现歧视能解释这种收入总差异的 30%。

造成研究结论差异的原因主要有：（1）数据选用的差异。有的选用某些省市的抽样调查数据，有的选用全国性的抽样调查数据；还有的选用了全国统计数据或普查数据。（2）统计口径的差异。即哪些群体该归入非正规就业者的观点不一致。（3）数据分析模型的选择差异。（4）是否考虑了非正规就业的异质性。尽管不同研究得出的结论有所差异，但也不存在结论大相径庭的情形，甚至有些结论之间还可以相互印证或彼此支持。

二　非正规就业内部收入差距研究

一部分学者受非正规就业异质性理论的启发，通过实证研究考察了非正规就业者内部的收入差距问题。这类研究的理论假设是非正规就业存在多种类型，不同类型的非正规就业者收入有别。经检验，几乎所有学者都证实了这一判断，并且还进一步分析了成因。例如袁霓（2013）、丁述磊（2017）都发现非正规就业内部存在性别差异，但是，前者认为人力资本水平较低是造成女性非正规就业收入较低的主因；而后者则认为主要是由市场歧视所致。腾志香和赵书峰（2014）针对山东农民工的实证研究也发现非正规就业者内部的收入差距存在性别差异，除此之外，他们还发现单位所在行业、单位所有制性质、单位距离以及务工者的年龄都会显著影响农民工的务工收入，但他们认为农民工自身的竞争力不强是造成这种差异的主因。而张抗私等（2018）发现非正规就业中的自雇者收入明显高于受雇者，因其教育收益率在非正规就业群体内部存在显著的异质性。不仅如此，薛进军和高文书（2012）根据收入不平等指数的测算发现，非正规就业内部的收入不平等程度很高，对总体收入不平等的贡献率达到 51.09%。

第五节　灵活就业管理与政策的研究

改革开放以来，灵活就业从无到有、从小到大的快速发展及其在这一过程中不断涌现出来的新问题都对我国政府的劳动就业治理能力和水平形成考验。在灵活就业的管理中，政府需要定位好自身角色，并在科学认识和灵活判断就业发展趋势的基础上出台相应的政策措施。

一　对待灵活就业的态度

针对政府该以什么态度对待灵活就业的问题，学界展开了政府"要不要干预"以及"如何干预"的大讨论，后者实际上就是围绕"非正规就业要不要正规化"的问题展开的。近20年来，诸位学者从不同角度和不同方面、采用不同方法进行了研究，但是至今仍未达成一致意见。实际上，"要不要政府干预"的问题一直是经济学发展历史上的一条主线，经济自由主义和政府全能主义两派的政策主张也在不断的争论当中。总体上，国内学者对于灵活就业的存在和发展都持支持态度，只是政策取向的意见不一。

起初，面对国内严峻的就业形势，以陈淮、于法鸣以及胡鞍钢、蔡昉、曾湘泉等为代表的多位经济学家从扩大就业、促进经济发展的角度出发，通过国外相关研究和实践结合中国的实际情况，多方论证了灵活就业的积极作用，呼吁政府应重视发挥灵活就业的作用，并尽快从法律和制度层面给予其"名分"，采取相应措施鼓励并扶持其发展。

后来，随着改革开放的深入，中国劳动力市场中的灵活就业的规模不断扩大。特别是在2002年9月的全国再就业工作会议上，朱镕基总理强调大力发展灵活多样的就业方式以后，灵活就业得以迅猛发展。但在灵活就业的发展过程中，出现了一些"不规范"的现象并由此引发了这样那样的问题，对此学界围绕政府"要不要干预"以及"如何干预"问题进行了讨论。归纳起来，在对待灵活就业的态度上，国内学者主要持有三种观点。

第一种观点是受新马克思主义学派的影响，力主政府要运用其行政力量干预，强化政府监管，促使非正规就业"正规化"，以提高就业质量，维护社会稳定。其依据可以归为以下三个：（1）非正规就业本身具有消极作用，如非正规就业者的主观幸福感不高、收入差距大、影响劳动力市场的安全性和稳定性等，已有研究证实了非正规就业显著降低了从业者的主观幸福感。而实现非正规就业的正规化不仅是"缩小中国收入差距的有效政策之一"，还能够对经济发展、社会稳定、从业者的主观幸福感等起到显著的正向影响。因此一些学者力主政府加强对劳动力市场的干预，尽量消除影响就业的制度障碍和就业歧视。（2）非正规就业是阶段性产物，随着经济的发展，其规模将逐渐缩小（前文已有述及，在此不做赘述），最后被正规就业所取代，故要加强政府干预，加速这一"正规化"过程。（3）非正规就业自带的劳动报酬低、劳动环境差、工伤事故率高等各种问题都阻碍我国的经济增长，并且这些问题均无法单纯依靠市场调节来避免。所以政府应充分发挥"看得见的手"的作用，通过宏观政策为非正规就业者提供完善的社会保障及体面的就业岗位，并通过加强监管等措施来促使其向正规就业转化。

第二种观点是受新自由主义学派的影响，认为非正规经济是市场精神的代表，政府不必过多干预，相反地，应减少政府管制。即他们并不认为非正规就业的"正规化"是一个正确的目标选择。其依据是：随着经济的发展和劳动力市场的发育，劳动力市场的非正规化会自动下降、非正规就业的一些先天不足也会自动消失。其代表人物是吴要武、都阳等。其中吴要武（2009）发现非正规就业者的教育收益率并不低于正规就业者，劳动力市场灵活性高是有效率的；并且随着城市发展水平的提高，劳动力市场的非正规化会自动下降，故认为政府只需要设法促进经济可持续发展即可。都阳和万广华（2014）也提出了类似的主张。理由是在刘易斯转折点之后，低收入群体的待遇已经在劳动力市场上获得了改善，非正规就业的收入对那些处于收入分布底端的家庭具有显著的减贫作用；且政府采取的加强规制的正规化管理举措，不但引致了非正规就业规模的下降，而且造成了贫困人群的福利损失。因而他们反对非正规就业正规化，认为应将政府管理的重心放在充分利用非正规就业上。

第三种观点比较中和，认为对于非正规就业既要防止放任自流，又要防止过于"正规化"，主张在干预尺度上要适度，在干预办法上要适当。

一方面，在管理尺度上，因政府的过度干预或缺乏干预都容易使非正规就业陷入困境。国外有研究已证明，一些政府试图规范非正规劳动力市场的各种努力，最后都产生了较大的负面效应。例如美国有学者通过对欧盟 15 国以及美国、加拿大、日本等 20 国近 40 年有关数据的研究发现："那些实施严格保障法规的国家，只会使失去工作的工人更难找到工作，使就业环境进一步恶化"①。基于此，我国许多学者都反对政府过度干预，例如李强和唐壮（2001）认为中国当前的经济发展水平尚未达到全面正规化的条件，若此时非要正规化，则会影响中国经济的发展。杨燕绥（2003）则基于灵活就业的最大优势就在于其灵活性，政府干预过多会使其丧失这一优势。而胡凤霞和姚先国（2011）则因农民工非正规就业者存在不同质特征而反对不加区分的单一正规化政策取向。

　　另一方面，在具体的干预办法上，针对究竟怎样才算是"适当干预"，学者们提出了不同的主张，丁金宏等（2001）主张要扶持与激励相结合，避免过度扶持与保护；杨燕绥（2003）主张扶持与规范相结合，提出了旨在促进灵活就业发展的同时将灵活就业规范化的"弹性就业政策"。还有一些学者主张用"规范化"一词替代"正规化"的说法，理由是中国的灵活就业尚处于非规范发展的阶段，现阶段非正规就业出现的一些诸如收入低、工作条件差等问题恰恰是"不规范"导致的，所以政府干预的着力点应置于促使非正规就业规范化发展，而不是将其转化为正规就业。张彦（2009）认为在干预问题上，政府首先要理清所要扮演的角色，并要"在宽松和规范之间建立平衡"，寻求规范和宽松能够相济兼得的新型干预方式。此外，有学者认识到了非正规就业群体存在明显的异质性和收入差距，据此主张政府的干预要区分这种异质性进行分类管理。其中，对于非正规就业的受雇者，政府要适度干预，重点是加强其权益保护；而对于非正规就业中的自雇者，政府要继续推进简政放权，降低其参与正规经济活动的制度成本。

二　灵活就业的发展对策

　　由于各方学者对于灵活就业的积极作用观点比较一致，对于政府要干预劳动力市场，促进其良性健康发展也得到了相当一部分学者的认同。

---

①　国际劳工局：《世界就业报告（1998—1999）》，中国劳动社会保障出版社 2000 年版，第 48 页。

那么政府要如何干预呢？如何将灵活就业纳入政府的决策与法制范围，在拓宽非正规就业发展空间的同时，通过政策的约束来改善灵活就业者的生存状态，让每个劳动者实现"体面就业"，这是自 20 世纪 90 年代末以来许多学者的关注点。从政策研究的侧重点来看，相关研究是从以下两个相互独立又相互补充的方面展开的。

一方面，侧重于建立或完善相应的政策或制度。该方面的研究旨在通过立法和制定政策为非正规就业的发展提供制度保障，促使其规范、健康发展。目前相关研究的焦点聚集于以下四个方面。

1. 劳动权益的维护

从立法的角度，讨论如何通过法律法规的完善来维护非正规就业人员的各项劳动权益，约束用人单位不规范的灵活用工行为，让非正规就业的劳动者实现"体面劳动"。提出的政策建议涉及劳动条件改善、工资标准、加班报酬、休息休假、劳动保护等若干方面。具体内容包括：加强劳动合同管理和劳动监察、规范用工制度、探索建立灵活就业者的组织（如社区工会或行业工会等）以提高灵活就业者的组织化程度等。

2. 社会保障制度的完善

针对灵活就业人员之前的缺乏必要的社会保障以及后来的社会保障水平偏低问题，国内已有大量学者进行了研究，出现的成果也比较丰富。其研究重心放在建立和完善符合灵活就业人员特点、适合非正规就业人员参加的社会保险制度上，研究的主要问题包括：社会保险要如何覆盖灵活就业人员、灵活就业人员的保险费如何缴纳和支付、灵活就业人员的医疗保险和养老保险该如何设计、如何提高非正规就业人员的参保意愿等。

3. 就业创业服务体系的构建与完善

该服务体系的相关讨论主要围绕服务内容和服务机构两方面展开。在服务内容上，研究者主要主张加强以下四项就业创业服务：积极搭建各种就业创业平台、提供更加广泛的就业创业信息服务、提供更为专业的就业创业指导与咨询、提供更加有效的职业技能培训。在服务机构上，研究者主要讨论的是如何让政府、社区、中介机构等各大主体参与并充分发挥各自应有的作用。

4. 优化创业扶持政策

学者倡导出台更多鼓励和扶持创业的政策，如加大对不同类型创业者的扶持支持力度，如降低贷款门槛、简化贷款手续等，以方便创业者贷款与融资；出台税收优惠政策，并扩大其享受优惠的对象范围；进一步细化和完善财政补贴政策；加快有关创业的行政审批并简化其手续办理等，鼓励劳动者自主创业，以创业带动更多的就业，创造更多的灵活就业机会。

另一方面，侧重于消除制度障碍。该方面的研究旨在降低或消除城乡、地域和身份等各种门槛，以促进灵活就业的发展。比如改革户籍制度、打破城乡分割等，建立统一有效的组织管理体系，制定有利于灵活就业发展的政策；改变排斥灵活就业人员的社会保障制度，将灵活就业者纳入社会保障体系中来。再如改革企业审批制度、税收制度，甚至是义务教育制度，为创业者、进城务工人员灵活就业提供便利。此外，采取多项措施，最大限度地减少劳动力市场中存在的性别歧视以及对农民工的歧视等不合理的非市场化因素，削弱这些因素对非正规就业者的不利影响。

第六节　未来研究方向

国内关于灵活就业的相关研究延续了二十余年，也形成了大量研究成果，为政策制定者提供了非常有价值的决策依据和参考，但是应当看到，这方面的研究还是一个比较年轻的研究领域，有许多问题还有待于进一步探究。在我国现阶段，灵活就业的发展已经规模化，未来随着劳动力市场的进一步完善、户籍制度的作用弱化、劳动力流动的加速，特别是近年来在我国传统的正规就业岗位不断减少、新经济形态不断涌现的情况下，灵活就业的发展前景将会更加广阔，因此未来灵活就业问题仍将是一个值得继续研究的重要领域。综合来看，今后有关灵活就业的研究需要深入和完善的内容主要有以下几个：

第一，关于"灵活就业""非正规就业"的概念。由上述分析可见，虽然已有众多学者进行了界定，但是至今依旧众说纷纭。概念的模糊不清，既不利于我们全面认识灵活就业的现象和问题，也不利于就业规模的统计与测度，这在客观上加大了政府制定精准政策的难度。未来，相关概念还需要从多角度出发、综合考虑新经济形态和中国劳动力市场的实际情况进一步界定，且学术界也要尽快统一说法。

第二，规模的测度有待于进一步考证。目前的研究由于采用的数据不同、对非正规就业的概念界定不一，选用的估算方法有别等，导致研究结论差异较大，难以为决策部门提供有力的依据。未来的研究，数据的采用需要从更加可靠的、更有针对性的层面进行。当然，这需要尽快理清概念边界，统一统计口径，也需要统计部门、人力资源和社会保障部门等政府有关部门注意对灵活就业者数据的收集和统计。此外，还需要积极吸收和借鉴国外先进的计量方法，在模型构建和统计分析时，尽可能减少或避免一些偏误。

第三，关于灵活就业成因的研究也需要进一步分析在宏观和微观各项因素中，究竟是哪些因素起了更加重要的作用，理清作用力大小；要综合考察不同变量之间的交互作用对灵活就业选择的影响；同时，也要基于非正规就业异质性的特征，探究在我国存在的若干种不同的非正规就业群体类型，并进一步分析其各自选择灵活就业的驱动因素的差异，为政策制定者提供更加可靠的依据。

第四，关于工资与收入差距问题的研究，现在国内多数学者将非正规就业看作一个整体来与正规就业进行比较研究，仅有少量学者关注到了非正规就业异质性问题。未来从非正规就业的异质性出发，对不同类型的非正规就业与正规就业收入差距进行研究将是一个重要的研究方向。这方面的研究也会为非正规就业的成因提供新证据。另外，在建模时也要特别注意避免多个变量之间的多重共线性等技术性问题对研究结果造成的偏差。

第五，关于就业管理与就业政策的研究，将来会随着经济社会的发展与时俱进，朝着更新、更细、更深、更有针对性的方向发展。比如基于非正规就业存在异质性的特征，未来的政策研究中，将会考虑不同的非正规就业群体的不同需求，更加注重灵活就业政策的适用度，探讨分类管理方案。再如，在灵活就业人员规模进一步扩大、灵活就业成为影响经济发展和社会稳定的重要因素的情况下，对于如何才能在维护劳动力市场灵活性的同时兼顾稳定性和安全性的研究就显得尤为重要。此外，新经济形态下的灵活就业走向和应对策略也是未来的一个研究热点。因为伴随新经济形态而出现的新就业形态使得灵活就业的形式更加多元和复杂，这给原有的规制带来了挑战，也给灵活就业的研究带来了新问题。

在我国政府明确支持新经济形态发展的情况下，对于灵活就业的研究要紧密结合第四次工业革命、共享经济、零工经济等给劳动力市场带来的新变化以及给灵活就业带来的新问题进行新研究，比如在工作碎片化、雇主和雇员之间的关系变得松散的零工经济下、在依托互联网平台的工作时间和地点异常灵活的共享经济下，灵活就业人群该如何界定，灵活就业人员规模该如何测度，特别是间断性就业人员、"互联网＋"就业人员该如何计量，政府该如何监督管理，劳动者的权益该如何保障等都是值得进一步探究的问题。

参考文献

常进雄、王丹枫：《我国城镇正规就业与非正规就业的工资差异》，《数量经济技术经济研究》2010 年第 9 期。

陈淮：《发展非正规就业是一项战略选择》，《经济纵横》2001 年第 5 期。

陈翊、冯云廷：《非正规就业与市场化进程：基于面板数据的空间计量验证》，《人口学刊》2016 年第 6 期。

丁金宏、冷熙亮、宋秀坤等：《中国对非正规就业概念的移植与发展》，《中国人口科学》2001 年第 6 期。

丁述磊：《非正规就业对居民主观幸福感的影响——来自中国综合社会调查的经验分析》，《经济与管理研究》2017 年第 4 期。

丁述磊：《正规就业与非正规就业工资差异的实证研究——分位数回归的视角》，《财经论丛》2017 年第 4 期。

董克用：《关于"非正规部门就业——分散性就业"问题的研究》，《中国劳动》2000 年第 12 期。

都阳、万广华：《城市劳动力市场上的非正规就业及其在减贫中的作用》，《经济学动态》2014 年第 9 期。

郭悦：《"我国灵活就业问题研究报告"受好评》，《中国劳动》2002 年第 1 期。

国际劳工局：《世界就业报告（1998—1999）》，中国劳动社会保障出版社2000 年版。

胡鞍钢、杨韵新：《就业模式转变：从正规化到非正规化》，《管理世界》2001 年第 2 期。

胡鞍钢、赵黎：《我国转型期城镇非正规就业与非正规经济（1990—

2004)》，《清华大学学报》（哲学社会科学版）2006 年第 3 期。

胡凤霞、姚先国：《农民工非正规就业选择研究》，《人口与经济》2011 年第 4 期。

胡凤霞、姚先国：《城镇居民非正规就业选择与劳动力市场分割——一个面板数据的实证分析》，《浙江大学学报》（人文社会科学版）2011 年第 2 期。

黄彬云：《城镇非正规服务就业规模的估计》，《统计与决策》2014 年第 23 期。

金一虹：《非正规劳动力市场的形成与发展》，《学海》2000 年第 4 期。

黎煦、高文书：《我国进城农村劳动力非正规就业相关问题分析》，《人口与经济》2010 年第 6 期。

李金昌、刘波、徐蔼婷：《中国贸易开放的非正规就业效应研究》，《中国人口科学》2014 年第 4 期。

李丽萍：《改革开放以来我国城镇非正规就业分析》，《经济体制改革》2014 年第 6 期。

李强、唐壮：《城市农民工与城市中的非正规就业》，《社会学研究》2002 年第 6 期。

李艳霞：《非正规就业概念的梳理与多维界定》，《中国社会科学院研究生院学报》2013 年第 4 期。

刘波、徐蔼婷：《家庭收入对居民非正规就业选择的影响研究——基于 CHNS 数据的发现》，《调研世界》2014 年第 3 期。

刘洪银：《我国灵活就业形成发展的经济学分析》，《人口与经济》2009 年第 1 期。

刘妍、李岳云：《城市外来农村劳动力非正规就业的性别差异分析——以南京市为例》，《中国农村经济》2007 年第 12 期。

吕红、金喜在：《我国构建灵活就业统计指标体系的初步设想》，《经济纵横》2006 年第 12 期。

彭希哲、姚宇：《厘清非正规就业概念，推动非正规就业发展》，《社会科学》2004 年第 7 期。

屈小博：《城市正规就业与非正规就业收入差距及影响因素贡献——基于收入不平等的分解》，《财经论丛》2011 年第 2 期。

屈小博：《中国城市正规就业与非正规就业的工资差异——基于非正规就

业异质性的收入差距分解》，《南方经济》2012 年第 4 期。

石美遐：《外地非正规就业者在京景况探析》，《中国国情国力》2007 年第 2 期。

苏晓芳、杜妍冬：《人力资本、社会资本与流动人口就业收入——基于流动人口正规就业与非正规就业的比较分析》，《科学决策》2016 年第 9 期。

谭琳、李军锋：《我国非正规就业的性别特征分析》，《人口研究》2003 年第 5 期。

腾志香、赵书峰：《农民工非正规就业收入影响因素分析——基于山东省的调查》，《西北人口》2014 年第 3 期。

万向东：《农民工非正式就业的进入条件和效果》，《管理世界》2008 年第 1 期。

王海成、郭敏：《非正规就业对主观幸福感的影响——劳动力市场正规化政策的合理性》，《经济学动态》2015 年第 5 期。

王海成、苏桢芳、渠慎宁：《就业保护制度对非正规就业的影响——来自中国省际面板数据的证据》，《中南财经政法大学学报》2017 年第 2 期。

王丽平：《我国非正规就业发展探析》，《宏观经济管理》2013 年第 9 期。

王庆芳、郭金兴：《非正规就业者的境况得到改善了么？——来自 1997—2011 年 CHNS 数据的证据》，《人口与经济》2017 年第 2 期。

魏下海、余玲铮：《我国城镇正规就业与非正规就业工资差异的实证研究——基于分位数回归与分解的发现》，《数量经济技术经济研究》2012 年第 1 期。

吴要武：《非正规就业者的未来》，《经济研究》2009 年第 7 期。

吴要武、蔡昉：《中国城镇非正规就业：规模与特征》，《中国劳动经济学》2006 年第 2 期。

向攀、赵达、谢识予：《最低工资对正规部门、非正规部门工资和就业的影响》，《数量经济技术经济研究》2016 年第 10 期。

徐霭婷、刘波：《贸易开放对非正规就业规模影响的实证研究——来自中国省级面板数据的证据》，《商业经济与管理》2014 年第 6 期。

徐宗玲：《在家工作：劳动就业新方式》，《经济理论与经济管理》2002 年第 6 期。

薛进军、高文书：《中国城镇非正规就业规模、特征和收入差距》，《经济社会体制比较》2012 年第 6 期。

薛昭鋆：《对我国发展非正规部门和鼓励非正规就业的几点认识和建议》，劳动和社会保障部"非正规部门就业研讨会"论文，北京，2000 年 10 月。

闫海波、陈敬良、孟媛：《非正规就业部门的形成机理研究：理论、实证与政策框架》，《中国人口·资源与环境》2013 年第 8 期。

杨凡：《流动人口正规就业与非正规就业的工资差异研究——基于倾向值方法的分析》，《人口研究》2015 年第 6 期。

杨怀印、鞠志红：《我国灵活就业的雇佣关系》，《经济管理》2008 年第 12 期。

杨燕绥：《规范劳动力市场与灵活就业》，《清华大学学报》（哲学社会科学版）2003 年 S1 期。

杨宜勇：《中国转型时期的就业问题》，中国劳动社会保障出版社 2002 年版。

姚宇：《中国非正规就业规模与现状研究》，《中国劳动经济研究》2006 年第 2 期。

姚裕群：《论我国的非正规就业问题》，《人口学刊》2005 年第 3 期。

于法鸣、王爱文、郭悦：《灵活就业需要制度增援》，《发展》2002 年第 7 期。

袁红清、赵丙奇：《收入与闲暇：外来农村女性自我雇佣就业的效用选择》，《农村经济》2015 年第 12 期。

袁霓：《中国城镇非正规就业收入的性别差异》，《商业研究》2013 年第 9 期。

曾湘泉：《我国就业与失业的科学测量和实证研究》，《经济理论与经济管理》2006 年第 6 期。

张成刚：《新就业形态的类别特征与发展策略》，《学习与实践》2018 年第 3 期。

张抗私、刘翠花、丁述磊：《正规就业与非正规就业工资差异研究》，《中国人口科学》2018 年第 1 期。

张丽宾：《"非正规就业"概念辨析与政策探讨》，《经济研究参考》2004 年第 81 期。

张延吉、张磊：《中国非正规就业的形成机制及异质性特征——兼论三大理论的适用性》，《人口学刊》2017 年第 2 期。

张彦：《对上海市人口非正规就业规模的估算与分析》，《中国人口科学》2009 年第 3 期。

张彦：《非正规就业政策调整和制度创新》，《社会科学》2009 年第 6 期。

张彦吉、秦波：《城镇正规就业与非正规就业的收入差异研究》，《人口学刊》2015 年第 4 期。

赵建国、杨燕绥：《中国社会保障体系的整合发展与重构——基于就业方式变革趋势下的分析》，《劳动保障世界》（理论版）2010 年第 1 期。

周申、何冰：《贸易开放、最低工资标准与中国非正规就业——基于面板门槛模型的实证研究》，《经济问题探索》2018 年第 3 期。

周申、何冰：《贸易自由化对中国非正规就业的地区效应及动态影响——基于微观数据的经验研究》，《国际贸易问题》2017 年第 11 期。

第四章　改革开放以来中国劳动力流动研究①

第一节　中国劳动力流动基本历程

　　人口流动是中国改革开放 40 年以来规模最大、意义最为深远的地理过程之一（朱宇等，2016）。人口流动在中国主要是指离开户籍地的人口，通常出于获得更好就业机会而离开户籍地，前往有更好经济活动前景的城镇。确切地说，人口流动是指人们在没有改变原居住地户口的情况下，到户口所在地以外的地方从事务工、经商、社会服务等各种经济活动，即所谓"人户分离"，但排除旅游、上学、访友、探亲、从军等情形（姚华松等，2008）。中国人口流动的主体是劳动力，尤其是农村劳动力，而促成农村劳动力大量从农村向城镇流动的重要原因有：（1）农村存在大量的剩余劳动力，使得大规模的乡城人口流动成为可能。（2）中国严格的户籍制度使得城乡之间的流动长期被限制，从而积蓄了大量的势能。自中华人民共和国成立以来中国实行重工业化的产业发展政策，并且通过严格的户籍制度把城乡人口加以分隔，导致城乡发展存在明显差异，形成了产业结构和人口分布结构的严重扭曲，这也为改革开放之后农村劳动力向城镇流动造成了有力的动因，或者说是积累了很大的势能（蔡昉，1995）。这种势能是推动人口流动的主要驱动力。（3）随着中国工业化的推进，城镇非农产业，尤其是制造业的发展需要大量的劳动力，在工业化的起步和发展阶段，随着大量流水线的推广，普通劳动力就能够胜任加工制造业的各个环节。1978 年以来，以流动人口为主体的非户籍人口迁移成为中国人口迁移的主要形式（张展新、杨思思，2013；

---

　　①　王智勇，中国社会科学院人口与劳动经济研究所研究员。

段成荣等，2012）。

　　改革开放以后，以家庭联产承包责任制为核心的农村改革持续深入，农村剩余劳动力大幅增加。从国家层面来看，政策逐渐放宽，使农村劳动力向城镇转移成为可能。国家逐步允许农民从事商业及运输业，少量农村劳动力实现在城乡之间流动。1984 年又进一步允许农民到附近城镇打工，农村劳动力向城市转移的制度得以放宽。政策的宽松，使得越来越多的农村劳动力向城镇流动，并成为流动人口的主力军。自 20 世纪 80 年代中期以来，随着国民经济的快速增长、市场化改革的不断深化和人口流动管理制度和调控措施的不断变化，流动人口规模迅速扩大（李玲，2001；Cai F. and Wang D. W.，2003；姚华松等，2008；Liang Z.，2001；Fan C.，2005）。应该指出，80 年代，尽管随着制度的宽松，迁移流动规模迅速扩大，远距离迁移大范围展开，但因农村非农产业、城市和沿海地区吸纳能力较强，流动人口与流入地的吸纳能力间未表现出强烈的不协调，流入地尚未感到强烈的多方位冲击。80 年代中期可自由迁移流动以来，寻找就业机会是劳动力迁移的首位原因，其次才是寻求较高的收入、较好的工作环境和发挥个人才干的机会（李玲，2001）。90 年代以后，以劳动密集型产业为主的外向型经济逐渐壮大，人口迁移成为中国城镇化发展的重要主题（朱孟钰、李芳，2017）。

　　农村劳动力的流动经历了乡镇企业蓬勃发展阶段和城镇制造业扩张两个阶段。20 世纪 80 年代，乡镇企业的兴起、发展和繁荣，使大量的农村劳动力可以在家门口实现非农就业，即实现"离土不离乡"的流动模式，其中乡镇是农村劳动力转移的主要目的地。这一时期中国人口的流动主要表现为就地职业转换。"离土不离乡"的农业剩余劳动力转移模式是中国经济发展实践中走出的一条新路，这条路突破了西方发展经济学农业剩余劳动力向城市工业转移的二元结构模式，尤其是乡镇企业在 1984—1988 年的异军突起，成为农业剩余劳动力转移的主要"吸收器"（张车伟、王智勇，2015）。1984 年 3 月，党中央、国务院发布 4 号文件，确立了乡镇企业在国民经济中的重要地位，据此，乡镇企业在政策、舆论、税收等方面获得大力支持，其发展进入了黄金时期，成为当时农业剩余劳动力向农外转移就业的主要途径，1984 年乡镇企业从业人数迅速增加，比 1983 年增加了 60.99%。在中国城市存在大量隐性失业、国有企业吸收就业能力很弱的情况下，在农村发展乡镇企业吸收农业剩余劳动力，既提高了劳动力资源配置效率，又促进了中国农村经济的发展。从 1984—1988 年，乡镇企业的从业人员从 5208 万人，增加到 9545 万人，增长了 83.28% 。

表 4-1 1978—1991 年中国乡镇企业从业人数及占乡村从业人数的比重

年份	乡村从业 人数（万人）	乡镇企业从业 人数（万人）	乡镇企业从业人数占乡村 从业人数比重（%）
1978	30638	2827	9.23
1979	31025	2909	9.38
1980	31836	3000	9.42
1981	32672	2970	9.09
1982	33867	3113	9.19
1983	34690	3235	9.33
1984	35968	5208	14.48
1985	37065	6979	18.83
1986	37990	7937	20.89
1987	39000	8805	22.58
1988	40067	9545	23.82
1989	40939	9367	22.88
1990	47708	9265	19.42
1991	48026	9609	20.01

资料来源：参见国家统计局人口和社会科技统计司《中国劳动统计年鉴（2003）》，中国统计出版社。

20 世纪 80 年代的人口迁移与流动，是新旧时期转换中的多种因素的复杂组合，它既是改革开放新形势的产物，又通过人口年龄结构及人口回流等反射出历史的印痕（杨云彦，1992），同时，也反映了我国人口流向的一个转变，我国人口迁移的宏观流向已从向西北人口稀疏地区的扩散转变为向东南人口稠密区的集聚。究其原因，一方面是农业资源与劳动力分布的宏观配置达到平衡的结果；另一方面，与我国经济发展重心向沿海的转移相关，开放政策促进了沿海地区的经济发展，吸引了大批劳动力。经济发展重心的转移是人口迁移的一个基本动因。20 世纪 80 年代以来，中国人口迁移的基本方向为向东南沿海迁移，而在历史上则是延续数百年的向北方迁移（杨云彦，1992）。范剑勇等人（2004）针对农村劳动力的流动，提出跨省流动绝大多数都是从人口较为密集的中部和西南地区向产业已经有一定集聚优势的沿海地区流动。人口流动与地区经济社会差异、教育及空间距离都有着密切的关系（段成荣，2001），区域收入差距是导致人口流动与迁移的最主要因素（王桂新，1997）。

然而，由于1988年出现了通货膨胀和经济过热，国家对乡镇企业的建设和改革重点放到了治理整顿上来，并提出"乡镇企业要根据国家的宏观要求和市场需要，在治理整顿期间适当降低发展速度"。从1989年开始，乡镇企业开始"调整、整顿、改造和提高"，发展速度开始减缓，从业人员1989年和1990年连续两年减少。乡镇企业的发展由此进入低潮，很多乡镇企业职工又回到土地中去。

20世纪90年代，沿海地区凭借其发达的经济和政策优势吸引了中西部地区的大量劳动力和人口，中国省际人口流动的主要特征表现为：西部和中部地区通过省际人口流动失去人口，而东部沿海地区则聚集了大量外来人口（张善余，1990；Fan C.，1996；李扬等，2015）。这一时期劳动力的异地转移开始出现，1989年首次爆发"民工潮"，使社会受到强烈的多方位冲击。1992—1993年，改革开放步伐和经济市场化进程骤然加快，就业需求大增，拉动了大量农村劳动力外出，产生了规模越来越大的"民工潮"（李玲，2001；辜胜阻、刘传江，1996），主要流向依靠自身经济基础和区位优势迅速发展起来的沿海地区大中城市。1993年十四届三中全会《中共中央关于建立社会主义市场经济体制若干问题的决定》提出，要鼓励和引导农村剩余劳动力逐步向非农产业转移和在地区间有序流动。1993年起，劳动部开始实施"农村劳动力跨地区流动有序化工程"，主要目标是使主要输入输出地区间的农村劳动力流动就业实现"有序化"，包括"输出有组织，输入有管理，流动有服务，调控有手段，应急有措施"等具体目标。正式提出建立针对农村劳动力流动就业的用工管理、监察、权益保障、管理服务基本制度，发展各种服务组织，完善信息网络和监测手段，强化区域协作和部门配合。1994年，劳动部颁布《农村劳动力跨省流动就业暂行规定》，这是国家关于农村劳动力跨地区流动就业的第一个规范化文件，开始实施以就业证卡管理为中心的农村劳动力跨地区流动就业制度。1995年，中共中央办公厅颁发《关于加强流动人口管理工作的意见》，决定实行统一的流动人口就业证和暂住证制度，以提高流动的组织化、有序化程度。十五届三中全会通过的《中共中央关于农业和农村工作若干重大问题的决定》，再次明确了农村劳动力流动就业的政策思路，即立足农村，向生产的深度和广度进军，发展第二、三产业，建设小城镇。开拓农村广阔的就业门路，同时适应城镇和发达地区的客观需要，引导农村劳动力合理有序流动。[1] 这段时期人口流动是"离土又离乡"的"民工潮"阶段，其突出的特点是流动人口规模迅速扩大，年增幅多在 10% 以上，高时达 20% 以上（李玲，2001）。在地区、城乡之间显著的经济收入差异及就业机会的推拉作用下，中西部地带人口向东部沿海地区及农村人口向城市地区的迁移流动规模急剧膨胀，使人口迁移进入高度活跃期（王桂新，2004）。这一时期的另一个特点是流动人口的流向较为集中。研究表明，以规模前 10 位的城市吸纳的流动人口占全部流动人口的比例看，1982 年该比例为 16.42%，1990 年上升到 23.67%，2005 年更是达到了 32.14%（段成荣、杨舸，2009）。2000—2010 年，18 个省市的流动人口为负增长，其中四川、河南、安徽、贵州流出人口均在 500 万人以上，而流入人口在 500 万人以上的主要集中于广东、浙江和上海；全国仅 37.7% 城市的流动人口有所增长，主要集中于京津冀、长三角、珠三角和山东半岛地区（张国俊等，2018）。2008—2014 年，农民工数量增长迅速，由 2.25 亿人增加到 2.74 亿人。外出农民工主要流向城市地区，如 2014 年外出农民工在地级及以上城市务工的占 65%（孙祥栋、王涵，2016）。

据国务院政研室课题组（2006）估计，2000—2005 年，全国农村外出务工劳动力数量每年增加 600—800 万。2011 年国家统计局农民工监测报告显示，2008 年农民工数量为 1.4 亿人，2011 年达到了 1.58 亿人，年均增加 607.3 万人。2000 年后，农民工外出务工运动是历史上规模最大的一个时期，而且绝大部分都以城镇为流入地。外出农民工是流动人口中的一个特殊群体。其特殊性体现在两个方面：一是身份上的特殊。表现出"候鸟型""钟摆式"的流动特征（辜胜阻、杨威，2012）；二是数量的巨大。数据显示，2010 年外出农民工数量达到了 15335 万人，占流动人口总量的比例接近 60%；在省外务工的农民工 7717 万人，占跨省流

---

[1] 摘自农村劳动力流动课题组《中国农村劳动力流动的回顾与展望》，人民网经济频道，2006 年 3 月 15 日。

动人口的90%。因此，外出农民工在流动人口中具有很强的代表性（孙祥栋、王涵，2016）。20 世纪 80 年代和 90 年代前期，珠三角及其他沿海发达城市是人口流入的主要区域。此后，长三角地区崛起，成为人口流入的另一个重要地区。进入 21 世纪以来，长三角的人口流入增长速度超过珠三角地区。随着非均衡区域政策的深入实施和区域中心城市的发展，京津冀地区不断吸引人口流入（于涛方，2012）。

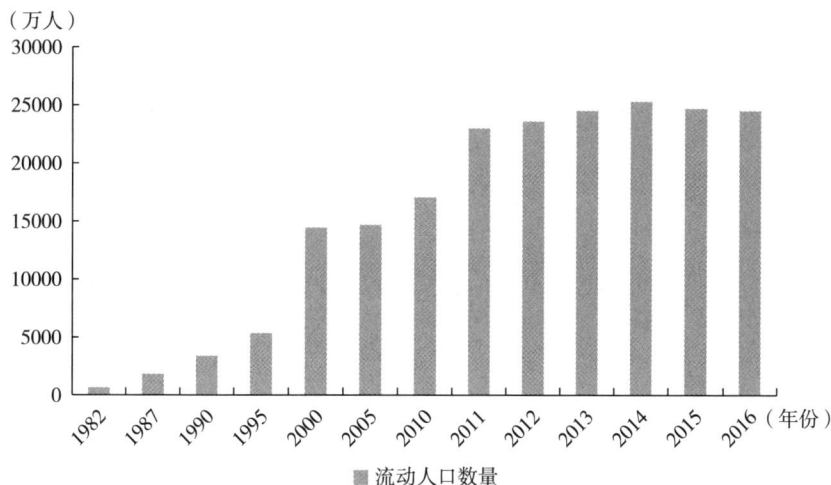

图 4-1　1982—2016 年中国流动人口规模情况

资料来源：1982 年和 1987 年数据来自中国人民大学《中国流动人口发展报告（2010）》、1990 年第四次全国人口普查、1995 年全国 1% 人口抽样调查、2000 年第五次全国人口普查、2005 年全国 1% 人口抽样调查数据。

注：2000 年、2010 年的流动人口是指现住地在户口登记之外的乡、镇和街道的人口，但不包括本市区其他乡、镇和街道的人口。1990 年流动人口是指 1985 年 7 月 1 日后在按现住地统计的常住地在外乡、镇和街道的居民。2011—2016 年数据来自国家卫计委《中国流动人口发展报告》（2012—2017）。

总体来看，改革确立的对外开放、对内搞活的方针为中国农业剩余劳动力大规模向非农产业和城市转移创造了有利条件。FDI、地区经济发展水平和区位是导致人口流动的重要因素，其中 FDI 的作用尤为突出，这一特点与中国改革开放以来的经济发展历程息息相关。FDI 的空间分布格局基本上决定了流动人口的分布格局（王智勇，2013）。从农村来看，农业生产责任制的实施、农村紧张的人地关系、农产品购销制度的改革和农业生产持续稳定的增长为农民流出提供了动力和可能（辜胜阻等，2000）；从城市来看，城市的开放、非农业发展模式及其结构的调整以及城市第三产业的发展也为城市吸纳农业剩余劳动力提供了空间，而城市与农村之间的发展差距则使人口流动的势能进一步加大。

基于普查数据的推算分析表明，1982—2010 年，中国流动人口地域类型在空间格局同样呈现高度极化的演绎过程。珠三角地区、长三角地区先后成为净流入活跃型的集聚区，并形成"大规模净流入活跃型—小规模净流入活跃型—平衡活跃型"由内而外的圈层空间结构，而京、津以及其他省会或首府等大城市多发展成为单核式独大的空间结构，仅自身发展成为大规模净流入活跃型（戚伟、赵美风、刘盛和，2017）。对中国人口流动的研究发现，如果放松户口限制等一系列城乡人口流动障碍，劳动力的流动将呈现更加趋向中心区域的结果，即发达地区和大城市在与内陆边远城市竞争时处于优势地位（Bosker et al. ，2012）。尽管迁入大城市的非户籍居民并不能获得与城市原居民同等的社会福利，但与小城市相比，规模等级更大的城市还是能给予外来居民更多福利（邹一南等，2013），这种社会福利主要表现为城市公共产品和公共服务，无论是以城市公共品供给水平差异度指数，还是以人均财政支出指标衡量的城市公共品供给水平，都对城乡人口流动的概率具有显著的正向影响（李一花、李静、张芳洁，2017）。人口流动不仅向大中城市集中，而且还向城市群集中，2000—2010 年城市群是全国流动人口迁移最活跃的地区，城市群的中心城市是外来人口的集聚中心，同时处于中等水平的城市群，其边缘城市为人口的迁出地，如成渝、长江中游、海峡两岸城市群（张国俊等，2018）。

2004 年以来，一些地区相继出现了"民工潮"和"民工荒"并存的现象。这反映了我国农业剩余劳动力转移就业的新情况和新特点，与我国市场经济的发展和完善紧密相关。国家劳动和社会保障部专门成立了民工短缺调查课题组，对珠三角、长三角、闽东南、浙东南等主要的劳动力输入地区和湖南、四川、江西、安徽等主要的劳动力输出大省进行了重点调查，结果显示：企业缺工主要发生在珠三角、闽东南、浙东南等加工制造业聚集地区；需求缺口大，严重短缺的是 18—25 岁的年轻女工和有一定技能的熟练工；缺工严重的主要是从事"三来一补"的劳动密集型企业；主要集中在产品竞争激烈的制鞋、玩具制造、电子装配、服装等加工行业。而这些行业正是我国农业剩余劳动力流动进入的主要行业，这意味着我国农业剩余劳动力转移进入了"民工潮"和"民工荒"并存的新阶段，面临新的压力和困难。随着形势的进一步发展，"民工荒"现象逐渐从东南沿海向中西部蔓延，形成全国都普遍存在的一种现象，这也表明，农村劳动力转移基本已经告一段落，即能够转移出来的农村劳动力大多数都已经转移到城镇。2010 年来随着中西部地区经济的进一步发展，区域之间的流动人口差距逐渐放缓。此外，沿海地区产业升级和"东企西移"政策的实施也为"劳动力回流"奠定了基础（郭云，2013），中国东部地区的"农民工回流"和"民工荒"已不是个别现象。

2008 年的金融危机对中国经济带来较大冲击，给人口流动的方向也带来显著影响，突出地表现在人口流动开始从东部向中西部转移。在很大程度上，这种流向的转变一方面是资本出现从东向中西部转移的趋势，另一方面，也是中西部经济发展较快，创造了较多就业机会。劳动力从东部地区向中西部地区的回流是农民工在市场比较利益发生变化的情况下的理性选择，是新形势下中国农村劳动力流动规律的一个重大转折。此外，改革开放向内地的扩展和开发西部地区等，促进了东部地区产业结构的调整，部分劳动密集型企业向内地转移。对外开放、与沿海地区企业合作、部分早期外出务工经商者的返乡创业等，也增加了内地经济发展的机遇和就业市场的容量。2009—2014 年数据统计表明，自 2009 年起，在中西部地区本省范围内务工的农民工数量的增速就明显快于总体农民工数量增速（孙祥栋、王涵，2016）。研究表明，2012 年仅湖北省黄冈市就有 2000 多农民工返乡创业，进而吸纳、带动了 8 万多人就业（辜胜阻、孙祥栋、刘江日，2013）。

第二节　中国人口流动与人口空间分布

从流动人口的空间分布来看，多数研究都表明，流动人口主要聚集于东部沿海地区。利用五普人口数据，王国霞等（2012）研究了中国人口空间分布格局，认为地级及以上城市在迁移人口流动中占主要地位，其中百万规模级别以上城市在人口迁移中地位尤为显著；县级市间迁移人口规模差异显著，东部地区县级市平均迁移规模要大于西部和中部。同样基于五普数据，分区县研究中国流动人口的空间分布格局，刘盛和等（2010）通过采用复合指标法，认为中国流动人口活跃区主要集中分布在东南沿海和北部沿边地带，而非活跃区主要分布在中国中西部地区。这种格局与其自然环境、人口密度及经济社会发展水平的区域差异关系密切。

人口通过迁移而形成集聚，从而改变了人口空间分布。改革开放以来，中国的人口迁移不仅日趋活跃，而且其空间格局亦发生了重大变化（丁金宏，1994；王桂新，1996）。人口的迁移与投资密切相关。区域之间由于地理位置的不同，其生产和运输成本也不同，由此影响投资进而影响人口的空间分布，因为劳动力总是与资本密切关联。交通便捷、运输成本低廉的地区，比如河谷、平原、沿江和沿海区域等，具有良好的区位优势，容易形成人口和产业的聚集，从而逐渐改变着人口的空间分布。历史上集镇和城镇的兴起，也主要源于其优越的地理位置。工业化时代，区位优势在投资的地域选择上可以得到最充分的体现，港口城市最容易吸引资本。

在 20 世纪 80 年代末期，全国大多数地区仍旧以本地人为主体，人口的大规模迁移尚未发生，换言之，在 20 世纪 80 年代前期影响人口迁移流动的原因明显以社会原因为主，准确地说，1987 年前，在跨省迁移人口中，仍以户口迁移及社会原因为主（蒋正华、李南，1994；李树茁，1994；段成荣，2000；蔡建明、马清裕，1991）。如受社会原因影响而引发的省际迁移人数几乎占迁移总数的 60%，而经济原因的影响显然小得多（王桂新，2004）。可以说，80 年代中国人口的空间分布格局反映了传统自然地理条件的影响，也就是农耕社会条件下人口自然集聚的结果（王智勇，2018）。

而随着社会经济的发展，尤其是现代工业的发展创造了大量非农就业机会，因而促进了人口的大规模迁移，城市得以迅速发展，而且外来人口比例不断提高。中国沿海地区工业化的大力兴起和发展，促进了沿海城市的发展，恰恰印证了投资、工业化、人口迁移和城市兴盛之间的密切关系。沿海地区的经济增长很大程度上依赖于外资的引进。研究表明，FDI 的空间分布在很大程度上决定了流动人口的空间分布（王智勇，

2013）。FDI 对于区位和交通条件尤其敏感，其分布具有高度的空间集聚趋势，影响 FDI 空间分布的重要因素包括基础设施、教育水平和沿海区域等（Broadman et al.，1997）。

随着改革开放的进展，中国人口的迁移已越来越演变为以受经济原因影响为主导的经济型迁移，因而与经济发展的关系越来越密切，对经济发展的作用越来越明显。在市场主导作用下，人口迁移的流向分布反映迁移人口用"足"对区域发展活力及经济增长趋势投票的结果。理性和智慧总是促使人们选择迁向那些经济增长快、就业机会多、收入水平高、充满发展活力的地区（王桂新，2004）。但同时，地缘因素不可忽略，研究表明，人口流动遵循空间衰减效应，以近域发生为主要特征，地域相邻省（区）关系更加紧密（王桂新等，2012；雷光和等，2013；赵梓渝等，2017）。

可见，人口的迁移逐渐改变着人口的空间分布格局，促成了人口的集聚，推动劳动力和人才的集聚，影响了区域经济增长（王智勇，2017）。中国省际人口迁移表现出明显的地理集中性和强烈的空间差异。其中，从中西部向东部是中国人口省际净流入的主要方向（赵梓渝等，2017）。2000—2010 年，全国户籍人口分布重心向西南方向移动（黄金川、陈守强，2015），而常住人口分布重心向东南方向移动了12.93km，表明人口整体向东南方向流动。尽管如此，2000—2010 年，中国城市人口密度、自然增长率、流动人口、常住人口的空间分布尽管发生了较明显的变化，且这种变化与城市群的分布、发展密切关联，但仍未突破以胡焕庸线为界的中国人口空间分布总体格局（张国俊等，2018）。

第三节　中国人口流动与经济增长

中国人口流动显著地促进了地区经济增长，特别是对城市经济增长的贡献尤其突出，例如，弥补城市劳动力不足；促进产业结构调整；方便城市居民的生活需要；减轻农村剩余劳动力过剩给社会带来的压力；促进城乡、地区间的经济技术和文化交流（郝虹生等，1998）。农村劳动力进城的贡献也突出地表现在：为工人阶级增加新鲜血液；开拓农民就业和增收的主渠道；推动国民经济的快速增长和产业结构的优化和调整；实现生产要素合理配置与优化组合，降低了工业化成本，增加了国民经济积累；培育和积累支撑我国经济发展必需的人力资本；传播先进文化和现代城市文明、促进农村现代化的桥梁（振华，2004）。针对具体城市，例如北京和深圳等的研究，也同样证实，流动人口对城市经济发展、制度改革、政治文明建设、社会进步和人文精神塑造等都起到了重要推动作用（马万昌，2000；何晓红，2006）。中国流动人口为中国城市化、工业化提供了大量廉价劳动力，流动人口的出现对于中国城市化、工业化过程而言是巨大的成本节约（Fan C.，2005），也被称为非正式城市化（Zhu Y.，2002）。

省际流动对于改善地区间经济发展不平衡、缩小收益差距和产业结构调整具有重要作用（陈锐等，2014）。对于正处在城镇化、工业化和全球化加速推进的中国而言，人口流动将持续作为城镇化的重要动力（杨传开等，2015），且必将重塑人口空间格局。

在中国人口流动 40 年的发展过程中，东北人口的外流是 20 世纪 90 年代中后期以来一个不容忽视的现象。丁金宏等（2005）的研究发现，东北与山东的对流渐趋消失，西北取代东北成为非沿海区域新的人口引力中心。自 2003 年国家实施东北振兴政策以来，一系列的振兴老工业基地政策有力地刺激了东北经济的增长，但与此形成鲜明对照的是，东北的人口大量外流，尤其是城市人口外流比例显著高于其他地区。定量研究表明，东北的高学历人口流失严重，非农户口人群高比例流失（杨东亮，2016），东北劳动力外出的回报率很高（邢春冰，2017）。在东北人口流出的结构中，来自城市、制造业，以及拥有高学历的人口占比要高于全国平均水平（陆铭，2017）。城市人口离开东北比农业人口的流出更加可怕，其传递出对东北城市的未来没有信心的悲观信号。此外东北地区不仅仅是人口净流出的地区，也是人口净迁出的地区，2012 年东北地区人口净迁移率为负数，黑龙江人口净迁出情况最严重（姜玉，2017）。单单考虑人口净流出规模扩大的趋势，就使得东北人口流失问题研究显得十分紧迫。人口长期净流出，导致人才大量流失，对振兴东北老工业基地无疑是釜底抽薪（张占斌，2015）。与此形成对照的是，随着人口老龄化进程的加快，人们越来越意识到人口的重要性，除了北上广深等国家有明确上限的城市以外，其他各大城市都在加大力度吸引人口。①

　　流动人口在城市的定居意愿关系到中国未来城镇化的进程，近年来，利用流动人口动态调查数据，可以从微观层面去研究流动人口的城市融入问题。研究表明，中国大量的迁移流动人口在经历从乡村流向城市的初次流动后，长期处在一种在城乡间循环流动的非永久性迁移状态，有着漫长的后续流动过程，并在此过程中逐步形成了在流入地定居、返回流出地家乡和继续流动的三维分化模式，以及流动人口家庭成员的两栖、甚至多栖生计策略（Zhu，2007；Zhu et al.，2010；林李月等，2014）。那么，什么样的流动人口倾向于在城镇定居？什么样的人又倾向于回流？研究发现，倾向于在城镇定居的迁移流动人口具有年轻、未婚、女性、有较高的受教育水平等人口学特征（Zhu et al.，2010）；与此相对应，倾向于回流的流动人口往往具有年长、男性、已婚、受教育程度较低的人口学特征（周皓等，2006）。此外，流动人口个人及家庭的月均收入、就业和职业特征、社会保险和流入地劳动力市场特征（尤其是劳动密集型行业在流入地经济结构中的地位），也是影响其定居意愿的重要因素（王春兰等，2007；Zhu et al.，2010；朱宇、余立等，2012；Cao et al.，2014）。刘于琪等（2014）的研究进一步发现，影响新移民在城镇定居意愿的主要因素包括户籍因素、社会网络、社会认同、生活满意度和地域差异。杨云彦等（2012）的分析结果则表明，对于年青一代的外出劳动力而言，家庭经济资本的增加会阻碍其回流。然而，由于缺乏纵向的追踪调查数据，上述研究得出的多为流动人口的主观定居意愿而非实际定居行为（朱宇等，2017）。

第四节　中国少数民族人口流动

　　基于2005年全国1%抽样调查数据的研究发现，七成以上少数民族流动人口来自民族自治地区和农村，一半流入广东、广西等省区，女性

---

① 2018年3月1日，南京市公安局发布关于印发《南京市关于大学本科及以上学历人才和技术技能人才来宁落户的实施办法（试行）》的通知，其中规定"取得研究生以上学历或年龄在40周岁以下且取得本科学历的毕业生（含留学归国人员）"可申请户口迁入。

多于男性，八成以上为劳动年龄人口，近半数因经济性原因流动（段成荣、迟剑松，2011）。少数民族流动人口因务工经商迁移比例远低于汉族流动人口，且多数人选择省内流动，跨省流动人口的流动半径比较大（苏丽锋，2015）。与1990—2000年相比，2000—2010年少数民族人口流动日趋活跃，增长率甚至超过汉族流动人口（段成荣等，2016）。研究表明，少数民族人口流动率接近15%；年龄以青壮年人口为主；性别由男少女多逐渐演变为男女基本持平；流动人口受教育程度较低，但普遍比留守人口要高（何立华、成艾华，2016）。少数民族流动人口普遍存在学历低、职业地位低等特征；"80"后是少数民族流动人口的主力军；跨省流动比例远高于省内流动，各少数民族人口流动规模比例与各少数民族人口总规模比例基本一致（肖锐，2016）。从流动人口的民族分布来说，壮族、回族、满族排在前三位，苗族、土家族和蒙古族紧随其后。从流动方向来看，少数民族流动人口的流动多是省内或自治区内流动，而跨省流动主要是流向广东、浙江、福建、北京、江苏、上海等发达地区，家庭化迁移和定居化趋势明显（段成荣等，2016）。

相较于汉族流动人口，少数民族流动人口在城市面临更多的问题，诸如宗教、语言、饮食习惯等。在族际交流融合的过程中，风俗习惯、语言文化、民族性格仍是影响民族关系和阻碍少数民族流动人口城市适应的深层因素（王琛、周大鸣，2014）。然而，相较于民族因素，制度因素如是否办理居住证、社会养老保险制度、就业是否受到歧视等对少数民族流动人口城市适应影响最为显著（高向东等，2012）。李红娟、杨菊华（2016）的研究也证实，民族文化因素并不是影响少数民族流动人口融入意愿的重要因素，户籍制度、城乡二元结构性特征才是阻碍少数民族流动人口城市融入意愿的重大障碍。少数民族流动人口在城市社会交往中形成了丰富的群内社会资本和群内信任，但是群外社会资本却较为匮乏，社会信任度较低，极易产生"内卷化"（徐莉、游韬莉，2017）。不过，也有研究调查少数民族在民族文化村和具有民族特色私营企业中的就业状况，认为少数民族因具有民族文化优势，反而更容易在激烈的市场竞争中实现就业，较好地适应工业化、市场化、城市化过程（张继焦，2005）。对上海市范围内所有区、县的少数民族流动人口适应状况进行抽样调查，得出的结论基本相同，大多数以从事拉面经济为生，总体适应程度并不低，并且已达到中等以上水平（高向东等，2012）。

第五节 中国人口流动的新趋势

从人口流动的流向上看,珠三角地区逐渐丧失其吸引流动人口的主导地位,长三角地区和环渤海地区日渐崛起,人口流动出现北移的趋势,而西部各省份之间的相互联系越来越密切(豆晓等,2018)。其原因在于,近年来珠三角地区高昂的生活成本、低竞争力的薪酬和相对一般的福利待遇最终导致了一定程度的"民工荒",而长三角地区的快速发展为这些流动人口提供了更好的选择和工作环境,其便捷的公共交通体系以及二者之间的密切联系和投资均促进了西部省份例如贵州的劳动力向长三角地区移动。人口迁入重心北移,长三角取代珠三角成为21世纪以来省际人口迁入的主要地区,表现为长三角地区流入人口增长速度超过珠三角地区,其中以浙江流入人口增长幅度最大(郑真真、杨舸,2013),内陆地区吸引流动人口的能力也在不断强化,尤其是内陆省会城市的吸引作用凸显(王桂新等,2012;刘涛等,2015;杨传开等,2015)。随着中西部地区产业的发展,中国流动人口虽然仍向沿海地区集中但已出现分散趋势(段成荣等,2013),西部地区尤其是新疆、西藏,呈现出人口省际净流入的特征(李扬等,2015)。然而,这种变化对于中国人口流动的主导方向并不会产生根本影响,换言之,也不会从根本上改变中国的人口空间分布。实际上,只要中国第一自然要素不变化,人口迁移就不会从根本上改变中国人口分布的基本地理格局(蔡建明等,2007;段成荣等,2009;王桂新等,2016)。

研究表明,一些农民工已经在城市扎下根,在户籍、医疗保障等显性配套制度缺位的情况下,逐步摆脱"候鸟式"流动就业模式,开始了城市定居生活(姚先国等,2009)。沿海城市长期持续的经济增长创造了丰富的就业机会,面向流动人口提供的公共服务和相关政策日益改善,越来越多的打工者停止了钟摆式的流动,在城市中长期居留不再回到农村(郑真真、杨舸,2013)。当前的流动人口的"流动性"越来越减弱,他们在流入地的居住和就业都比较稳定,流动人口家庭化特征十分明显(段成荣等,2013)。对2013年国家流动人口动态监测数据的分析表明,被调查流动人口中57.2%的流动人口其核心家庭所有成员都流入同一流入地，81.1%的已婚流动人口夫妻一起流动；2013 年流动人口在外流动时间平均达 8.76 年，在受访地滞留时间平均达 4.69 年。事实和数据表明，以内陆向沿海、乡村向城镇为主要流向的中国人口迁移流动不仅已渐入尾声，而且流动人口在流入地已开始呈现某种安居乐业的局面（朱宇、林李月、柯文前，2016）。

随着中国人口城镇化率于 2011 年历史性地跨越 50% 的门槛，中国人口城镇化进程已进入中后期阶段，以内陆向沿海、乡村向城镇为主要流向的我国迁移流动人口增速开始放缓（国家卫生和计划生育委员会流动人口司，2015）。然而这并不意味着人口流动的规模会有显著的减少。可以预计中国人口流动还会持续相当长时间，并且不会在短期内缩小规模。超大城市人口规模将继续增长，沿海的经济中心地区人口将更为密集，而中西部和东北地区将由于青年人的持续流出导致人口老龄化加速（郑真真、杨舸，2013）。

参考文献

蔡昉：《人口迁移和流动的成因、趋势与政策》，《中国人口科学》1995年第 6 期。

蔡建明、马清裕：《中国省际迁移的近期形势》，《人口与经济》1991 年第 5 期。

蔡建明、王国霞、杨振山：《我国人口迁移趋势及空间格局演变》，《人口研究》2007 年第 5 期。

陈锐、王宁宁、赵宇等：《基于改进重力模型的省际流动人口的复杂网络分析》，《中国人口·资源与环境》2014 年第 10 期。

丁金宏、刘振宇、程丹明等：《中国人口迁移的区域差异与流场特征》，《地理学报》2005 年第 1 期。

豆晓、ARELLANO Blanca、ROCA Josep：《基于相互作用关系的中国省际人口流动研究》，《地理研究》2018 年第 9 期。

段成荣：《省际人口迁移迁入地选择的影响因素分析》，《人口研究》2001年第 1 期。

段成荣：《影响我国省际人口迁移的个人特征分析》，《人口研究》2000年第 4 期。

段成荣、迟松剑：《我国少数民族流动人口状况研究》，《人口学刊》2011

年第 3 期。

段成荣、吕利丹、邹湘江：《当前我国流动人口面临的主要问题和对策：基于 2010 年第六次全国人口普查数据的分析》，《人口研究》2013 年第 2 期。

段成荣、肖锐、王伊文等：《我国少数民族流动人口形势分析与展望》，《福建论坛》（人文社会科学版）2016 年第 6 期。

段成荣、杨舸：《我国流动人口的流入地分布变动趋势研究》，《人口研究》2009 年第 6 期。

段成荣、杨舸、马学阳：《中国流动人口研究》，中国人口出版社 2012 年版。

范剑勇、王立军、沈林洁：《产业集聚与农村劳动力的跨区域流动》，《管理世界》2004 年第 4 期。

高向东、余运江、黄祖宏：《少数民族流动人口城市适应研究——基于民族因素与制度因素比较》，《中南民族大学学报》（人文社会科学版）2012 年第 3 期。

辜胜阻、刘传江：《中国人口流动与城镇化的理论思考和政策选择》，《人口研究》1996 年第 3 期。

辜胜阻、孙祥栋、刘江日：《推动产业和劳动力"双转移"的战略思考》，《人口研究》2013 年第 3 期。

郭云：《四川省人口迁移流动与经济发展问题研究》，硕士学位论文，西南财经大学，2013 年。

国家卫生和计划生育委员会流动人口司：《中国流动人口发展报告 2015》，中国人口出版社 2015 年版。

郝虹生、杜鹏、林富德等：《我国大城市外来人口管理问题与对策》，《人口研究》1998 年第 2 期。

何立华、成艾华：《少数民族人口流动的特征、变化及影响——基于最近两次全国人口普查资料的分析》，《民族研究》2016 年第 6 期。

何晓红：《农民工的贡献与深圳特区发展》，《特区经济》2006 年第 4 期。

黄金川、陈守强：《中国城市群等级类型综合划分》，《地理科学进展》2015 年第 3 期。

姜玉：《东北地区人口迁移流动及其影响研究》，博士学位论文，吉林大学，2017 年。

蒋正华、李南：《中国近期区域人口迁移及与经济发展的关系研究》，《人口与经济》1994 年第 6 期。

雷光和、傅崇辉、张玲华等：《中国人口迁移流动的变化特点和影响因素：基于第六次人口普查》，《西北人口》2013 年第 5 期。

李红娟、杨菊华：《少数民族流动人口融入意愿的族群差异》，《民族论坛》2016 年第 11 期。

李玲：《改革开放以来中国国内人口迁移及其研究》，《地理研究》2001 年第 4 期。

李树苗：《中国 80 年代的区域经济发展和人口转移研究》，《人口与经济》1994 年第 3 期。

李扬、刘慧、汤青：《1985—2010 年中国省际人口迁移时空格局特征》，《地理研究》2015 年第 6 期。

李一花、李静、张芳洁：《公共品供给与城乡人口流动——基于 285 个城市的计量检验》，《财贸研究》2017 年第 5 期。

林李月、朱宇：《流动人口初次流动的空间类型选择及其影响因素：基于福建省的调查研究》，《地理科学》2014 年第 5 期。

刘盛和、邓羽、胡章：《中国流动人口地域类型的划分方法及空间分布特征》，《地理学报》2010 年第 10 期。

刘涛、齐元静、曹广忠：《中国流动人口空间格局演变机制及城镇化效应：基于 2000 和 2010 年人口普查分县数据的分析》，《地理学报》2015 年第 4 期。

陆铭：《东北问题的评判视角、真正隐忧与解决思路》，《东北财经大学学报》2017 年第 11 期。

马万昌：《刍议当前外来人口对北京文化的影响》，《北京联合大学学报》2000 年第 1 期。

戚伟、赵美风、刘盛和：《1982—2010 年中国县市尺度流动人口核算及地域类型演化》，《地理学报》2017 年第 12 期。

苏丽峰：《少数民族人口流动特征与就业质量研究》，《民族研究》2015 年第 5 期。

孙祥栋、王涵：《2000 年以来中国流动人口分布特征演变》，《人口与发展》2016 年第 1 期。

王琛、周大鸣：《试论城市少数民族的社会交往与族际交流——以深圳市为例》,《广西民族研究》2014 年第 2 期。

王春兰、丁金宏:《流动人口城市居留意愿的影响因素分析》,《南方人口》2007 年第 1 期。

王桂新:《改革开放以来中国人口迁移发展的几个特征》,《人口与经济》2004 年第 4 期。

王桂新:《中国区域经济发展水平及差异与人口迁移关系之研究》,《人口与经济》1997 年第 1 期。

王桂新、潘泽瀚:《中国人口迁移分布的顽健性与胡焕庸线》,《中国人口科学》2016 年第 1 期。

王桂新、潘泽瀚、陆燕秋:《中国省际人口迁移区域模式变化及其影响因素:基于 2000 和 2010 年人口普查资料的分析》,《中国人口科学》2012 年第 5 期。

王国霞、秦志琴、程丽琳:《20 世纪末中国迁移人口空间分布格局—基于城市的视角》,《地理科学》2012 年第 3 期。

王智勇:《基础教育与人口集聚——基于地级市面板数据的分析》,《人口与发展》2017 年第 6 期。

王智勇:《流动人口与经济发展——基于地级市数据的研究》,《现代城市研究》2013 年第 3 期。

王智勇:《人口集聚与区域经济增长——对威廉姆森假说的一个检验》,《南京社会科学》2018 年第 3 期。

肖锐:《当前我国少数民族流动人口的境况及变化趋势研究》,《中南民族大学学报》(人文社会科学版)2016 年第 3 期。

邢春冰:《劳动力流动与东北三省的经济发展》,《东北财经大学学报》2017 年第 11 期。

徐莉、游韬莉:《少数民族流动人口社会信任提升路径研究——基于城市融入的视角》,《中南民族大学学报》2017 年第 3 期。

杨传开、宁越敏:《中国省际人口迁移格局演变及其对城镇化发展的影响》,《地理研究》2015 年第 8 期。

杨东亮:《东北流出流入人口的城市居留意愿比较研究》,《人口学刊》2016 年第 5 期。

杨云彦:《八十年代中国人口迁移的转变》,《人口与经济》1992 年第 5 期。

杨云彦、石智雷：《中国农村地区的家庭禀赋与外出务工劳动力回流》，《人口研究》2012 年第 4 期。

姚华松、许学强、薛德升：《中国流动人口研究进展》，《城市问题》2008 年第 6 期。

姚先国、来君、刘冰：《对城乡劳动力流动中举家外迁现象的理论分析——一个可行性能力的视角》，《财经研究》2009 年第 2 期。

于涛方：《中国城市人口流动增长的空间类型及影响因素》，《中国人口科学》2012 年第 4 期。

张车伟、王智勇：《中国人口合理分布研究：人口空间分布与区域协调发展》，中国社会科学出版社 2015 年版。

张国俊、黄婉玲、周春山等：《城市群视角下中国人口分布演变特征》，《地理学报》2018 年第 8 期。

张继焦：《城市中少数民族的民族文化与迁移就业》，《广西民族研究》2005 年第 1 期。

张善余：《中国省际人口迁移模式的重大变化》，《人口研究》1990 年第 1 期。

张展新、杨思思：《流动人口研究中的概念、数据及议题综述》，《中国人口科学》2013 年第 6 期。

张占斌：《经济新常态下的"新东北现象"辨析》，《人民论坛》2015 年第 8 期。

赵梓渝、魏冶、庞瑞秋等：《中国春运人口省际流动的时空与结构特征》，《地理科学进展》2017 年第 8 期。

振华：《1 亿农民工的六大贡献》，《江淮》2004 年第 3 期。

周皓、梁在：《中国的返迁人口：基于五普数据的分析》，《人口研究》2006 年第 3 期。

朱孟珏、李芳：《1985—2015 年中国省际人口迁移网络特征》，《地理科学进展》2017 年第 11 期。

朱宇、丁金宏、王桂新等：《近 40 年来的中国人口地理学：一个跨学科研究领域的进展》，《地理科学进展》2017 年第 4 期。

朱宇、林李月：《中国人口迁移流动的时间过程及其空间效应研究：回顾与展望》，《地理科学》2016 年第 6 期。

朱宇、林李月、柯文前：《国内人口迁移流动的演变趋势：国际经验及其对中国的启示》，《人口研究》2016 年第 5 期。

朱宇、余立、林李月等：《两代流动人口在城镇定居意愿的代际延续和变化：基于福建省的调查》，《人文地理》2012 年第 3 期。

邹一南：《城镇化的双重失衡与户籍制度改革》，《经济理论与经济管理》2014 年第 2 期。

Broadman Harry G. and Sun Xiaolun, "The Distribution of Foreign Direct Investment in China", *The World Economy*, 1997, 20.

Bosker M., Steven B., Harry G., et al. "Relaxing Hukou: Increased Labor mobility and China's Economic Geography", *Journal of Urban Economics*, 2012, 72 (2).

Cai F., Wang D. W., "Migration as Marketization: What can We Learn from China's 2000 Census Data?", *China Review*, 2003, 3 (2).

Cao G. Z., Li M., Ma Y., et al., "Self – employment and Intention of Permanent Urban Settlement: Evidence from a Survey of Migrants in China's Four Major Urbanising Areas", *Urban Studies*, 2014, 52 (4).

Fan C., "Economic Opportunities and Internal Migration: A Case Study of Guangdong Province, China", *The Professional Geographers*, 1996, 48.

Fan C., "Interprovincial Migration, Population Redistribution, and Regional Development in China: 1990 and 2000 Census Comparisons", *The Professional Geographer*, 2005, 57 (2).

Liang Z., "The Age of Migration in China", *Population and Development Review*, 2001, 27 (3).

Zhu Y., Chen W. Z., "The Settlement Intention of China's floating Population in the Cities: Recent Changes and Multifaceted Individual – level Determinants", *Population*, *Space and Place*, 2010, 16 (4).

Zhu Y., "Chinas Floating Population and Their Settlement Intention in the Cities: Beyond the Hukou Reform", *Habitat International*, 2007, 31 (1).

Zhu Y., "Beyond Large – city – centered Urbanization: In Iitu Transformation of Rural Areas in Fujian Province", *Asian Pacific Viewpoint*, 2002, (1).

第五章　改革开放 40 年中国农村劳动力转移就业政策研究[①]

　　2018 年，是我国改革开放 40 年。40 年来，我国的城乡发生了翻天覆地的变化，从城乡之间的人口分布看，1978 年，我国的城镇人口仅占总人口的 17.9%，2017 年年末，我国城镇人口占总人口的比重（城镇化率）为 58.52%。[②] 大规模的常住人口的城镇化进程，是工业化、城镇化发展拉动的结果。在中国工业化和城镇化进程中，农村劳动力流动就业改变了中国，影响并惠及了世界。这 40 年，就是一部波澜壮阔的历史画卷，充分显示了 8 亿多农民作为国家主人和真正英雄，是推动历史前进的强大力量；这 40 年，我国走过了从农业国向工业国发生历史性转变的重要阶段，已经快速成长为位居世界前列的制造业大国、国际贸易大国、经济总量大国；这 40 年，我们勇于制度创新，在改革开放的实践中探索中国特色的农村劳动力转移就业的道路。回首这举世瞩目、影响深远的农村劳动力转移就业的伟大实践，我们最宝贵的经验是什么？是制度创新，是"中国人民勇于自我革命、自我革新，不断完善中国特色社会主义制度，不断革除阻碍发展的各方面体制机制弊端，充分显示了制度保障的强大力量"[③]。本文在大量阅读改革开放 40 年的党中央和国务院颁发的文件、人力资源和社会保障部颁发的文件、国家各部委颁发的主要文件、国务院发展研究中心等国家研究机构在 40 年期间的标志性研究成果、理论界和学术界在劳动力流动方面的主要研究成果的基础上，梳理了改革开放 40 年来农村劳动力转移就业的政策的演进历程和发展趋势、制度变革的轨迹，秉承客观公正的原则，努力将中国农村劳动力转移就

---

① 纪韶，首都经济贸易大学劳动经济学院教授。
② 《国家人口发展规划（2016—2030 年）》。
③ 2018 年 4 月 10 日习近平主席在博鳌亚洲论坛 2018 年年会开幕式上的主旨演讲。

业的波澜壮阔的历史画卷展现给读者。

第一节　在改革开放中走出的中国特色
农村劳动力转移就业道路

一　农村劳动力转移就业创造了中国经济飞速发展奇迹

（一）农村劳动力大规模转移就业是改革开放的产物

改革开放 40 年来，"中国人民坚持解放思想、实事求是，实现解放思想和改革开放的相互激荡、观念创新和实践探索的相互促进"，在农村劳动力转移就业的问题上，"充分显示了思想引领的强大力量"。[①]

改革开放带来了农村联产承包责任制的实行，先是有了乡镇企业的异军突起，接着又有了气势磅礴的农民工进城务工经商大潮。乡镇企业的异军突起，使沿海地区和大中城市附近的农民有了就近就地向非农业转移就业的机会；大量农村劳动力离开土地进入了乡镇企业，开创了从事第二、三产业为主的"就地转移进工厂"的就业局面。最兴旺时，全国农村有 2000 多万家乡镇企业，吸纳了 1.2 亿多农村劳动力转移就业，在当时被誉为农村经济的半壁江山（杜润生，2018）。随着经济体制改革的深化，城市中出现了大量的合资、外资、私营企业和个体工商户，不少国有企业也通过改革焕发了生机。东南沿海地区在外资引进中对劳动力需求旺盛，国家的工业企业布局在向沿海的城市、开发区等集聚，就业机会的转移使分散在乡村中的多数乡镇企业在竞争中逐渐失去了优势；"农民离土不离乡"就近到乡镇企业转移就业模式陷入了困境。于是，顺应沿海城市正在兴起的工业化大潮，农民勇敢地背井离乡，去追逐工业化和城镇化所带来的各种就业机会。农民大规模的跨地域流动就业，不仅满足了城市兴起的工业化浪潮对大量劳动力的需求，更是有力地冲击了已经形成多年的城乡分割的劳动力就业的二元经济体制，由此推动我国的经济体制改革不断向着更深层次拓展。

40 年来，农村劳动力流动就业的实践说明，农村劳动力流动就业从

---

① 2018 年 4 月 10 日习近平主席在博鳌亚洲论坛 2018 年年会开幕式上的主旨演讲。

来就不是一帆风顺的，尚未彻底打破城乡二元割裂的体制，以及由此形成的政策体系、思想观念和社会氛围，使农村劳动力的流动就业过程充满了艰辛。但是，我国的农民具有高度的智慧和创新能力，他们敢闯敢试、敢为人先，积极性、主动性、创造性空前高涨；只要有一个良好的政策环境，就能充分释放出这种创新能力。40 年的改革开放在不断清除劳动力市场制度障碍，不断革除阻碍发展的各方面的体制机制弊端，促进了劳动力资源的重新配置，进而创造了中国经济的飞跃发展。

（二）改革开放孕育了中国农民创业创新的智慧和能力

近年来，以农民工为主体的人群选择从城市回到农村，他们在城市打拼多年，带着在城市积累的见识、技术、经营理念、产业运作经验和资金返乡创业。人们将经过进城务工经商积累和历练的"五有"（资金、技术、营销渠道、办厂能力、乡土人情）返乡创业农民工称为"城归族"。

总结出现农民工返乡创业的主要原因：（1）中央多项政策的支持。2015 年以来，中央出台多项文件，对农民工等人员返乡创业给予支持。（2）互联网经济推动了农民工返乡创业。2015 年 6 月，国务院办公厅印发《关于支持农民工等人员返乡创业的意见》，要求打造一批民族传统产业创业示范基地、一批县级互联网创业示范基地。2016 年 11 月 29 日，国务院办公厅印发《关于支持返乡下乡人员创业创新促进农村一二三产业融合发展的意见》，进一步细化和完善扶持政策措施，鼓励和支持返乡下乡人员创业创新。（3）农民工个人资源禀赋条件具备了返乡创业的能力。改革开放以来，外出农民工在城市打拼，开阔了眼界，掌握了技能，积累了财富和人脉，也具备了以更加积极主动和开创性的方式参与经济建设的能力。他们根据自身的经历、技术专长、社会资源和市场情况，选择了创业方向。他们已经不再是普通的返乡者，而是农民工群体中的佼佼者。

农民工创业有其独特的轨迹，处于弱势地位的农民工通过在城市就业，孕育了创业能力和创业精神，并根据自身经历、技术专长、社会资源和市场情况，选择了创业方向。这是对自身资源和农村资源进行整合和权衡后的一种理性的创业行为。他们所处的社会位置决定了其拥有的经济资源、文化资源少以及社会资本弱的客观事实。农民工是否选择返乡创业要受到他们的资本认知、城市认知、乡村认知的影响，同时制度安排、社会支持起了"拉力"作用。因此，农民工创业不单是一个经济行为，它实质上是中国工业化和城镇化进程中制度变迁、经济转型和整个社会文化心理变迁交互作用的结果。农民工创业作为一种与过去几千年传统小农经济截然不同的社会经济活动，冲破了农村传统的自然经济束缚，从依赖制度求生存转变为利用制度求发展，从被动参与转变为主动融入市场制度与资源的竞争中。创业已经成为我国经济社会发展一大趋势，实现生存型向发展型转变，已经成为农民工实现社会流动的现实选择。农民工返乡已经成为促进乡村振兴、农民小康的重要力量。农民工返乡创业催生了数千民营小微企业和农业新经营主体，孕育出一批实体经营者和小企业家；农民工面向市场因地制宜的创业，推动了乡村兴旺发展，引领了农村经济结构的调整；农民工返乡创业推动了农村的制度创新，是我国结构转型中解决城乡诸多结构性矛盾的一个关键的突破口。目前，农民工返乡创业面临的主要困难为：资金缺乏、市场和服务问题、缺乏创业经验、对创业的农民工的培训缺乏针对性。

从总体上看，对农民工创业的研究还处在起步阶段，缺乏系统研究。尤其是缺少从流动、社会支持、微观视角对农民工返乡创业的动态跟踪分析。中国农民工内涵正在发生变化，一个具有明显创业意识的农民工群体正在形成、发展，扶持、保护，为农民工创业营造一个好的制度环境是政府和社会的责任。

二　农村劳动力转移就业推动了劳动力市场就业体制变革

（一）改革开放初期农村劳动力流动就业初始原因

（1）我国农业人多地少，农业资源严重短缺，人均占有率更低，仅及世界水平的 1/4，农村劳动力剩余由来已久；就业增收受到了土地资源少的限制，要走出贫穷，就要跳出土地的局限。（2）农民转移就业受到国家传统农业农村比重大、城市工商服务业发展不足、就业机会少的发展中国家落后二元结构的局限，而且这种二元结构在改革开放初期改变不大。（3）计划经济、重工业优先发展战略和城乡分割的二元体制，限制了农民流动就业，以及由此形成的政策体系、思想观念和社会氛围，将农民排斥在城市工业化之外，固化了二元结构。（4）农民在土地家庭承包改革中，有了土地自主经营权，随之也就有了自主支配劳动力的权力；这在农村体制上打开了农民外出就业潮流的闸门。（5）改革开放使沿海地区乡镇企业、"三资"和民营企业率先发展；这些企业的自主用工为农民外出就业、参与工业化提供了机遇。农民流动得益于改革开放，又源于人地资源配置和二元结构、体制影响其就业发展的经济社会矛盾，这是他们走出贫穷和人多地少、城乡分割限制的利益要求。（崔传义，2017）

（二）农村劳动力流动就业开拓了城乡就业新阶段

工业化的实质性进展，不仅表现在产业结构变革上，而且综合地表现在人的就业结构变革，劳动力从农业向非农产业的转移上。我国作为发展中国家，工业化和农村人口就业转移是发展的决定性步骤。在我国初始工业化、劳动力过剩阶段，大量的农业剩余劳动力的就业转移是发展的关键。在农业国工业化过程中，农村人口的就业和转移是个基本的发展指标，将决定我国工业化的程度；在改革开放前，我国农村的基本问题是农民的饥饿问题，改革开放解决了农民的温饱问题，目前主要是农民收入低的问题；解决这些问题的关键是农民的就业问题。改革开放初期我国发展面临严峻的农村人口就业难题。回首改革开放 40 年，农村劳动力转移就业结束了人口就业城乡分割的历史，创造了工业化、城市化与农业劳动力就业转移由市场自然沟通和融合的体制。其理论和实践意义在于，解决了农村突出的剩余劳动力就业问题，使改革开放以来农村人口就业途径的开拓进入一个新阶段；突破了束缚劳动力要素配置的体制性障碍，建立了较完整的社会主义市场体系。

（三）农村劳动力流动就业在三个层面推动了就业体制变革

（1）对我国就业制度变革的推动。农村联产承包责任制的改革使农民获得了自主就业和农业经营的自主权，农业剩余劳动力向乡镇企业转移，以发展个体、私营多种形式的企业作为就业的载体；近 3000 万的建筑大军活跃在城乡之间，以农民购销员为主体的农产品市场、工业小商品市场遍布中国的大中小城市；（崔传义，2017）近 2000 万农村劳动力在城市从事保洁、保安、保姆等低端服务业工作；部分农民工进入了国际劳动力市场。农村劳动力转移就业的劳动力市场已经成为我国城市经济生活的现实，从根本上改变了传统的就业制度。

（2）对计划经济体制向市场经济体制转变的推动。改革开放前，我国农村劳动力向非农转移是有严格限制的，只有通过上学和参军的渠道才能进城就业，基本上被限制在农村集体单一农业的范围内，造成 8 亿多农民沉积在狭小的耕地上，停滞于自给半自给经济，劳动力的非农转移严重滞后于产业结构的变动。改革开放后，首先在乡镇企业的发展中将市场机制引入了就业领域，农村劳动力成为乡镇企业、沿海的三资企业的劳动力资源优势，在吸引外资、出口创汇，带动全国经济发展等方面做出了巨大的贡献。

（3）对城乡劳动力市场资源配置机制变革的推动。农村劳动力的流动就业，使一部分农民从封闭的温饱即安的乡土经济进入了城市工业的市场经济系统，他们在城市里劳动、居住、子女就学，实际变成了工人和城市的居民，他们对城市的教育、医疗、社保、住房、户籍、公共事务的参与等社会管理体制的诉求，推动了城乡二元不平等的体制向一体化的国民待遇体制的变革。他们在城市就业中，提高了自身的素质，把工业文明带到了农村，促进了农业的现代化。

（四）实现农业人口市民化的相关制度性障碍

40 年后的今天，我们更加认识到：城乡二元分割体制及相关制度表现为"三个剪刀差、一个公共资源分配和服务的不平等，一条鸿沟"：第一个"剪刀差"：工农产品价格剪刀差；第二个"剪刀差"：农村的土地不能进入一级市场，城市开发区和房地产用地，先由政府征用，然后才能进入一级市场。征用价格低，转手高价出售给开发商，形成了地价剪刀差，损害农民利益，并使失地农民成为新的社会边缘群体；第三个"剪刀差"：农民打工工资和城市职工工资存在较大差异。一个公共资源分配和服务的不平等：教育、卫生等资源分配向城市倾斜。农村劳动力在就业、公共服务、社会保障上不能同城市职工享受同等待遇。一条鸿沟：城乡两种户籍制度。农村劳动力难以转变为城镇居民。（杜润生，2018）农村劳动力流动就业的过程充满了艰辛，那些阻碍农村劳动力流动就业的体制性障碍还没有完全消失，完善农民融入城镇的政策体系还没有完全建立起来，我们仍需努力。在一个计划经济体制转轨的国家，建立起通畅、低成本的农民工流动就业和农业人口转化为市民的体制机制和政策体系，必然是一个复杂和渐进的过程。

第二节　改革开放 40 年中国农村劳动力就业政策的演进及特点

一　国家研究机构对农村劳动力就业政策演进阶段划分

从总体上研究改革开放 40 年来国家调整农村劳动力流动就业政策的主要过程以及政策走向的代表性观点具体如下：

（一）国务院发展研究中心主要观点（崔传义，2017）

国务院发展研究中心农村部认为，改革以来政府政策与农民流动的关系分为三个阶段：

第一阶段：1978—1988 年。

这一阶段国家政策推进了体制改革，适应并促进了农民流动就业。农村土地家庭承包经营代替大锅饭体制，农民掌握了土地经营的自主权，也掌握了劳动力支配权，农民流动得以发生发展。具体政策：（1）支持农民发展包含个体私营的乡镇企业、沿海地区率先开放，三来一补、三资企业发展，自主用工，吸引当地农村富余劳动力快速转移，转而吸引外来劳动力就业。这些企业自主用工，为农民流动提供机会。（2）1984年，中央提出城乡通开，支持农民进小城镇务工经商，自理口粮在县以下小城镇落户，直接支持了农民流动就业。

第二阶段：1989—2000 年。

对农民流动就业的直接政策以不适应甚至妨碍为主。1989 年春爆发民工潮，农民转移就业由乡镇企业就地转移为主，转向流动进城就业为主，农民流动就业对原有就业格局的突破，被指责为盲流。这一时期政府部门对农民流动就业实行了审批、办证、收费、罚款、工种限制、清退、收容遣送等管制措施。这阶段总体落到农民工头上的政策，是沿袭计划经济、二元体制，不承认农民就业、企业用工的自主权，实行限制、歧视，损害了农民、农民工权益。同时，90 年代中后期政府加在农民头上的税费负担越来越重。2003 年我们计算，90 年代以来因四个“剪刀差”（工农产品价格、农民工工资待遇、农地征售、城乡教育公共经费等剪刀差），农民、农民工约少得 17 万亿元。

第三阶段：2001—2008 年。

农民工政策发生根本转变，由限制转向支持，提供公共服务和权益保护。这种涉及体制、制度的政策自我纠错就是改革。推动政策转变的是群众实践，一是客观上农民流动持续发展，作用越来越大。限制十年，流动就业农民工增加 2 倍以上；到 2000 年，第二产业、第三产业、加工制造业和建筑业从业人员中，农民工分别占 58%、52%、68% 和 80%，成为主力；同时也是中西部农民就业增收主渠道，实践影响着人们的认识。二是问题所迫。政策限制、制度歧视使农民工在就业、工时、工资、工伤、就学、社保、居住、迁移上都受到不公平待遇和权益损害，社会矛盾不断积累，亟待解决。同时，农村增收困难，负担加重，城乡居民收入差距扩大到 3∶1 以上。客观形势使领导者看到，农民流动进城务工是经济发展的需要，市场经济的要求，不能采取限制性、歧视性政策；要尊重群众和经济规律，把农民流动转移就业作为关系工业化、城镇化、解决"三农"问题的大事对待。这就有了实质性解决问题的政策调整、制度改革。2001 年清理农民工收费，2002 年提出"公平对待，合理引导，完善管理，搞好服务"，2003 年国务院通知取消对农民就业的限制，提出解决拖欠工资、子女就学等政策，接着发文将农民工纳入工伤保险范围；废止收容遣送；规划农民工培训，财政给予扶持。2004 年中央肯定农民工是产业工人的重要组成部分。2006 年国务院发布《关于解决农民工问题的若干意见》。（农民工新政实行和农村税费改革，是 21 世纪头六七年农民工政策改革势头改革旺盛的标志，也是农民、农民工受益较多的时期。）

（二）人力资源和社会保障部主要观点（金维刚、石秀印，2016）

人力资源和社会保障部认为，改革以来政府政策与农民流动的关系可分为四个阶段：

第一阶段：1978—1991 年。

被动应对阶段。十一届三中全会以后，新的农村土地承包责任制度代替了大锅饭体制，农村劳动力掌握了土地经营的自主权，也掌握了劳动力支配权。国家在整体推进体制改革，在宏观上打破"左"的束缚，转到以经济建设为中心，实行改革开放。面对乡镇企业和沿海地区对劳动力的旺盛需求，国家对农村人口迁移至城市的政策开始松动，这是农民工问题形成的初始阶段。20 世纪 80 年代后期，随着经济体制改革的深化，东南沿海地区经济发展迅速，对劳动力提出了旺盛的需求；农村劳动力转移就业由乡镇企业就地转移为主，转向了跨省流动就业为主。这一时期，政府部门对农民流动就业实行审批、办证、收费、罚款、工种限制、清退、收容遣送等管制措施。

国家发布的主要政策：1984 年 1 月，《中共中央关于一九八四年农村工作的通知》的发布，开始了我国小城镇户籍制度的改革，允许务工、经商、办服务业的农民自理口粮到城镇落户。1984 年 10 月，国务院发出《关于农民进入集镇落户问题的通知》，通知规定，有经营能力、有固定住所或在乡镇企业单位长期务工的，公安机关应准予其落常住户口，统计为非农业人口。这些政策为吸收农业富余劳动力在当地的转移就业提供了机会，是一个里程碑。1985 年 7 月，公安部颁布《关于城镇暂住人口管理的暂行规定》，将"农转非"内部指标定在每年万分之二。1985 年 9 月，实施居民身份证制度。1989 年 10 月，受国内大背景的影响，政府又开始实行严格的户籍管理制度，国务院颁布《关于严格控制"农转非"过快增长的通知》。1990 年 7 月，国务院办公厅转发国家计委等部委发布的《关于"农转非"政策管理工作分工意见的报告》，规定由中央出台"农转非"政策，大量减少"农转非"指标。

这一阶段，进城务工的农民工的数量不是很多，国家对农民工的政策主要集中在户籍制度的管理，处于由适度放宽到严格限制的被动应对阶段。

第二阶段：1992—2002 年。

管理限制阶段。1992 年邓小平同志南方谈话后农民外出就业出现了新的高潮。中央肯定了市场经济发展目标，支持了民营经济，有利于农村剩余劳动力在城乡之间、地区之间的有序流动。沿海城市对三资企业用工、农民流动就业给予了宽容和支持。20 世纪 90 年代中后期，随着国有企业改革力度加大，城市就业面临农民进城务工就业、城镇新增劳动力就业、下岗失业人员再就业"三峰叠加"的严峻形势，一些地方出现了对用人单位招用的农民工采取限制性措施的现象，全国农民工转移就业的数量放缓，一些地方还出现了农民工回流的现象。90 年代末期，政府对农民工的认识出现了"回暖"，开始关注农民工这一转型期的特殊群体。

国家政策的主要变化：（1）户籍管理制度开始松动并逐步规范化。

1997 年 6 月，国务院批转公安部的《小城镇户籍管理制度改革试点方案》和《关于完善农村户籍管理制度的意见》；1998 年 7 月，国务院批转公安部的《关于解决当前户籍管理工作中几个突出问题的意见》；2000 年 6 月，中共中央、国务院下发了《关于促进小城镇健康发展的若干意见》；2001 年 3 月，国务院批转了公安部的《关于推进小城镇户籍管理制度改革的意见》。这些政策的核心内容为：实行"蓝印户口"；取消以商品粮为标准划分农业和非农业户口的"二元"划分方式，而以居住地和职业划分农业和非农业户口，建立以常住户口、暂住户口、寄住户口三种管理形式为基础的登记制度，并逐步实现证件化管理。至此，绝大多数的小城镇的户籍基本上对农民开放了。(2) 对农民工转移就业的限制管理。随着经济的发展，进城务工的农民工数量日渐增多，也引发了一些社会问题。如农民外出带有一定的盲目性，农民工流动加剧了交通的紧张，给社会治安带来新问题。1994 年 11 月，劳动部出台了《农村劳动力跨省流动就业管理暂行规定》（已废止），要求农民工外出就业必须持流动就业证。1998 年 10 月，国务院办公厅发布《关于做好灾区农村劳动力就地安置和组织民工有序流动工作的意见》，要求"对盲目流入城市的人员，做好劝返工作"，"严厉查处私招乱雇农村劳动力、侵害劳动者合法权益及其他扰乱劳动力市场的行为"。2000 年 1 月，劳动和社会保障部发布《关于印发做好农村富余劳动力流动就业工作意见的通知》（已废止）。2002 年 3 月，国务院办公厅发布《关于落实中共中央、国务院做好 2002 年农业和农村工作意见有关政策问题的通知》要求会同国家发展计划委员会、公安部、教育部、财政部、劳动和社会保障部、卫生部等部门落实"清理对农民工进城务工的不合理限制和乱收费，纠正简单粗暴清退农民工的做法"。(3) 国家提出保障农民工及其子女的权益。政府开始探索建立适应农民工子女"就地入学"的管理服务机制。1998 年 3 月，教育部、公安部联合颁发《流动儿童少年就学暂行办法》；2001 年 5 月，国务院印发《关于基础教育改革与发展的决定》。农民工的福利待遇问题受到关注，1998 年 12 月，发布《国务院关于建立城镇职工基本医疗保险制度的决定》，2001 年 12 月，劳动和社会保障部颁布《关于完善城镇职工基本养老保险政策有关问题的通知》。在国家出台的社会保障政策文件中，相关的规定实现了农民工参加社会保险的"零"的突破。

第三阶段：2003—2005 年。

积极引导阶段。党的十六大以来，为了促进城乡统筹发展，解决农民增收难的问题，政府对农民工采取了积极引导的政策，实行短期速效措施与长期稳定政策相结合。2003年12月，《中共中央国务院关于促进农民增加收入若干政策意见》的公布被认为是农民工转移就业问题解决的纲领性文件，因为这是时隔18年后中央再次把农业和农村问题作为中央一号文件下发，充分体现了党中央、国务院在新形势下把解决"三农"问题作为全党工作的重中之重的战略意图。文件的主要内容为：（1）继续推进农业结构调整，挖掘农业内部增收潜力；（2）发展农村二、三产业，拓宽农民增收渠道，促进种粮农民增加收入；（3）改善农民进城就业环境，增加农民工收入，发挥市场机制作用；（4）加强农村基础设施建设，为农民增收创造条件；（5）深化农村改革，为农民增收减负提供体制保障；（6）继续做好扶贫开发工作，解决农村贫困人口的生产生活困难；（7）加强党对促进农民增收工作的领导，确保各项增收政策落到实处。

在这一阶段，各部委联手，在农民工就业、培训等方面出台了一系列切实可行的操作措施。2003年1月，国务院办公厅发布《关于做好农民进城务工就业管理和服务工作的通知》，要求把农民工进城务工就业工作列入重要工作日程，在国民经济和社会发展计划中强化政策引导，按照公平对待、合理引导、完善管理、搞好服务的原则，全面做好农民工进城务工就业管理和服务的各项工作。随后，国家各部委也出台了一系列有针对性的政策文件，促进农民工就业的规范化和制度化。2005年4月，《国务院关于印发2005年工作重点的通知》发布。通知要求由国务院研究室牵头"对农民工进城务工的就业环境、职业技能培训、引导农村劳动力合理有序流动等问题，进行深入研究，制定和完善设计农民工的各项政策"。2005年，为进一步落实国务院的通知，劳动和社会保障部发布《关于开展春风行动完善农民工就业服务的通知》。通知要求有农民工输入的城市的劳动和社会保障部门需协调有关部门联合行动，改善农民工的就业环境，使进城务工的农民工得到及时有效的就业服务。

农民工职业技能培训方面的措施。2003年9月，国务院办公厅下发由农业部、劳动和社会保障部、教育部、科技部、建设部、财政部共同制定的《2003—2010年全国农民工培训规划》，明确了农村劳动力转移培训工作的目标任务。在国务院的领导下，从2004年起，农业部、财政部、劳动和社会保障部、教育部、科技部和建设部共同组织实施了"农村劳动力转移培训阳光工程"。"阳光工程"是由政府公共财政支持，主要在粮食主产区、劳动力主要输出地区、贫困地区和革命老区开展的农村劳动力转移到非农领域就业前的职业技能培训的示范项目。2005 年 4 月，建设部发布《关于做好建设领域农民工法律知识学习培训工作的通知》。2005 年 8 月，国家安全局发布《关于加强煤矿安全培训工作的若干意见》。农民工就业政策发生了根本变化，由限制转向了支持，政府提供了公共就业服务。推动政策转变的是改革开放的实践。

第四阶段：2006 年至今。

全面推进阶段。因为农民工流动就业问题已经成为中国工业化、城市化过程中必须面临的一个非常重大的社会问题，也是一个设计领域十分广泛而错综复杂的综合性问题，国务院研究室在 2005 年组织各有关部委和单位，以及一些专家和学者，对农民工问题进行了大规模的调查和研究，完成了《中国农民工调研报告》（以下简称《报告》）。《报告》对有关农民工政策和存在的问题进行了比较全面、系统和深入的研究。《报告》的主要内容为：（1）认为农民工面临的主要突出问题在五个方面：一是农民工的工资待遇和劳动环境问题严重；二是农民工的社会保障普遍缺失；三是农民工基本享受不到城市政府提供的公共服务；四是农民工的维权工作困难重重；五是农民工身份转换困难。（2）产生上述问题的深层次原因有四个方面：一是城乡分割的二元结构，这是产生农民工问题的体制根源；二是相关法律不健全、法制不完善，这是产生农民工问题的制度根源；三是政府管理和智能转变不到位，这是产生农民工问题的机制障碍；四是农民工自身素质和组织化程度低。《报告》提出了解决农民工问题的总体思路。①

2006 年 1 月，国务院五号文件颁布，这是一个具有重要意义的里程碑，标志着我国农民工工作进入了一个新的发展阶段。五号文件充分阐述了解决农民工问题的重大意义，在农民工工资、劳动管理、就业服务和培训、社会保障、公共服务、权益保障、转移就业、领导机制等方面提出了系统的、全面的、可操作的指导意见。在国务院领导下，成立了

---

① 国务院研究室课题组：《中国农民工调研报告》，中国言实出版社 2006 年版。金维刚、石秀印主编：《中国农民工政策研究》，社会科学文献出版社 2016 年版。

由国务院办公厅、国家发展和改革委员会等 31 个部门和单位组成的农民工工作联席会议制度，明确了联席会议的主要职责、成员组成、议事规则，并制定了贯彻落实五号文件的分工方案。在此基础上，国家各部委联合下发了一系列配套文件，从各个方面进一步改善农民工进城务工的社会经济环境，依法维护广大农民工的合法权益。自农民工工作联席会议制度建立以来，每年人力资源和社会保障部都以部函的形式发布国务院农民工工作联席会议的工作要点，明确各成员单位当年的工作任务和总体要求。

2006 年，国务院发布《关于解决农民工问题的若干意见》。农民工新政实行，农村税费改革，取消了农业税，并给予了补贴，这是农民工收益较多的时期。

2008 年以来，国家开始从农民工的就业服务和职业技能培训、农民工的权益保护、农民工的社会保险政策三个方面入手，有针对性地、有重点地系统解决农民工所面临的突出问题。2008 年 12 月 20 日，国务院办公厅发布《关于切实做好当前农民工工作的通知》（国发办〔2008〕130 号）鼓励各地采取多种措施促进农民工就业，加强农民工技能培训和职业教育，确保农民工工资按时足额发放。2010 年 1 月 21 日，国务院办公厅印发了《关于进一步做好农民工培训工作的指导意见》（国发办〔2010〕11 号），这是国务院印发的第一个专门针对农民工培训的政策文件，其意义重大，影响深远。2010 年 1 月 31 日，国务院发布的 2010 年中央一号文件《关于加大统筹城乡发展力度进一步夯实农业农村发展基础的若干意见》中，首次使用了"新生代农民工"的提法，并要求采取有针对性的措施，着力解决新生代农民工问题，让新生代农民工市民化。

中央一号文件自 2004 年起，每年都涉及农民工就业问题。具体包括：改善农民工进城就业环境，保障务工农民的合法权益，建立统一规范的人力资源市场，扶持农民工返乡创业，等等。一号文件在保障农民工就业合法权益、统筹城乡就业、提高农民工就业素质、扩大农民工就业规模等方面是一年上了一个台阶，推动了农民工就业的规范化和制度化发展。2006—2007 年，流动到城镇就业的农民工数量持续增多。国家出台了多个相关政策文件：2006 年 4 月，劳动和社会保障部、国家开发银行联合下发《关于实施农民工培训示范基地建设工程的通知》，决定共同组织实施"农民工培训示范基地建设工程"；2006 年 9 月，共青团中央、教育部、公安部等 12 个部门联合下发《关于深入实施"进城务工青年发展计划"进一步加强青年农民工工作的意见》，全方位开展新生代农民工的培训工作；2007 年 3 月，建设部、中央文明办、教育部、中华全国总工会、共青团中央联合发布《关于在建筑工地创建农民工业余学校的通知》，要求推广杭州、青岛、北京等地经验，在建筑工地创建农民工业余学校；2007 年 12 月，科技部、教育部、财政部、劳动和社会保障部、国家税务总局、中国科协联合发布《关于加强农村实用科技人才培养的若干意见》，要求建立健全农村实用科技人才培养的长效机制。

自 2008 年下半年以来，由于国际金融危机对实体经济的影响，我国以加工制造业为主的一些中小企业出现了经济困难，影响了农民工的就业。国家高度重视，发布相关文件，加强了对农民工转移就业和培训的工作。2008 年 9 月，国务院转发人力资源和社会保障部、国家发展和改革委员会、教育部、工业和信息化部、财政部、国土资源部、住房和城乡建设部、商务部、中国人民银行、国家税务总局、国家工商行政管理总局联合发布的《关于促进创业带动就业工作指导意见的通知》；2008 年 11 月，教育部办公厅发布《关于中等职业学校面向返乡农民工开展职业教育培训工作的紧急通知》；2008 年 12 月，国务院办公厅发布《关于切实做好当前农民工工作的通知》；2009 年 2 月，中华全国总工会办公厅、人力资源和社会保障部办公厅联合发出了《关于支持工会开展千万农民工援助行动共同做好稳定和促进就业工作的通知》；2009 年 5 月，人力资源和社会保障部、财政部联合下发《关于进一步规范农村劳动者转移就业技能培训工作的通知》；2009 年 7 月，人力资源和社会保障部、住房和城乡建设部，为了促进农民工稳定就业，联合下发了《关于做好建筑业农民工技能培训示范工程工作的通知》；2010 年 1 月，国务院办公厅印发了《关于进一步做好农民工培训工作的指导意见》；2010 年 2 月，人力资源和社会保障部、国家发展和改革委员会、财政部联合下发《关于进一步实施特别职业培训计划的通知》；2011 年 10 月，为贯彻落实《国民经济和社会发展第十二个五年规划纲要》和《国家中长期教育改革和发展规划纲要（2010—2020 年）》，教育部等 9 个部门联合下发《关于加快发展面向农村的职业教育的意见》，明确提出要加快发展农村的职业教育，加强农业职业学校和涉农专业的建设，培育"有文化、懂技术、会经营"的新型农民。

（三）国家全面推进农民工市民化政策综述

从上述研究综述看，我国的权威机构和学者对国家调整农民工就业政策的阶段、走向和发展趋势的分析基本上一致。笔者综合了上述研究机构的基本思路，在写作时，请教了两家权威机构的课题组组长，将2013 年至今的国家调整农民工就业政策做如下综述（金维刚、石秀印，2016；杜润生，2018；崔传义，2017；纪韶，2010）。

2013 年后是国家走新型城镇化道路，全面稳步推进农民工市民化的阶段。2013 年 12 月 3 日，中共中央政治局召开会议，提出走新型城镇化道路，并出台了实施新型城镇化的规划，积极稳妥地推进土地管理制度改革。2014 年 3 月，新华社发布中共中央、国务院印发的《国家新型城镇化规划（2014—2020 年)》（以下简称《规划》)。这是今后一个时期指导全国城镇化健康发展的宏观性、战略性、基础性的规划。《规划》中以专栏的形式设立了农民工职业培训技能提升计划，主要包括：开展农民工就业技能培训，每年培训 1000 万人次，到 2020 年，使每个农民工都可以受到一次政府补贴的技能培训，基本消除无技能上岗的现象；开展在岗农民工岗位技能提升培训，到 2020 年前，每年培训 1000 万人次，使大多数在岗农民工都可以由普工发展为新型技工；开展高技能人才培训和创业培训，每年培训 100 万人次，主要是高级工、技师和高级技师；开展社区的公益性培训；面向农村未继续升学的初高中毕业生开展劳动预备制培训（金维刚、石秀印，2016)。

2014 年，为贯彻落实中央经济工作会议和中央城镇化工作会议精神，进一步提高农村劳动者转移就业创业能力，根据《国家新型城镇化规划(2014—2020 年)》和《国务院关于加强职业培训促进就业的意见》，按照国务院要求，人力资源和社会保障部发布《农民工职业技能提升计划——"春潮行动"实施方案》，开始在全国开展农民工职业技能提升计划——"春潮行动"。2014 年 10 月，国务院办公厅印发《关于进一步做好农民工服务工作的意见》；2015 年 6 月，国务院办公厅下发《关于支持农民工等人员返乡创业的意见》；2016 年 8 月，人力资源和社会保障部、农业部、国务院扶贫办、共青团中央、全国妇联 5 部门联合下发《关于实施农民工等人员返乡创业培训五年行动计划（2016—2020 年）的通知》；2017 年 7 月，国家发展改革委员会办公厅下发《关于做好第三批结合新型城镇化开展支持农民工等人员返乡创业试点地区申报工作的通知》；2018 年 1 月，中共中央、国务院发布一号文件《关于实施乡村振兴战略的意见》，提出：实施乡村振兴战略，是党的十九大做出的重大决策部署，是决胜全面建成小康社会、全面建设社会主义现代化国家的重大历史任务，是新时代"三农"工作的总抓手。并提出实施乡村振兴战略的具体的可操作的意见（金维刚、石秀印，2016；杜润生，2018；崔传义，2017；纪韶，2015）。

二 改革开放 40 年来农民工就业政策主要特点和发展趋势

总结改革开放 40 年的农民工政策制定到实施的过程，我们看到，解决农民工问题是一项庞大且系统的社会工程，必须要经历一个发展过程，不可能一蹴而就。40 年的农民工政策在制定到实施中主要具有以下特点：

（一）为农民工融入城市和返乡创业不断创造良性政策环境

在工业化和城镇化的进程中，国家逐步清理并取消了各种针对农民工进城就业的歧视性规定和不合理限制，清理了对企业使用农民工的行政审批和行政收费以及损害农民工权益的政策的规定，逐步完善了农民工在转移就业中的组织和培训工作。这为农民工融入城市和返乡创业、形成双向流动的良性互动在不断地创造良性循环的政策环境。

（二）国家越来越重视公共就业服务均等化等制度建设

国家越来越重视农民工子女教育、职业培训、公共卫生和社会保障，不断地推动农民工基本公共服务均等化。（1）农民工子女义务教育"两个为主"政策的确立，为进城农民工子女平等享受义务教育创造了条件，政策变迁凸显农民工政策已由"限制"走向"以人为本"的政策理念。城市公办学校对农民工子女接受义务教育要与当地学生同等对待，不得向农民工子女加收借读费及其他任何费用。对政府委托承担农民工子女义务教育的民办学校，在办学经费、师资培训等方面给予支持和指导。（2）社会保障的覆盖面在逐步扩大，农民工社会保障水平在逐步提高，农民工的社会保障权益在逐渐得到保护。党中央和国务院规定，所有用人单位必须及时为农民工办理工伤保险手续；未参加工伤保险的农民工发生工伤，由用人单位按照工伤保险规定的标准支付费用，开展工伤保险"平安计划"。农民工进城务工期间的住院医疗保障费用，主要由用人单位缴费。建立了新农合和城镇居民医疗保险制度，农民工可以选择缴费水平低的医疗保障。（3）已经初步建立了城乡居民养老保险制度，使一部分低收入和灵活就业的农民工可以选择参加城乡居民养老保险；适应农民工流动性大的特点，养老保险关系和待遇能够跨地区或跨城乡转移接续，使农民工在流动就业中的社会保障权益不受损害；鼓励有条件的地方将稳定就业的农民工纳入城镇职工基本养老保险。

（三）完善高效率基本公共就业服务运行机制并组织实施

初步建立了农民工综合协调的工作机制，对农民工的社会管理正在向维护权益和提供服务转变。为深入贯彻党的十九大和十九届二中、三中全会精神，以习近平新时代中国特色社会主义思想为指导，从解决人民群众最关心、最直接、最现实的利益入手，以普惠性、保基本、均等化、可持续为方向，人力资源和社会保障部在 2018 年 7 月发布了《关于进一步推进全方位基本公共就业服务的指导意见（征求意见稿）》。该文件主要目标为：健全统筹城乡的基本公共就业服务制度；构建多元化的基本公共就业服务供给模式；完善高效便捷的基本公共就业服务运行机制；推进全方位基本公共就业服务的组织实施（金维刚、石秀印，2016；杜润生，2018；崔传义，2017；赵树凯，2012；邓鸿勋、陆柏甫，2012）。

总的来看，党中央、国务院高度重视农民工工作，党的十八大以来，中央高度重视解决农民工转移就业中的结构性矛盾，重视城乡融合发展和农民工问题，推进公共服务均等化、农业转移人口市民化，历史正在打开新的一页。

三　国家调整农民工就业政策后仍存在的主要问题（金维刚、石秀印，2016；纪韶，2010）[①]

农民从农业向非农业，从农村向城市的转移是各国经济发展中的一种共同的趋势。改革开放 40 年来，中国农民流动就业由少到多，已经成为中国工业化、城市化中一个非常重要的现象，给城乡二元经济结构体制带来了巨大的冲击，也使一系列社会问题日益凸显，涉及多方面的制度和利益关系；复杂的深层次的矛盾和问题实质上是有关制度和就业政

---

① 笔者参加了金维刚、石秀印主编《中国农民工政策研究》第五章的写作工作，此问题是第五章的一部分内容。

策及二元结构转换的矛盾。研究农民工政策的历史演进和政策实施的社会效应的重要意义在于：使农民工政策从制定到实施进入以人为本、公平对待的新阶段。农民工政策是国家社会政策的重要组成部分，对政策影响的评估不仅看政策的制定，还要看政策的实施效果，因为社会政策的实施质量与社会管理体制、适用政策的群体以及政策执行的环境紧密相关。

（一）目前农民工获得公共就业服务政策惠及很有限

从政策制定来说，农民工流动就业的歧视性政策障碍已基本消除，就业岗位的限制和卡证收费等就业准入的问题基本得到解决，户籍制度附带的歧视政策已基本取消，但户籍的门槛依然很高。近几年，硬性就业准入制度已经基本解决，城乡分割的户籍制度已经松动，附着在户口上的城乡利益差别在逐步缩小，但由于我国长期实行的是城乡分治的户籍管理制度，已经形成了城市政府和农民工双方都认同的户籍文化，这种集体性的屏蔽制度仍是影响农民工成为市民的重要因素。从工业化国家农民在经济、政治和文化层面融入城市的顺序看，目前，进城农民工还难以享受城镇职工和当地市民的待遇，也就无法在城市社会中获得合法的市民资格。一些地方政府把国家规定的有稳定收入来源和合法住所的迁移户口条件，改为购买住房为户口迁移条件，提高了农民工进城的门槛。没有城镇户口，就无权享受城镇居民的各种生活保障。这样，政府的公共服务和财政支出就很难从户籍人口转换到覆盖包括农民工在内的常住人口，农民工在城市里就业，却游离于城市的社会管理和监督，这种社会管理权利的缺失，既影响农民工在城市中各方面权益的保障，也增加了政府对城市社会管理的成本。

（二）农民工子女在大城市就学歧视依然存在

我国对农民工子女的义务教育政策演变大致分为三个阶段：第一阶段（1992—1997 年），进城农民工子女的义务教育尚未得到政府的重视，城市公立中小学拒绝接受农民工子女入学，设立高收费门槛，双重边缘化现象发生；农民工自发缴费自办简易学校，但得不到政府承认，流动儿童失学比例高。第二阶段（1998—2002 年），原国家教委、公安部1998 年制定《流动儿童少年就学暂行办法》，肯定了农民工子弟学校，明确了农民工子女接受义务教育的权利和条件，但边缘化的状况没有大的改变：城市公立中小学歧视性收费没有降低，多数民办学校未取得合法地位，没有纳入城市义务教育系统。第三阶段（2003 年至今），2003 年，国务院颁布了《关于进一步做好进城务工就业农民子女义务教育工作的意见》，为农民工子女接受义务教育搭建了政策框架，农民工子女入学问题的政策指导思想由流入地的公办学校负责。该政策近年来在中央的一系列文件中得到了明确，在新修订的《义务教育法》中也有明确的规定。各地普遍加强了对农民工子女义务教育的领导，采取切实措施保障农民工子女接受义务教育，以公办学校为主接收农民工子女就学的格局基本形成。但目前，农民工的子女还不能在一线城市参加高考。

（三）体制上影响就业培训政策的因素还没有完全消除

就业培训有了很大进展，但体制上的问题仍是影响培训政策社会效应的重要因素。农民工的技能素质高低决定着他们的就业稳定性和收入水平，就业能力低下的状况引起了党中央和国务院的高度重视，从 2004 年中央部门共同组织实施的农村劳动力转移培训阳光工程，到《2003—2010 年全国农民工培训规划》，国务院颁发的《国家新型城镇化规划（2014—2020 年)》，以至 2016 年 8 月，人力资源和社会保障部、农业部、国务院扶贫办、共青团中央、全国妇联 5 部门联合下发《关于实施农民工等人员返乡创业培训五年行动计划（2016—2020 年）的通知》，都对农民工的技能培训提出了具体的可操作方案。但从地方政策执行中遇到的困难来看，政府在农民工培训的投入、服务的提供、权力的配置等工作成了中央政府与地方政府、地方政府之间、政府与企业之间博弈的平台，原因在政策制定上，即各自分担的财政和行政责任有些地方没有明确。例如，《国家新型城镇化规划（2014—2020 年）》对经费的规定："实行政府、用人单位和农民工个人共同分担的投入机制。中央和地方各级财政在财政支出中安排专项经济扶持农民工培训工作。"但至于各级政府之间如何分担投资，农民工流入地与流出地政府如何分担，企业如何参与农民工的人力资本投资等问题却没有明确规定。《国家新型城镇化规划（2014—2020 年)》规定："用人单位开展农民工培训所需经费从职工培训费用中列支。""符合条件的教育培训机构，均可申请使用农民工培训扶持资金。"目前，涉及政府补贴，各部门都将农民工的培训纳入自身的体系，而对各部门的义务和责任却没有明确的规定。

第三节 改革开放 40 年中国农村劳动力 转移就业政策研究成果

改革开放 40 年中，国家级的研究机构、学术界等做过的与农村劳动力流动就业相关的项目数以万计，一批批优秀的研究成果成为国家制定政策的参考。2010 年，在中国劳动和社会保障科学研究院与世界银行合作的重大项目《国家调整农民工政策的社会效应评估》中，对国内研究农民工就业政策的主要项目进行了筛选和评估，本文参考 2016 年由中国劳动和社会保障科学研究院院长金维刚主持并出版的《中国农民工政策研究》的重大项目中对项目的研究综述的客观评价和选择，旨在客观、准确反映改革开放中的研究成果。

一 改革开放 40 年农村劳动力流动就业政策研究代表性成果

（一）国务院研究室研究项目

国务院研究室于 2005 年组织各有关部委和专家学者对农民工问题进行了大规模的调查研究，完成了《中国农民工调研报告》，为国务院五号文件的出台奠定了基础。《中国农民工调研报告》对农民工面临的就业环境、工资待遇、欠薪、社会保障普遍缺失、基本享受不到城市政府提供的公共服务、权益保障缺失等问题进行了综合性研究。报告认为，产生上述问题的深层次原因主要有四个方面：一是城乡分割的二元结构，这是产生农民工问题的体制根源；二是相关法律不健全、法制不完善，这是产生农民工问题的制度缺陷；三是政府管理和职能转变不到位，这是产生农民工问题的机制障碍；四是农民工自身素质和组织化程度低（国务院研究室课题组《中国农民工调研报告》，2006）。

报告提出解决农民工问题的总体思路：（1）坚持统筹城乡就业，把解决农村劳动力就业问题放在更加重要的地位；（2）坚持异地转移与就业转移相结合，大力发展乡镇企业和县域经济；（3）坚持大中小城市和小城镇的协调发展，促进农民向城镇合理有序流动；（4）坚持推进城乡配套改革，逐步消除农民进城就业和居住的体制性障碍；（5）坚持依法维护农民工合法权益，创造进城农民工与城市居民融洽的社会氛围；

（6）不断提高农村劳动力素质，把农村人口压力转化为人力资本；

（7）保障农民工的土地承包权，减轻农民进城务工就业和社会稳定的风险（国务院研究室课题组《中国农民工调研报告》，2006）。

（二）中国劳动保障科学研究院研究项目

中国劳动保障科学研究院和世界银行合作的研究项目"中国农民工社会政策研究"，于 2007 年在 46 个城市，就农民工的社会政策展开了全面的问卷调查，并组织地方相关部门进行访谈，对党中央和国务院以及人力资源和社会保障部制定的政策的实施效应进行了调研分析。课题组对农民工主要政策的实施情况的结论如下：中国农民工主要的社会政策已经由"管制""管理"型向"服务"型转变，经过中央和地方政府的努力，已经制定了针对农民工就业服务、职业技能培训、权益保护和社会保险方面的主要政策，并逐步健全完善。主要政策覆盖率达到了77.5%，就业服务和技能培训服务率达到了 83.7%；应该从政策上分门别类地解决农民工城镇就业、职业技能培训、子女教育和社会保障问题，以使农民工在城镇公平获得各项社会公共服务（张一名，2009）。

（三）国务院发展研究中心研究项目

国务院发展研究中心于 2006 年进行了两项研究：《走出二元结构：城镇化过程中的农村劳动力转移与市民化的制度创新》《走出二元结构：新农村建设与农民工、城镇化》，国家和地方的专家、长期从事农村工作和宏观经济研究的领导和专家联手进行调研，研究认为，在历史进程中形成的城乡二元经济结构和二元分割体制下，农村的封闭导致了农民就业的不充分，这是制约农民收入增长以及农业、农村发展的主要原因。农民工是走出二元结构的开拓力量，是农民工与市民和谐发展的关键因素；也是调整国民收入分配格局，扎实推进社会主义新农村建设的重要组成部分。农民工回乡创业是建设新农村的重要力量，也是转移就业的重要途径。国务院发展研究中心的这两项研究，将战略研究与政策、制度性研究相结合，有很强的实践性（邓鸿勋、陆柏甫，2006）。

国务院发展研究中心根据国务院领导批示精神，自 2007 年开始，承担了《中国农民工战略问题前瞻性研究》工作，组织各方面的专家分别对农业部门劳动力的需求和农民工中长期劳动供给的变动趋势、农民工工资变动趋势、农民工市民化的现状与前景、农民工代际替代、农民工供求变动数量模型、农民工回乡创业等问题进行了研究。课题组在西藏以外的省份进行了大型调研，建立了调查数据库，于 2009 年组织了对一百多个村庄的调查，以深入了解金融危机对农民工返乡和就业的影响。该课题研究了农民工在较长时期就业需求变化的趋势及与宏观经济社会发展的互动关系，提出了解决农民工问题的战略思想和带有方向性、全局性、制度性的政策体系。该课题认为，中国经济发展正在进入"刘易斯拐点"阶段，农村剩余劳动力绝对量下降，农村剩余劳动力将由结构性短缺发展到全面短缺。2030 年之前，中国劳动力转移将呈现如下特征：农村劳动力向非农产业和城镇转移仍是个长期过程，国民经济增长速度、城镇化进程、对外贸易增长速度和产业结构变化对农村劳动力转移就业有重要影响。该研究分析了农民工工作仍存在的一些薄弱环节和突出问题，农民工总体上是一个容易受社会排斥的群体。在制度上，农民工的就业权、合法经济权益、居住权、受教育权、基本的社会保险权和参与社会管理的权利还没有得到切实的保障。关于农民工的政策和管理制度还没有真正摆脱城乡分割体制的影响，与平等就业形成城乡统一的劳动力市场还有相当的距离，也与统筹城乡经济社会发展的需要不相适应。该研究提出了新形势下解决农民工问题的指导方针和基本思路：坚持统筹城乡就业，把促进农村劳动力持续性地向非农产业和城镇转移作为长期的战略任务，把以人为本、公平对待、一视同仁作为解决农民工问题的根本要求，把推进农民工市民化作为基本目标；推进城乡分割二元体制改革和制度创新，引导农民工合理有序流动就业；到 2020 年，实现农村劳动力充分就业；建立城乡劳动者平等就业制度，加快建立统一的劳动力市场；多层次向非农产业和城镇转移（韩俊，2009）。

（四）中国社会科学院研究项目

中国社会科学院和联合国教科文组织于 2007 年合作，进行了研究和行动相结合的"我们在一起"的农民工项目，项目总目标旨在使农民工通过享受各种服务融入城市社会与经济环境，其中，主要针对年轻女性农民工的实际基本工作技能培训、职业培训、职业咨询、计划生育、健康与权益启蒙等项服务。项目的具体目标：解决城市流动人口的就业和贫困问题；消除公众对农民工就业的歧视；解决农民工非正规就业问题；保护农民工的人权。《农民工反贫困——城市问题与政策导向》一书汇集了该项目专家的研究成果（黄平、杜铭那克，2006）。

（五）学者的代表性研究项目

郑功成、黄黎若莲（2007）于 2006 年组织四十多位专家学者对中国农民工问题与社会保护进行了较大规模的综合性研究，对有关农民工的劳动政策、社会保障政策、子女教育和住房政策等进行了深入的不同典型地区的调查研究。该研究认为，要解决农民工流动就业中的问题，就要创新户籍管理，取消针对农民工的户口收费等限制性政策，制定实施消除就业歧视的法律法规，做好农民工的职业培训工作，建立城镇统一的社会保障体系等。

简新华、黄锟（2008）于 2006—2007 年主持国家社会科学基金重大项目"工业化和城市化过程中的农民工问题研究"，课题重点研究了国务院文件出台后新生代农民工城市化中的新问题和新特点。

潘泽泉（2008）于 2007—2009 年主持了国家社会科学基金项目"国家调整农民工政策的社会效应评估研究"，对国家调整农民工政策的模式、农民工在融入城市中的社会地位和社会分层、农民工的社会关系网络等进行了研究。主张政策调整趋势应从控制策略到整合策略，促进农民工与城市主流社会的整合；农民工应当纳入社会政策的保护体系中，使农民工最终实现由农民向市民的转变；农民工社会政策应该与城乡经济整合相结合。

钱文荣、黄祖辉（2007）主持了"长江三角洲区域经济社会协调发展研究"项目，于 2006 年对长江三角洲区域的农民工状况进行了全面系统的调研分析，以中国社会经济的转型为背景，以农村劳动力转移和他们的市民化进程为主线，依据调研数据分析了长江三角洲区域 16 个城市的农民工的结构、就业和社会保障等生存情况，以及各城市农民工管理和服务情况；进而，对我国农民工市民化进程中的问题进行了理论和实践相结合的分析与探索。该项目研究了新生代农民工市民化的相关问题，结论为：新生代农民工具有更强烈的进城意愿，这是农民工市民化的基础；农民进城多是家庭的决策而非个人决策；城市社会网络关系影响农民的转移就业区域；二元的户籍制度和附着在其上的住房、就业、社会保障、教育等相关制度，以及农村土地产权制度依然是阻碍农民工市民化的重要因素；农民工适应城市社会是一个渐进的长期过程，具有明显的差异性；其适应程度对定居决策有重要的影响。

河南信阳市委书记刘怀廉（2005）在《农村剩余劳动力转移论》中

认为，尽管国家采取了一系列措施解决"三农"问题，但收效却不大，原因是没有抓住农村剩余劳动力转移就业得以顺利进行的前提，应扩大重点小城镇建设，要将改革土地制度、户籍制度和城乡分割劳动制度作为推进农村剩余劳动力转移就业的制度条件；将推进农业产业化结构调整、发展乡镇企业和推进城镇化作为农村剩余劳动力转移就业的主要途径。

国家发展改革委员会规划司面向全国公开招标课题"中国农民工现状的实证研究"，与首都经济贸易大学合作，课题组对我国中部地区七个省、东部地区四个省（外加北京市）、西部地区三个省进行了农民工在流入地和流出地现状的详细调研；并根据调研资料建立了中国农民工流动就业的分析数据库；课题组以科学发展观为基础，运用定性和定量分析方法，探索了中国农民工流动就业与城乡工业化和城市化三者之间的良性互动机制；为政府建立起中国农民工合理流动的长效机制，实现我国以吸纳农民为主要内容的城市化战略和节约型农业的战略转型提供了切实可行的、有价值的理论和政策参考（国家发展改革委员会规划司研究报告《中国农民工现状的实证研究》，2006）。

二 改革开放 40 年农村劳动力转移就业理论和方法创新中面临的问题

改革开放 40 年来，数以万计的学者的研究成果无论在广度和深度上都在不断地扩展，为国家调整农村劳动力流动就业的政策提供了有效的理论咨询和政策参考；推动了我国劳动经济学研究的显著进展。

但是，受数据和研究方法等限制，在理论创新、研究范围和内容扩展，以及研究的规范性上仍有待于进一步发展。例如，经济全球化、第四次工业革命、"一带一路"的推进对我国劳动力市场以及农村劳动力流动就业的影响的研究还相对不足。在新方法的运用上存在"重技术轻思想"的倾向，模型的使用缺少理论依据和现实的针对性，简单照搬西方经济学理论模型，降低了研究成果的学术价值和政策的参考价值。对国内外学术文献的检索投入得不够，为发表而发表的研究成果有一定的比例，为中国改革开放接地气的有价值的研究成果还比较少；提供给劳动经济的分析和研究的基础数据十分缺乏，国家级的研究机构和学术单位之间的专业资料和统计数据的共享和交流很不够，等等。

因为农村劳动力仍然是我国劳动力市场的主要和重要群体,农村劳动力流动就业和市民化仍是劳动经济领域研究的重点,农村劳动力定居性迁移、子女教育和成长、流动就业和创业对城乡一体化的影响等问题;中美贸易摩擦对我国的挑战,产业政策的调整对农村劳动力流动就业的影响等理论和政策问题更需要我们深入地研究。随着我国长期实行计划生育政策效应结果的显现,人口老龄化,农村适龄劳动力日渐减少等问题,势必引起越来越多的关注。近年来,劳动合同法、就业促进法、社会保险法等一系列影响劳动力市场的政策法规和措施的实施,将会为我国政策评估研究和经济学在劳动领域的发展,提供一个良好的研究局面。随着北京大学的"中国健康退休跟踪调查(CHARLS)"、澳大利亚国立大学和德国劳动研究所(IZA)的"中国农村劳动力转移(RUMiC)"、中国人民大学劳动人事学院的"雇主与雇员匹配追踪数据"等多项微观调查的开展及相应数据的公开,微观计量在我国农村劳动力政策研究中的作用将会得到很大发挥,研究领域也将得到进一步拓展,劳动经济学、劳动关系、人力资源管理等学科的交叉研究都将得到深化。

参考文献

阿瑟·刘易斯:《二元经济论》,北京经济学出版社 1989 年版。

蔡昉:《刘易斯拐点——中国经济发展新阶段》,社会科学文献出版社 2008 年版。

蔡昉:《中国流动人口问题》,河南人民出版社 2000 年版。

陈锡文、赵阳、罗丹:《中国农村改革 30 年回顾与展望》,人民出版社 2008 年版。

崔传义:《农民进城就业与市民化的制度创新》,山西经济出版社 2008 年版。

崔传义:《中国农村经营体制变革调查》,山西经济出版社 2009 年版。

崔传义:《中国农民流动观察》,山西经济出版社 2004 年版。

崔传义:《中国农民流动就业与现代化》,山西经济出版社 2017 年版。

邓鸿勋、陆柏甫主编:《走出二元结构——创业就业、市民化与新农村建设》,社会科学文献出版社 2008 年版。

邓鸿勋、陆柏甫主编:《走出二元结构——农民就业创业研究》,中国发展出版社 2004 年版。

杜润生：《中国农村改革发展论集》，中国言实出版社 2018 年版。

杜润生主编：《中国农村改革决策纪事》，中央文献出版社 1999 年版。

盖尔·约翰逊：《经济发展中的农业、农村、农民问题》，林毅夫、赵耀
　　辉译，商务印书馆 2017 年版。

国务院农民工办课题组：《中国农民工发展研究》，中国劳动社会保障出
　　版社 2013 年版。

国务院农民工办课题组：《中国农民工问题前瞻性研究》，中国劳动社会
　　保障出版社 2009 年版。

国务院研究室课题组：《中国农民工调研报告》，中国言实出版社 2006
　　年版。

韩俊：《跨世纪的难题——中国农业劳动力转移》，山西经济出版社 1994
　　年版。

韩俊：《中国农民工战略问题研究》，上海远东出版社 2009 年版。

韩俊等：《中国农村改革（2002—2012）》，上海远东出版社 2012 年版。

黄平、杜铭那克主编：《农民工反贫困——城市问题与政策导向》，社会
　　科学文献出版社 2006 年版。

黄宗智：《中国的隐形农业革命》，法律出版社 2010 年版。

纪韶：《举家外出的农民工融入城市问题研究》，《经济理论与经济管理》
　　2012 年第 1 期。

纪韶：《留守经历对新生代农民工就业质量的影响》，《人民论坛》2016
　　年第 18 期。

纪韶：《中国农业剩余劳动力数量的最新估计和测算方法》，《经济学动
　　态》2007 年第 10 期。

纪韶：《中国失业预警——理论视角、研究模型》，首都经济贸易大学出
　　版社 2008 年版。

简新华、黄锟：《中国工业化和城市化过程中的农民工问题研究》，人民
　　出版社 2008 年版。

金维刚、石秀印主编：《中国农民工政策研究》，社会科学文献出版社
　　2016 年版。

李实：《中国农村劳动力流动与收入增长和分配》，中国社会科学出版社
　　1999 年版。

李实等：《中国收入分配格局的最新变化》，中国财政经济出版社 2017

年版。

刘怀廉：《中国农民工问题》，人民出版社 2005 年版。

潘泽泉：《国家调整农民工政策的过程分析、理论判断与政策思路》，《理论与改革》2008 年第 5 期。

钱文荣、黄祖辉：《转型时期的中国农民工——长江三角洲十六城市农民工市民化问题调查》，中国社会科学出版社 2007 年版。

西奥多·W. 舒尔茨：《改造传统农业》，梁小民译，商务印书馆 2003 年版。

西奥多·W. 舒尔茨：《论人力资本投资》，北京经济学院出版社 1990 年版。

张一名主编：《中国农民工社会政策研究》，中国劳动社会保障出版社 2009 年版。

赵树凯：《农民的鼎革》，商务印书馆 2016 年版。

赵树凯：《农民的新命》，商务印书馆 2012 年版。

郑功成、黄黎若莲：《中国农民工问题与社会保护》，人民出版社 2007 年版。

第六章　改革开放以来关于工资决定机制的研究[①]

西方在市场经济发展的过程中已经形成比较完善的工资形成机制基本理论模型以及与市场经济发展相适应的标准化的市场工资决定机制内涵。伴随改革开放 40 年的进程，中国劳动力市场上的工资形成机制也正在经历逐步市场化的过程。本文在文献研究的基础之上，通过分析不同所有制企业工资形成机制的差异以及对劳动力市场上重要而特殊的群体——农民工工资和企业高管薪酬形成机制的具体阐述，以期厘清中国劳动力市场工资形成机制的逐步市场化的过程。

第一节　工资决定机制内涵的研究

市场经济国家中，工资是要素市场上劳动要素的价格，通过市场机制来形成，是劳动力市场上双方交换的结果（苏炜，2007）。其遵循的原则是效率原则，具体来说，劳动者的工资水平取决于其在市场上的稀缺程度及其在生产过程中的贡献。企业对教育禀赋回报方式不是单纯随学历的升高而升高，因为人力资本水平只是劳动力生产率水平的潜在变量，受教育水平的不同、工资水平的差异还反映了其相对的市场价值，即不同教育水平劳动者的供求状况。对工作经验禀赋的回报方式是工作经验和工资收入之间呈现倒 U 形状。对职业禀赋的回报方式是知识和技能水平要求越高，越紧缺的职业在企业得到更高的回报（汪雯，2008）。另一方面，工资水平与通货膨胀、就业等宏观经济问题紧密相连，这些宏观

① 易定红，中国人民大学劳动人事学院教授；周金娥，中国人民大学劳动人事学院博士研究生；赵一凡，中国人民大学劳动人事学院博士研究生。

经济问题无法通过市场的自我调节来解决,因此劳动者工资决定主体不仅包括劳动者需求方和劳动者供给方,还有作为平衡劳资双方力量的政府主体的参与(侯玲玲,2007)。即标准的市场化工资决定机制参与主体有劳动者、企业和政府。

宋晶、孟德芳(2013)对工资决定因素和机制分别进行了深入剖析,重点对企业工资决定机制的内涵、历史和现状、完善建议进行了阐释。企业工资决定机制就是要研究工资究竟应由何种因素决定,应该形成怎样的制度框架,以及在这个框架体系下,政府、企业和员工的力量对比状况如何。从内容上看,企业工资决定机制包括以下四个方面:(1)微观层面的工资集体协商机制;(2)微观层面的企业内部治理机制;(3)宏观层面的要素分配机制;(4)宏观层面的政府规制。我国企业工资决定机制的历史,由改革开放前的企业实行的高度集中的行政工资决定机制,转为改革开放后国有企业实行的,在国家计划框架内的准市场工资决定机制和非国有企业实行的市场工资决定机制。其完善建议是在企业工资形成机制四个方面内容不完善的基础上提出的针对性建议。张艳(2015)指出工资形成过程是工资决定主体,包括企业、政府、劳动者三者之间的相互影响和博弈的过程。苏炜(2007)在其硕士学位论文中也对工资决定机制的内涵专门进行了界定;首先,笔者认为工资决定机制应针对工资的决定框架而非影响因素。其次,工资决定机制应是一种制度化的工资决定办法。因此,笔者认为要研究当前企业的工资决定机制,就是要研究在社会主义市场经济体制下,工资的决定因素和制度框架究竟应该是怎样的,以及在此框架下,政府、企业和员工力量对比的平衡。

第二节 国有企业工资形成的研究

一 国有企业工资制度的改革历程

国有企业的工资形成机制一直都是以行政方式加以确定,市场无法发挥其应有的作用,最多是提供市场比价的工资水平,为行政方式确定工资水平提供参考。回顾国有企业工资制度的改革历程,可以发现分为两个明显的阶段，1978—1985 年只是提高工资水平，工资制度并未发生改变，而 1985 年之后着重进行工资制度的改革。

阶段一：提高员工工资水平。1978 年，国务院颁布《关于实行奖励和计件工资制度的通知》，规定有条件的企业可以实行奖励制度，由此恢复了企业奖励制度。1979 年，中共中央、国务院批准了《全国物价工作会议纪要》，决定给一部分职工提高工资水平。配合利改税的进行，国家在 1983 年不再控制企业奖金的发放额。然而这种对国有企业奖金发放的不加控制引发了普遍的企业"工资攀比"现象，因此在 1984 年 4 月，国务院发出《国营企业发放奖金有关问题的通知》，通过征收奖金税的方式对奖金额度进行间接控制。

阶段二：改革工资制度。1984 年，中共十二届三中全会通过了《关于经济体制改革的决定》，开始了我国经济体制的全面改革，国有企业的工资形成机制转换是建立市场化的劳动力市场的第一步。改革的历程是：首先实现国有企业工资总额与企业经济绩效挂钩，拉开了国有企业工资制度改革的序幕，接着推行岗位技能工资制，逐步引入市场机制，加强工资形成过程中的劳动者参与，到现在实行的以岗位工资为主要形式的工资制度。

1985 年通过了《国务院关于国营企业工资改革问题的通知》，这次改革实行企业工资总额同经济绩效挂钩，自此企业拥有了决定工资形成的自主权。但是企业的自主权同时也受到通知中拟订的《国营大中型企业工人工资标准表》和《国营大中型企业干部工资标准表》的约束。1989 年 9 月 30 日经国务院批准，1990 年 1 月 1 日由国家统计局发布的《关于工资总额组成的规定》中将工资总额的组成界定为：工资总额 = 计时工资 + 计件工资 + 奖金 + 津贴和补贴 + 加班加点工资 + 特殊情况下支付的工资，其中特殊情况下支付的工资指法定节假日和附加工资。这项对工资总额的规定是统计数据中关于工资总额计算的依据，并一直沿用至今。其适用的对象包括国内的所有用人单位、私营企业和外资企业。

除了对工资总额进行制度性的规定之外，国家对于具体的工资分配也进行了相应的制度规定。劳动部于 1992 年 1 月 7 日颁布了《关于进行岗位技能工资制试点工作的通知》，确定其为企业内部分配的主要形式。国家制定岗位技能工资制度的标准，企业再参考标准制定符合企业实际的岗位技能工资方案。1992 年 5 月 20 日，劳动部下发《关于岗位技能工资制试点工作有关问题的意见》的通知，在国有企业推行以岗位工资为主的基本工资制度。可供选择的形式有岗位绩效工资制、岗位薪点工资制和岗位等级工资制。这种基本工资制度的重要特点是考虑了不同岗位劳动者具有的人力资本的价值，一定程度上促进了企业工资形成机制的市场化，但是政府所指定的工资标准表明政府在企业工资决定的微观层面上仍发挥作用。

1994 年通过的《中华人民共和国劳动法》保证了工会的集体谈判功能，"用人单位根据本单位的生产经营特点和经济效益，依法自主确定本单位的工资分配方式和工资水平"，由此确立了企业工资形成机制的决定主体是企业和劳动者（或者代表他们的工会），政府的作用逐渐转化为对工资的宏观调控。然而，我国工会独立性的缺乏使集体谈判决定工资形成的机制流于形式。

1999 年，党的十五届四中全会通过的《关于国有企业改革和发展若干重大问题的决定》中指出："建立与现代企业制度相适应的收入分配制度……企业职工工资水平，由企业根据当地社会平均工资和本企业经济效益决定。"中国国有企业改革也在逐步推进，建立"产权清晰、权责明确、政企分开、管理科学"的现代企业制度成为这一阶段的改革目标。可见，随着国有企业改革的深化，工资形成机制市场化的程度也在提高。

从"市场机制调节、企业自主分配、政府监控指导"的企业工资形成机制到"市场机制调节、企业自主分配、职工民主参与、政府监控指导"的新型企业工资形成机制，加强了国有企业职工在工资形成过程中的参与，建立了"以市场化为取向、以按劳分配为主体、以贯彻工资指导线为主要内容、以工资集体协商为决定形式和以劳动力市场价位体系为指导的工资宏观调控新模式"。通过国家制度的时间线索，我们可以看出，国有企业工资形成机制越来越强调市场的作用，国家更多的是宏观上进行一定程度的调控。

二 国有企业高管薪酬的形成

2003 年之后，国有资产监督管理委员会（简称"国资委"）的成立具有重要意义，这标志着政企分开迈出了重要一步。伴随着 2000—2007年中国经济的高速发展，国有资产获得了较快增长。然而，在国有企业的工资机制方面仍然存在很大的问题。例如，国有企业的工资体系和行政职务挂钩，国有企业的工资市场化程度仍然较低，国有企业的工资总额虽然和企业的经济效率挂钩，但仍然受到相当程度的约束。同时，在内部分配上，由于国有企业天然存在的复杂的委托代理问题，这一阶段企业高管薪酬问题显得十分凸出。

2008 年《中华人民共和国企业国有资产法》中将国有企业定义由"国家所有的企业"改为"国家出资企业"。这类企业由国家出资或参股控制，是向社会提供产品与公共服务的经济组织，其在产权上归全体人民所有。这一时期在工资形成机制方面最重要的改革就是针对企业高管群体的工资改革。这一改革过程是通过对企业内部治理机制的改革而进行的。由此，2008—2009 年，国家相关部门出台了一系列薪酬政策、实施细则和行业性法规，对国有企业高管薪酬的形成进行了规范。

2008 年，财政部下发了《关于国有金融机构高管薪酬分配有关问题的通知》《中央金融企业负责人薪酬审核管理办法》等相关行业性政策、文件，重点对金融企业高管的绩效薪酬考核和支付等方面进行了严格的规定管理以控制国企高管过高的薪酬。2008 年，针对国有企业高管激励中长期存在的问题，为严格监管国有上市公司股权激励预期收益失控、实施条件过宽、业绩考核不严等问题，国资委、财政部发布了《关于规范国有控股上市公司实施股权激励制度有关问题的通知》。

2009 年，经国务院同意，人力资源和社会保障部会同中央组织部、监察部、财政部、审计署、国资委等单位联合下发了《关于进一步规范中央企业负责人薪酬管理的指导意见》（以下简称《意见》），又通常被称为"央企高管限薪令"。《意见》注重效率和公平的结合，在有效激发高管积极性的同时，通过将高管薪酬与上一年度企业员工平均薪酬之间建立某种联系的方式，将高管与职工之间的工资差距控制在一定的范围之内。而绩效年薪则根据具体的销售业绩来确定，体现了市场化原则。因此，高管薪酬的改革遵循的是内部公平性原则和外部竞争性原则。

高管薪酬的形成除了政府制度的影响外，还存在其他形成因素。贺胜（2013）从占有垄断地位的国有企业高管薪酬制度层面入手，基于青木昌彦制度博弈均衡理论，从源头上对其形成机制模型进行了研究和分析，提出了现有国企高管薪酬制度的形成机制主要是国资委、高管群体和职员三方博弈的结果。他进一步结合西方发达国家高管薪酬制度经验与我国具体的情况，提出引入出资人作为第四方参与人加入该博弈中来，促使形成一个稳定的优化的均衡策略集合，从而实现高效益的国有垄断企业高管薪酬制度。丁新庆（2016）针对现有的中央文化企业的高管薪酬管理机制发展较为落后的现象，以西方委托代理理论、激励理论、人力资本理论、公平理论等为依据，并结合当前文化体制与国有企业薪酬制度改革的大背景，提出了一系列有效的社会指标、经济指标的选择，推动高管薪酬分类管理，构建符合中央文化企业特色的高管薪酬激励制度，具有一定的科学性、规范性和针对性。

在深化改革的大背景之下，国有企业工资制度改革再次成为深化国有企业改革的重要内容，这一阶段最重要的文件是《中央管理企业负责人薪酬制度改革方案》。该文件于 2015 年年初开始实施，这标志着新一轮国有企业薪酬制度改革正式拉开帷幕。国有企业，特别是中央企业在集团公司层面市场化程度不断提高。

第三节　非国有企业工资形成的研究

这里的非国有企业所指对象为外商投资企业、国内的私有企业、个体户、国内的联营企业和股份制企业。尽管非国有企业遭受了严格的政策限制，如过度纳税、严格管制、贷款途径和高技能员工的缺乏，但是私有企业（包括外企）成为改革的主力，为我国经济引入了市场动力。脱离中央的计划，这些企业独立地决定他们的就业政策和工资范围，行为大都受利润最大化目标的驱使，供求双方具备劳动力市场主体的资格，工资的形成过程也按照市场调节的方式受到供求双方的影响，工资的标准和形式由双方的谈判力量决定，通过个体劳动合同和集体劳动合同两种形式确定。

而对于最初就由劳动力市场主体双方谈判所形成的工资，其结构的演变过程是怎样的呢？工资结构的演变过程可以反映谈判主体地位的变化，如果劳动者变得重要，则工资结构中会加强对劳动者的激励，若相反，则劳动力的需求方会制定严格的考核措施。

以职位为基础的薪酬制度的建立，是在工作分析和工作评价制度发展健全的基础上形成的。这种工资制度所隐含的适用条件是劳动力市场上的供给者的充足，只要制定相对合理的工资水平，需求者就能保证得到劳动力，体现了劳动力需求方的强势地位。

随着经济的发展和企业所面临环境的改变，掌握更多知识的员工是企业发展所必需的，为了鼓励员工的自我投资行为，基于知识、技能和能力的薪酬制度建立了。为了对员工的自我投资行为做出激励，企业必须要放弃原来可以获得的一些"经济租金"，可见，企业的强势地位得到了一定的削弱。

经济的发展到了社会分工的阶段，每个员工都在一定程度上是专家，企业目标多以团队的形式得到实现，企业所有权和经营权的彻底分离将员工的激励提上了另一个重要的日程，以绩效为基础的工资结构成为劳动力市场上最常用的方式，其具体的形式包括可变薪酬、浮动薪酬、风险回报、利润分享计划、股票期权和各种长期激励计划。劳动力供给者具有了与需求者进行谈判的同等地位，有些甚至代替了原来的需求者，处于谈判中的强势一方。

然而，上面所说的劳动力供给者谈判地位的变化并非针对所有的劳动力供给者，供给者内部出现了分层和分化，形成了显著的工资差异。不考虑其他影响劳动者能力的因素造成的工资差异，处于不同所有制企业内部的劳动者的工资差异是研究者关注较多的问题。邢春冰（2007）运用1989—1997年CHNS数据分别估计国有企业、大型集体企业、小型集体企业以及私营企业的工资方程后发现，1997年，民营部门教育回报率明显高于其他部门，表明民营经济工资决定机制与其他部门不同。邢春冰（2007）运用CHNS数据实证发现1997年之前是能力较强的人离开国有部门，1997年之后是工资和教育水平较低的人从公共部门转移到民营部门，表明1997年民营部门的教育回报率高于公有部门，但是到了2000年，公有部门教育回报率开始高于民营部门。作者通过在不同时期民营部门和公有部门教育回报率的差异说明工资形成机制的差异。汪雯（2008）基于2000年国家统计局城镇家庭收支数据，运用明瑟工资函数发现非国有企业只有在提高实际生产率的前提下才能获得相应回报，而国有企业只是僵化地奖励人力资本，而不管其是否提高真实业绩。这进一步解释了国有企业与非国有企业教育回报率存在差异的原因。

那么，是什么造成了不同所有制企业工资形成机制的不同？对这一问题的回答存在两种截然相反的观点：一种是"产权说"，强调私有产权决定市场化的工资形成机制，而国有产权决定行政方式的工资形成机制，不仅如此，产权也影响了企业在经济体制转轨过程中工资形成机制市场化的快慢，受政府控制更少的企业工资形成机制的市场化速度越快。这种观点的典型代表为 Kornai（1990）和 Victor Nee（1989）。通过对集体企业的研究，他们指出相对国有企业，集体企业工资形成机制更容易市场化，表现在人力资本投资更接近市场经济条件下的企业。另一种观点则与之相反，认为"产权说"的观点夸大了产权和工资形成机制之间的关系，两者的关系更多是经验上的而不是概念性的（Peng、Yusheng，1992）。他们通过研究乡村私营和公有企业工资的形成机制发现了一致性的结论，认为是乡镇政府硬化的预算约束造成了这一结果，从而对"产权说"的观点进行了反驳。

第四节　农民工工资形成的研究

部分学者从不同的角度构建了模式各异的农民工工资形成机制，以解释农民工工资的形成。冉宏伟（2006）以人力资本成本定价法为主，以预期价值折现为补充，推导出农民工人力资本定价模型。高嵩（2006）建立了农民工收入的户籍决定模型、教育水平决定模型、工作年限决定模型。王胜利（2008）根据马克思劳动力价值理论分析了外出农民工工资的形成机理，认为其工资是由劳动力价值决定的，但受供求状况、户籍制度、农业生产性收入的影响而被压低。彭红碧（2014）认为，农民工工资决定存在一个由其自身因素、市场因素和社会环境因素共同构成的圈层结构。彭红碧（2010）构建了农民工与企业的博弈机制以说明农民工工资水平的形成过程及其工资水平偏低的原因。何力武和罗瑞芳（2010）从雇佣双方策略互动下的微观行为机制入手，认为当前我国雇佣双方在工资谈判过程中的市场势力的悬殊差距是造成农民工工资较低的关键因素。进而提出完善现有的用工制度，构建有效的农民工组织和定期的工资复议制度等措施，以改善农民工工资低的现象。李晓宁等（2012）基于博弈论和新古典经济学的价值分析方法，首先通过分析企业与农民工之间的不公平博弈，发现企业普遍会采取扭曲农民工工资的措施以得到最大收益，而农民工在博弈过程中往往是处于被动和弱势的地位。在我国买方垄断的农民工劳动力市场中，企业存在对农民工的"剥削"行为，使其实际得到的报酬低于企业的边际收益。由此我国农民工工资是被严重扭曲的，进而造成了农民工权益的损失。我国农民工工资形成机制是不公平的，需要通过改革措施将农民工工资提高到合理水平。张建武和明娟（2008）从刘易斯－费景汉－拉尼斯二元经济模型出发进行分析，认为当前我国农民工群体工资收入主要由最低工资制度所决定，地方政府和企业利益的博弈决定了最低工资标准。宋建军（2015）发现刘易斯模型的工资路径与依据统计数据制成的农民工工资路径图存在差异，该理论与现实的区别主要是由于农民工收入的差异性所致。在对比费景汉和拉尼斯的两集合与刘易斯三集合模型的基础上，研究提出了中国农业内部产业升级与农村劳动力第四集合的概念，也进一步解释了中国农民工工资路径的特殊形态。蒯鹏州等（2015）结合当下"民工荒"的大背景，基于"进城务工人员生存状况调查"数据，分析人力资本和社交网络因素对农民工工资决定机制的作用，结果发现两者均对农民工工资具有显著正向影响，但不同教育程度、不同工作经验的群体存在一定的异质性。高峰等（2005）从经济权力视角出发，在委托代理模型基础上讨论了农民工是否有权力及应如何参与企业或项目的剩余分配。在解决农民工工资与剩余分配问题的同时，得出弱势群体利益被强势主体侵占的必然性。郭继强（2007）耦合了农民工在城市打工和在农村务农的工资决定机制，认为被忽略的"农村剩余劳动力与城市失业并存"这种类型将形成农民工"城乡双锁定"的工资决定模型。孙秋鹏（2009）认为压低劳动者报酬占 GDP 比重旨在保障资本的优先积累，并且长期维持劳动力低成本的比较优势，进而实现经济赶超式发展战略。其中，政府通过几乎完全开放的农产品贸易使农产品价格维持在比较低的水平，制约农民的收入增长，以致降低农村劳动力流动带来的劳动力成本上升。长此以往会抑制我国的产业升级和技术进步，阻碍劳动生产率的提升，促使产业发展缓慢，社会工资水平偏低。中国人民大学"中国宏观经济分析与预测"课题组（2011）结合我国农村劳动力就业、工资等发展变化，总结出我国"民工荒"现象的产生不仅说明了中国低端劳动力市场出现了结构性拐点变化，更是表现出中国低端劳动力市场的工资形成机制正从传统的"生存工资定价法则"向"保留工资约束下的市场议价法则"转变。彭红碧（2017）认为农民工工资形成机制由农民工市场内外的市场机制和制度因素构成。在市场内，主要由其劳动力价值、机会成本、动力机制、供求机制和竞争机制等因素构成；在市场外，主要由城乡关系、农民工劳动力市场属性和最低工资标准等制度因素构成。农民工工资水平是两者共同作用的结果。

非国有企业的工资形成主要由劳动力市场自由调节，同时还会受到具体环境的影响，如所有制、惯例和行业差别等。就农民工工资形成机制来看，已有研究成果既有侧重于人力资本、最低工资制订、农民工与企业关系等单一因素，也有研究关于农民工工资形成机制的系统构建，更有关于农民工工资形成机制的历史考察。通过对其不同角度的考察，我们发现农民工工资形成机制也是一个逐步市场化的过程，并且在劳动力供给方——农民工成为弱势群体的背景下，政府采取了一定的宏观调控措施，以此达到供求力量逐步平衡的目标。

第五节　关于工资形成机制的实证研究和完善建议

一　我国企业工资形成机制的实证研究

宁光杰（2007）运用 1993—2004 年 12 年各省的面板数据，分析了影响我国工资变化的主要因素，发现：工资与劳动生产率的联系不充分，对失业率的反应滞后，各个地区的工资形成机制也存在差异，并且沿海地区的工资市场化并不明显。李红涛、党国英（2012）运用 1992—2008年 17 年面板数据对工资形成机制进行实证分析，依然发现劳动生产率与工资联系不紧密，对失业率反应不敏感，利润对工资有负效应，东、中、西部地区工资形成机制有差异。张杰、黄泰岩（2010）运用中国企业微观数据发现企业利润率、企业税收负担、外部需求和企业是否获得贷款因素、企业规模、企业管理水平与企业人均工资收入呈现出显著的负向关系。这为中国劳动报酬占 GDP 份额过低提供了微观解释，对解决内需不足问题有帮助。张笑牧（2011）从理论和实证上论述贸易及其自由化对中国企业劳动报酬分配的影响及其传导机制。理论上的影响渠道包括商品价格效应、劳动生产率效应、劳动力需求效应、技术进步效应、制度建设效应和企业出口决策效应。他还利用 1998—2007 年全国全部国有和规模以上非国有企业微观面板数据进行分析，发现企业工资水平与企业出口依存度之间存在正 U 形关系；贸易自由化和劳动生产率对企业工资水平有显著正向影响，但是贸易自由化在劳动生产率较高的企业中工资提升效应较弱，符合贸易自由化对纠正劳动报酬扭曲中的作用的假设。侯玲玲（2007）以制造业为例，实证分析了工资形成机制演变与平均工资水平的相关性，认为中国企业工资形成机制进一步市场化将有利于企业工资水平趋于合理，有必要建立工资增长的长效机制。胡放之（2010）运用湖北企业职工收入分配调查中所得到的数据发现真正意义上的工资集体协商制度还没有完成。詹宇波、张军、徐伟（2012）使用企业层面的抽样截面数据对中国制造业的工资决定做了讨论，并对集体议价对工资决定的影响给予了特别的关注，发现其在国有企业中起的作用显著高于其他所有制企业，并且发现工会对职员的影响大于工人。

二　关于完善工资形成机制的建议

宋晶、孟庭芳（2013）先对我国企业工资决定机制历史和现状进行了描述，并在此基础上就如何完善我国企业工资决定机制提出了对策建议，包括完善工资集体协商机制、完善企业内部治理机制、完善要素分配机制和完善政府规制机制。张艳（2015）通过分别对国有企业和非国有企业的工资形成机制的内容进行阐释，指出当前我国企业工资机制存在的主要问题并提出针对性对策建议。黄博 2011 年的一篇论文对改革开放三十多年来微观企业与劳动者的博弈进行了三个阶段的划分：劳资合作初级阶段、劳资冲突显性阶段和劳资合作良性阶段。指出目前我国绝大多数企业的劳资关系仍旧处于第二个阶段，劳资冲突协商机制缺失，因此他就建立工资集体协商机制提供了建议，并指出我国在加入 WTO 之后有望建立国家宏观调控下的工资市场化决定机制。同样地，杨瑞龙、杨继东、阎衍等（2010）以低端劳动力市场工资形成机制正从传统的"生存工资定价法则"向"保留工资约束下的市场议价法则"转变为契机，指出我国经济将迎来市场导向的工资形成机制的变革，并就如何形成市场导向型的工资形成机制提出了九条建议。侯玲玲（2007）在经济全球化视角下研究中国企业工资形成机制，在完善工资形成机制理论的同时为解决国际贸易中出现的问题提供了理论依据和支持。谢玉华、杨玉芳、毛斑斑（2017）通过案例研究发现：影响需求诱致型工资集体谈判的形成机制包括劳方、资方、政府第三方、社会第四方力量和外部环境 5 个层面 20 个因素，并就如何促成工资集体谈判机制提供了建议。

总之，通过回顾国有企业的工资形成机制以及重要员工——高管的薪酬形成过程，我们发现制度因素在工资形成的过程中扮演了重要的角色，但是通过回顾非国有企业的工资形成机制以及重要员工——农民工的工资形成过程，很明显，市场因素占据主导地位。同时也伴有国有企业工资形成机制的市场化和政府调控非国有企业工资的形成，最终，企业工资形成机制的归宿是市场化的工资形成机制，即企业、员工和政府共同作用的结果。

参考文献

丁新庆：《中央文化企业高管薪酬形成机制研究》，硕士学位论文，中央民族大学，2016 年。

高峰、王林辉、董直庆：《我国农民工工资决定、项目剩余分配与经济权力动态一致性解读》，《数量经济技术经济研究》2005 年第 6 期。

高嵩、焦宝松、王建：《农民工收入决定的实证分析——以北京市为例》，《经济问题》2006 年第 10 期。

郭继强：《中国农民工城乡双锁定工资决定模型》，《中国农村经济》2007 年第 10 期。

何力武、罗瑞芳：《农民工工资决定的微观行为机制研究》，《经济纵横》2010 年第 1 期。

贺胜：《国有垄断企业高管薪酬制度的形成机制研究》，硕士学位论文，长沙理工大学，2013 年。

侯玲玲：《经济全球化视角下的中国企业工资形成机制研究》，华中师范大学出版社 2007 年版。

胡放之：《员工参与与工资决定——基于企业工资集体协商的实证分析》，《科学决策》2010 年第 9 期。

黄博：《改革开放后中国的劳动力市场和工资形成机制演变》，《中国外资》2011 年第 6 期。

蒯鹏州、王明华、张丽丽：《"民工荒"视角下的农民工工资决定机制及其影响研究》，《农业现代化研究》2015 年第 3 期。

李红涛、党国英：《我国市场化进程中的工资形成机制——基于动态面板

数据 Sys – GMM 方法的实证研究》,《商业经济与管理》2012 年第
　　2 期。

李晓宁、马启民、昝梦莹:《我国农民工工资形成机制的不公平性研究》,
　　《西北农林科技大学学报》(社会科学版)2012 年第 5 期。

彭红碧:《农民工工资决定的圈层结构:一般性分析框架》,《经济论坛》
　　2014 年第 4 期。

彭红碧:《农民工与企业的博弈——我国农民工工资水平形成研究》,《经
　　济与管理研究》2010 年第 7 期。

彭红碧:《中国农民工工资形成机制(1985—2016)》,经济管理出版社
　　2017 年版。

冉宏伟:《人力资本定价与农民工工资分析》,硕士学位论文,西南财经
　　大学,2006 年。

宋建军:《农民工工资的实际路径及其决定机制》,《财经问题研究》2015
　　年第 4 期。

宋晶、孟德芳:《企业工资决定:因素、机制及完善对策研究》,《财经问
　　题研究》2013 年第 5 期。

苏炜:《当前中国企业工资决定机制研究》,硕士学位论文,中共江苏省
　　委党校,2007 年。

孙秋鹏:《我国劳动者持续低工资形成机制分析》,《中南财经政法大学学
　　报》2009 年第 3 期。

汪雯:《工资差别的形成机制——中国不同所有制企业的实证分析》,中
　　国经济出版社 2008 年版。

汪雯:《转型经济下不同所有制企业工资决定行为的实证比较》,《经济科
　　学》2008 年第 2 期。

王胜利:《基于马克思劳动力价值理论对农民工工资的分析》,《经济问
　　题》2008 年第 4 期。

谢玉华、杨玉芳、毛斑斑:《基于多案例视角的需求诱致型工资集体谈判
　　形成机制研究》,《管理学报》2017 年第 4 期。

邢春冰:《不同所有制企业的工资决定机制考察》,《经济研究》2005 年
　　第 6 期。

邢春冰:《经济转型与不同所有制部门的工资决定——从"下海"到"下
　　岗"》,《管理世界》2007 年第 6 期。

亚当·斯密：《国民财富的性质和原因的研究》，商务印书馆 1988 年版。

詹宇波、张军、徐伟：《集体议价是否改善了工资水平：来自中国制造业企业的证据》，《世界经济》2012 年第 2 期。

张建武、明娟：《农村外出劳动力工资决定机制研究》，《经济问题探索》2008 年第 9 期。

张杰、黄泰岩：《中国企业的工资变化趋势与决定机制研究》，《中国工业经济》2010 年第 3 期。

张笑牧：《贸易自由化对中国工业企业工资水平的影响》，硕士学位论文，复旦大学，2011 年。

张艳：《完善我国企业工资形成机制的研究》，《价格理论与实践》2015 年第 1 期。

中国人民大学"中国宏观经济分析与预测"课题组：《试论低端劳动力工资形成机制的变革及其经济效应》，《财贸经济》2011 年第 7 期。

中国人民大学宏观经济分析与预测课题组，杨瑞龙、杨继东、阎衍等：《市场导向型工资形成机制：经济结构调整的契机与路径》，《宏观经济管理》2010 年第 11 期。

第七章　中国工资差距研究40年综述[①]

第一节　绪论

长期以来，工资差距问题是国内外劳动经济领域的研究焦点。作为个人总收入最重要的组成部分，工资不仅是个人边际生产率的反映，而且是个人在劳动力市场上所获得机会多少的反映（伊兰伯格等，1999）。基于各种因素形成的工资差距则是影响整个社会收入分配格局的重要因素。改革开放40年来，伴随宏观层面的劳动力市场改革和微观层面的企业制度改革的深入，以及市场的外部开放，我国的工资分配领域发生了许多翻天覆地的变化。其中，最令人瞩目的现象之一便是工资差距的不断加剧。它不仅是社会普遍关心的话题，更受到了学术界持续的关注。

工资差距，是指不同工资收入者之间的工资数量关系。它的表现形式多样，大到职业之间、行业之间、地区之间的工资差距，小到企业内部员工个体之间的工资差距。工资差距最大的特征之一就是其存在的客观必然性。在理论上，只要劳动力的供给方和需求方不是同质的，他们在特征上存在这样或那样的差异，那么工资差距就不会消失。从历史和现实来看，迄今为止，无论在任何社会经济条件下，总是存在各种各样的工资差距。这也正是工资差距备受关注的原因所在。

在竞争性市场条件下，职业、企业、行业、地区层面的工资报酬由市场供求水平决定，个人的工资报酬由企业根据员工生产率决定。因此，在企业层面，就会存在因个人的人力资本禀赋不同，进而生产率不同而导致的工资差距。在职业或行业层面，就会存在因供求水平不同而产生

---

① 汪雯，北京林业大学经济管理学院副教授。

的工资差距。我们将这种工资差距称为竞争性工资差距。引起竞争性工资差距的根源不外乎两个：一是个人、企业、职业、行业或地区在生产率上的差别；二是市场供求水平的不同。在不完全竞争市场条件下，除了竞争性工资差距之外，还存在由于政府或者其他垄断力量对市场干预而引起的工资差距。比如，行业或职业之间、工会企业与非工会企业之间，以及不同所有制企业之间、公共部门与非公共部门之间由于制度性或垄断性因素所形成的工资差距。我们将其称为非竞争性工资差距（汪雯，2008）。在新古典经济学的理论框架下，充分竞争的市场会确保同质劳动力①获取同样的工资。劳动者可以通过流动来消除地区之间、城乡之间以及不同部门之间的工资差异。但在现实生活中，大量的经验证据显示，存在普遍的同工不同酬现象（Krueger and Summers，1988；Katz and Krueger，1991；Adamchik and Bedi，2000）。即使控制住劳动生产率特征和工作特征等变量，工资差距中仍然存在无法解释的部分。这说明劳动力市场的竞争性是不充分的，存在某种程度的市场分割。

工资差别不但关系工资在个人之间分配的合理性和公平性，更关系企业之间、行业之间，以及国家整体的人力资源配置效率和经济结构的优化。不同性质的工资差别对于个人、企业、国家的经济绩效和福利的影响是不同的。一般而言，竞争性工资差别是市场竞争和经济发展的必然结果，有利于实现工资差别的合理的激励功能和配置功能。而非竞争性工资差别对个人和其他经济单位的影响则往往是负面的，它会误导劳动力供需方的行为，致使各类资源配置失灵，经济效率降低，乃至社会总福利的损失。

作为经济体制转型国家，中国在改革开放以来的工资差距扩大问题呈现出其来源的复杂性。竞争性因素和非竞争性因素对工资差距产生了综合影响。一方面，在劳动力市场改革的进程中，市场机制在劳动力配置和定价方面的潜能不断释放，竞争性工资差距也随之不断扩大。例如，教育等人力资本回报率提高所引起的不同学历和职业人群之间工资差距的扩大、技能偏向型技术进步所引起的不同技术水平的劳动力之间工资差距的扩大。这些差距都反映出异质劳动力的生产率关系在市场变革和

---

① 本章对同质劳动力的界定是指那些在教育水平、技能和经验水平、年龄、性别、职业分布等与员工劳动生产率相关的特征上相同的劳动力；反之则为异质劳动力。

技术进步中的变化，也是劳动力市场供求关系对产品市场变化积极响应的常态结果。另一方面，由于中国经济体制改革的渐进性特点，劳动力市场机制的形成和完善在不同的区域、行业、部门步伐并不一致，由此导致中国的工资差距普遍带有强烈的非竞争性色彩。比如，政府在国有企业、公共部门、垄断行业的工资决定中长期扮演积极的角色，影响工资的制度力量在这些领域比私营部门更大，由此引起不同所有制企业之间、公共部门与非公共部门之间、垄断和竞争性行业之间广泛的工资差距。同时，劳动力市场在不同劳动力群体之间的分割也是中国工资差距的重要制度性因素，由此所形成的工资差距如农民工与城市职工之间、不同就业形式之间的工资差距。即使在同类工资差距中，也通常同时混杂着竞争性和非竞争性因素引起的差距。20 世纪 80 年代末期以来，中国的行业工资差距基本上保持升幅，其原因既有竞争性因素，如产业结构的升级，以及新经济的迅速崛起造成的部分传统产业的衰落；又可以追溯到长期的制度障碍所形成的垄断性经营问题（曾湘泉，2010）。

工资差距问题引起中国研究领域的关注可以追溯到 20 世纪 90 年代中后期，当时的研究焦点主要集中在比工资差距范畴更大的收入差距上，探究改革中收入分配不断扩大的根源及其影响（李实、尚列，1993；赵人伟、李实，1999；李实等，1999；曾湘泉，2002）。直接研究工资差距的文献非常有限，重点讨论了在国有企业内部工资差距激励性不足的问题，行业之间的垄断性工资差距扩大的问题（刘峰，1999；甘春华，2001；胡欣洁，2001），以及经济发展不平衡导致的地区工资差距问题。伴随经济体制改革的深入，工资差距的表现形式和形成机制日趋复杂，研究者们对中国不同形式的工资差距问题的探索也在不断深入。发展至今，研究的层面、切入角度和研究方法日趋多样化，尤其是引入了国际前沿的计量方法对工资差距进行深入分解，得到了许多重要的研究进展。整体而言，考虑到中国经济体制的转型背景，探究非竞争性因素所引起的工资差距，以及判断工资差距中竞争性和非竞争性因素的影响孰轻孰重，是当前工资差距研究界主流的关注领域。

第二节　工资差距的测量方法

　　工资差距领域的实证研究的具体对象虽然不尽相同，但是它们有着颇为相似的研究目标：即在不同部门或不同群体之间可观测的平均工资的差别中，有哪些是由于它们在员工禀赋上的差异（differences in endowments）[1] 造成的，而有哪些是由于它们对禀赋的回报率不同（differences in returns to endowments）[2] 造成的。前者通常被称为"合理的工资差别"（justifiable differentials），因为它的产生符合人力资本理论的假说。而后者常被称为"租金性支付"（rent payments），或"同质劳动力的工资差别"。因为它系非市场力量所致。非市场因素阻碍了市场竞争，使得同质劳动力在两类制度性安排不同的部门就业时获得不同的工资。（汪雯，2008）用一个简明的公式表述薪酬差别的分解过程如下：

| 不同所有制企业平均工资的差别 | = | 由禀赋的差别造成的工资差别 | + | 由禀赋回报率的差别造成的工资差别 |
| | = | 合理的工资差别 | + | 同质劳动力的工资差别（歧视性差别） |

　　资料来源：汪雯，2008。

　　简而言之，这些研究的核心目标是非市场因素在不同所有制企业工资差别形成中的作用。一个强有力的假设是，工资结构被非市场力量扭曲得越严重，人力资源配置的效率也就越低效，经济增长的速度也将越

---

　　[1]　禀赋差异：指员工个体在教育水平、工作经验水平、年龄、性别、职业分布等与劳动生产率相关的特征上的差异，也称为劳动力构成上的差异（differences in composition）。在此，禀赋的含义基本上等同于人力资本。

　　[2]　禀赋回报率差异：也称"人力资本回报率差异"（differences in returns to human capital），或"系数的差别"（differences in coefficients），还有些研究概括为歧视性差异。它是指控制其他条件的前提下，各种人力资本因素或劳动生产率特征所获得的报酬在不同部门或群体之间的差异。

缓慢。（Lindauer、SABOT，1983）在实现这一研究目标的过程中，学者们通常使用的方法可以归纳为以下三类：

一　工资差异均值分解方法

Oaxaca - Blinder 分解法是工资差异均值分解法的典型代表。1973 年，瓦哈卡（Oaxaca）和布林德（Blinder）提出的分解方法，称为 Oaxaca - Blinder 分解法。这种方法主要步骤是，首先对两类群体的工资平均值进行回归，然后在回归结果的基础上，进行工资差异分解。这种方法最后将工资差异分解成两部分：（1）特征差异，这是由群体中个体特征差异构成的不同而导致的工资差异，也可称为可解释部分；（2）系数差异，通常被认为是由于市场歧视而导致个体特征差异回报率的不同，进而引起工资差异的产生，这是不可解释的部分。Oaxaca - Blinder 分解方法被国内外学者广泛应用于研究工资差异的问题中。

JMP1991 分解是 Juhn 等（1991）在均值分解法的基础上做了进一步的推进：分布工具引入分解法中。与以往将工资差异的不可解释部分归因为市场歧视的解释不同，他们通过对残差额研究，改进表达式，认为不可解释部分是由于群体的不可观测特征的差异引起的，这一发现，使得对不可解释部分成因的考察视角从歧视转变为不可观测特征差异。JMP1991 分解尽管还没有完全利用分布特性进行工资分布分解，但与以往的工资均值分解法相比，它开创了从分布视角研究工资差异的先河（郭继强，2011）。

二　工资差异分位数分解

工资均值是在对工资分布进行"削峰填谷"后，描述工资分布的集中趋势。而这并不能准确描述一个群体在整个工资区间上的分布状态，特别是在组群内部工资水平差异很大的情况下，更需要对工资分布进行分区分段的分解分析，分位数分解方法便应运而生。

JMP1993 分解是指 Juhn 等（1993）基于经典线性回归模型（OLS 估计），利用残差分布，来构建反事实工资，通过与现实工资进行对比，从而分解工资差异。JMP1993 分解引导我们在分析工资均值差异分解的基础上，关注残差分布与个体在不可观测技能工资分布的联系。

Machado 和 Mata（2005）提出了一种在工资分位数回归结果基础上的分解方法——MM2005 分解。它通过分解出各控制变量在不同分位数上对工资的回报率，从而来研究工资差异。这种方法是先在使用条件分位数回归估计工资分布差异的基础上，再估计工资边际密度函数，进而构造反事实工资，以此来揭示同一群体的工资分布在不同时期变动的成因，这种方法巧妙地解决了 JMP1993 分解中的异方差问题（郭继强，2011）。

迪纳多（Dinardo）、菲尔波（Firpo）和勒米厄（Lemieux）三人提出 DFL 分解，基于半参模型（核密度估计），用加权核密度估计，来展现工资分布的状况，使用重置权重函数，进而构造反事实工资，在此基础上，绘制出反映工资密度的图形，由此来揭示各控制变量在不同分位数上对工资的影响机制。DFL 分解在前人研究的分解模型的基础上，解决了参数线性设定的问题。

FFL 分解是菲尔波（Firpo）、福廷（Fortin）、勒米厄（Lemieux）三人在 2007 年提出的，与以往的条件分位数回归方法不同，这种方法称为无条件分位数回归。基于无条件分位数回归模型（RIF 回归），借鉴 DFL 中的重置权重函数方法，从而构造了反事实工资。与以往不同的是，FFL 分解是将工资差异分解为构成差异和工资结构差异，然后通过对分布统计量的再集中影响函数（RIF）进行回归，这样便将工资差异分解到了每个控制变量上，从而可以观测每个控制变量对工资差异的影响。

综上，经典的 Blinder - Oaxaca 分解方法是基于线性回归模型的均值分解的代表，它能将工资均值差异分解为特征效应和系数效应。特征效应是由于劳动力群组中的人力资本特征构成的差异所造成的工资差距；系数效应是由于人力资本要素收益率的不同所造成的收入差距。前者是个人特征的市场效率引起的差距，后者是由市场歧视或制度性、社会性因素引起的差距。但 Blinder - Oaxaca 分解方法最大的不足就是：仅能在分解工资均值差异的基础上分析工资的集中趋势差异，而无法更细致地研究整个收入分布区间上工资差异的问题。分位数分解则针对性地解决了这一问题，它主要是通过构造反事实工资分布，与实际工资分布进行比较，将工资总差异分解为特征差异（通常认为是可解释的差异）和系数差异（被称为不可解释的，通常解释为市场歧视），并研究在不同分位数水平上，可以清楚地观测控制不同变量下工资回报率存在的差异，由此推测其对工资差异形成所起的作用。总的来说，分位数分解中又分为条件分位数回归分解和无条件分位数回归分解两种分解法。与无条件分位数回归分解法相比，基于条件分位数回归分解存在一定的缺陷：即无法分析各解释变量对其对应的非条件分位数收入均值的影响，这就无法准确地解释两个群体在不同收入阶层中的收入差距，而非条件分位数回归分解很好弥补了这一缺陷。因此本研究选择基于 RIF 回归模型的无条件分位数回归分解法。

第三节　中国工资差距的测量与成因分析

结合中国改革开放以来工资差距的主要表现形式，本篇将重点回顾行业工资差距、地区工资差距、公共与非公共部门之间的工资差距、农民工与城镇职工的工资差距，不同就业形式之间的工资差距，也会讨论一些新近受到关注的工资差距，如农民工内部的工资差距、工会与非工会企业的工资差距等。

一　行业工资差距

由于我国经济体制转型的渐进性特点，各行业市场化改革的步骤不同，使得行业发展规模不平衡、发展速度不一致，行业之间的工资增长速度也不一致。在垄断行业与充分竞争行业，新兴行业与传统行业之间的工资差距也应运而生。学界对行业工资差距的探讨可以追溯到 20 世纪 90 年代中后期，这可以说是最早获得关注的工资差距现象。研究多围绕我国行业工资差距的表现、测量、成因、影响及对策等方面开展。

对行业工资差距的测量指标基本上可以归为两类。一类是绝对指标，主要包括极值差、离均差、方差和标准差。另一类是相对指标，主要包括变异系数、基尼系数、泰尔指数和库兹涅茨指数等，其中基尼系数和泰尔指数最为常用（李实、赵人伟，2006；鲁晓东，2007；吕康银、王文静，2008；郭秀云等，2009；任重、周云波，2009；张余文，2010）。在行业垄断程度的衡量上，大部分学者以行业内国有企业职工占全部职工的比重为指标，也有人以行业内人均占有的国有资产量来衡量行政垄断程度（甘春华，2008）。

（一）行业差距的变化趋势和特点

从测量结果来看，改革开放以来，我国总体的行业工资差距呈现出三阶段的变化趋势：1978—1988 年，行业工资差距出现小幅缩小的趋势，

1988 年以后行业工资差距出现不断扩大的趋势, 2005 年已经上升到 4.8 倍
左右。无论用绝对指标, 还是相对指标, 都可以得到上述趋势 (钟春平,
2004; 王美艳、蔡昉, 2005; 罗楚亮、李实, 2007; 曾湘泉, 2010)。2005
年以来, 以工资倍数衡量的行业工资差距又开始出现缩小的趋势。以变异
系数测量的行业工资差距也呈现倒 U 形趋势, 其峰值出现在 2008 年。

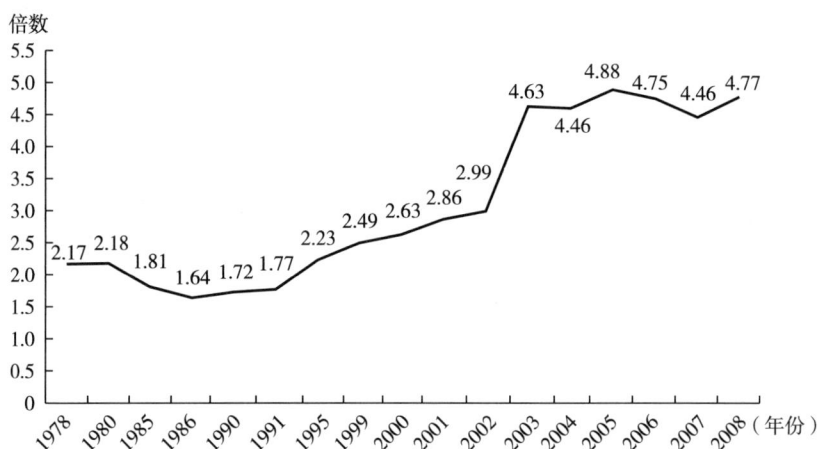

图 7-1 1978—2008 年最高与最低行业平均工资差距倍数的变动趋势

资料来源: 根据《中国统计年鉴》数据计算所得。(曾湘泉, 2010)

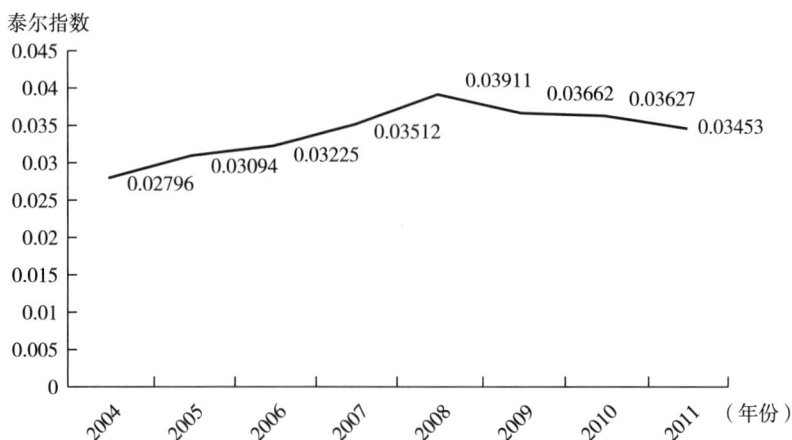

图 7-2 2004—2011 年全行业泰尔指数

资料来源: 根据《中国统计年鉴》(2011) 整理而得。(陈享光、孙科, 2014)

行业工资差别的扩大集中体现在垄断行业与其他行业之间、新兴行业与传统行业之间，以及资本、技术密集型行业与劳动密集型行业之间（胡爱华等，2008；鲁晓东，2007；武鹏，2010）。王锐（2007）指出，1978—2002 年，一些垄断行业职工如交通运输仓储和邮电通信业、金融保险业、房地产业的职工平均水平则分别增长了 22.1、30.4 和 27.3 倍，增长速度远高于农林牧渔业、采掘业、制造业等行业，同时也高于社会的平均水平（19.2 倍）。胡爱华等（2008）的研究显示，自 1978 年以来，工资增长率最高的行业都是一些垄断性行业和人力资本密集型行业，如社会服务业、金融保险业、房地产业、科学研究和综合技术服务业、交通运输仓储和邮电通信业，而建筑业和农林牧渔业则位居最后两位。

上述测算均是以行业平均工资为基础，并不能反映在整个工资分布区间内行业工资差距的变化。有鉴于此，部分学者开始采用分位数回归和工资差别的分解等方法更为全面深入地解读行业工资差距的程度和成因。傅娟（2008）采用分位数回归方法的分析结果显示，垄断行业与其他行业的工资差距显著地存在于整个工资分布区间，而且差距随着工资水平的提高而逐渐扩大。进一步运用 DiNardo 和 Lemieux（1996）的方法分解行业工资差距发现，教育水平和企业盈利状况等竞争性因素只能解释一小部分差距，大量不可解释的差距源自非竞争性因素。

（二）行业差距的成因分析

行业工资差距的成因通常既包括竞争性因素，又包含非竞争因素。目前，国内研究的基本共识是，非竞争因素，尤其是行政性垄断是造成中国行业工资差距的主因。研究发现，虽然在中国行业工资差距的成因中，也有人力资本、资本投入和经营绩效方面在行业之间的差异，但较之行业集中度，这些因素的总体解释度不高（罗楚亮、李实，2007）也有实证结果揭示，50% 以上的行业间收入差距是由行政性垄断造成的（任重、周云波，2009；岳希明、李实、史泰丽，2010）。以政府为主导的垄断行业通过各种壁垒阻碍竞争，在非充分竞争的条件下享受国家在投资、信贷、税收等方面的优惠政策，并将其谋取的部分高额垄断利润按不同的形式和比例分配给不同的员工，造成了垄断行业员工的收入高于其他行业（蔡昉等，2005；蔡昉、都阳、王美艳，2005；陈钊等，2010；武鹏，2010）。

行业劳动生产率的差异是导致行业工资差距的另一个重要原因。李晓宁等（2007）通过计量模型和 chow 检验法的实证分析，得出人力资本水平、行业劳动生产率和行业垄断程度以及行业属性的差异是造成行业工资差异的主要因素；张世银等（2010）运用 2003—2008 年 19 个行业的面板数据建立模型，分析影响行业收入差距的因素，得出生产效率是影响行业收入差距的主要因素。

除上述主要因素外，人力资本和外商投资对行业工资差距的影响也受到学术界的重点关注。人力资本在不同的行业发挥的作用不同，也会作用于工资差距，如岳昌君、吴淑姣（2005）根据 2000 年国家统计局城镇住户调查数据，实证检验了人力资本外部性对行业收入差距的影响，行业平均受教育程度越高，行业收入溢出就越大。张原、陈建奇（2008）认为人力资本存量的增加能显著提高行业工资水平，行业工资差距出现的主要原因是劳动力供给方人力资本存量差异和人力资本回报差异造成的。外商投资对国内经济具有产出效应、技术溢出效应和示范效应的作用，由于外商投资在行业的分布不均，所以也会造成一定程度的行业收入差距。孙楚仁、文娟、朱钟棣（2008）基于地区层面的相关数据，发现随着外资水平的增加，外资对工资差距的影响会逐渐增强，其原因在于外资的地区分布和产业分布不均。黄艳敏、张岩贵（2010）认为外资在不同行业的不均衡投入，改变了行业间的资本密度，进一步带动了行业工资差距的扩大。

2008 年金融危机前后，我国行业间收入差距和行政性垄断的贡献率发生了一些变化，行业间工资差距已经出现缩小的趋势，行政性垄断对于行业工资差距的贡献率也在降低。同时，随着行业内国有企业的固定资产投资份额不断缩小，就业人员比例也在缩小。产生这种结果的原因主要是随着市场经济体制的不断完善，市场的竞争度在不断增强。竞争性的增强使得产品市场上的垄断利益被稀释，而劳动力市场分割状况得到改善，市场在资源配置中的作用得到越来越多的体现（陈享光、孙科，2014）。

二 地区工资差距

中国的经济增长始终存在区域差距，比较突出地体现在东部、中部、西部三类地区之间（林毅夫等，1998）。改革开放以来，由于历史文化、地理环境、制度政策等方面的原因，中国大规模的工业化和技术创新活动主要集中在东部沿海地区的部分省市。随着市场力量的逐步成长，技术知识在局部范围内产生了溢出效应，这些地区对主要生产要素和工业部门有着巨大的吸引力，从而加剧了地区间工业化水平和经济增长速度的不均衡。地区之间逐步扩大的工资差距问题也继而成为转型中国的另一大特色性工资差距。

对中国地区差距的关注主要始于 20 世纪 90 年代中期，早期研究主要基于新古典增长理论，从劳动力流动、外商直接投资、人力资本、对外开放、投资政策等角度进行研究。新古典增长理论的基本假设是完全竞争和规模收益不变，基于这些假定，随着市场一体化水平的提高，资本和劳动力更加自由的流动将导致要素报酬均等化，进而使得地区经济增长和工资差距趋于收敛。但改革开放以来，我国地区差距不降反升，这就意味着运用新古典增长理论解释中国地区工资差距的形成和变动是缺乏说服力的。近年来，国外理论界兴起的新经济地理学为研究我国地区工资差距问题提供了新的分析范式，产业集聚、城市集聚、市场潜能等空间地理因素对地区工资差距的影响成为近期的热点领域（陈博，2012；杨仁发，2013）。

（一）地区工资差距的测量方法和结果

研究界主要采用绝对差距和相对差距两大类指标度量地区工资差距。具体包括极差、极值比、标准差、基尼系数、泰尔指数和变异系数等。由于分析角度不同，每种指标都具有各自的适用范围和优缺点。目前还没有形成统一的度量地区工资差距的标准指标，绝大多数研究的数据基础通常为地区层面的面板数据。

采用相对实际工资增长率[①]计算，钟笑寒（2006）也认为中国地区间的工资收入差距在扩大，从 1978—1991 年和 1992—2002 年，总体上来说，东部地区的相对工资增长总是高于中西部地区，而且地区差距在不断扩大。采用泰尔指数分解发现，改革开放以来，地区工资差距是导致全国总体工资差异的重要原因。王小勇（2006）的测算显示，东部省间工资差距的变化趋势平缓，中部和西部省间工资差异呈现逐年缩小的趋势。1997—2004 年，全国总体工资差异的 57% 左右的变化由东部省际差

[①]　相对实际工资增长率，是给定时期内的各地区平均实际工资增长率减去相应的全国平均实际工资增长率（钟笑寒，2006）。

异引起，28% 左右的变化由东、中、西三大地区间的差异引起。在常素欣（2016）的测算中，1999—2014 年东部地区内部差异的泰尔指数贡献度保持在 22% 至 27% 之间，中西部内部差异的泰尔指数贡献度保持在 6% 至 18% 之间，并且从 2003 年起有一个持续上升的过程。而地区间差异的泰尔指数的贡献度保持在 58% 至 67% 之间。虽然从 2007 年起地区间差异贡献度缓慢下降，但是相比于东部和中西部地区的内部差异，地区间差异仍是国内经济发展差异的主要原因。

表 7 – 1　　地区间和地区内差异的泰尔分解及其对整体差异的贡献

年份	全国泰尔系数	东部泰尔系数	中部泰尔系数	西部泰尔系数	地区间泰尔系数	东部（%）	中部（%）	西部（%）	地区间（%）
1997	0.0243	0.0139	0.0005	0.0032	0.0067	57.20	2.06	13.17	27.57
1998	0.0240	0.0137	0.0009	0.0024	0.0070	57.08	3.75	10.00	29.17
1999	0.0269	0.0159	0.0010	0.0021	0.0079	59.11	3.72	7.81	29.36
2000	0.0282	0.0164	0.0010	0.0023	0.0085	58.16	3.54	8.16	30.14
2001	0.0301	0.0179	0.0010	0.0025	0.0087	59.47	3.32	8.31	28.90
2002	0.0290	0.0165	0.0010	0.0028	0.0087	56.90	3.45	9.66	29.99
2003	0.0293	0.0177	0.0005	0.0024	0.0087	60.41	1.71	8.19	29.69
2004	0.0284	0.0170	0.0007	0.0022	0.0085	59.86	2.46	7.75	29.93

资料来源：根据《中国统计年鉴》1997—2004 年汇总计算（王小勇，2006）

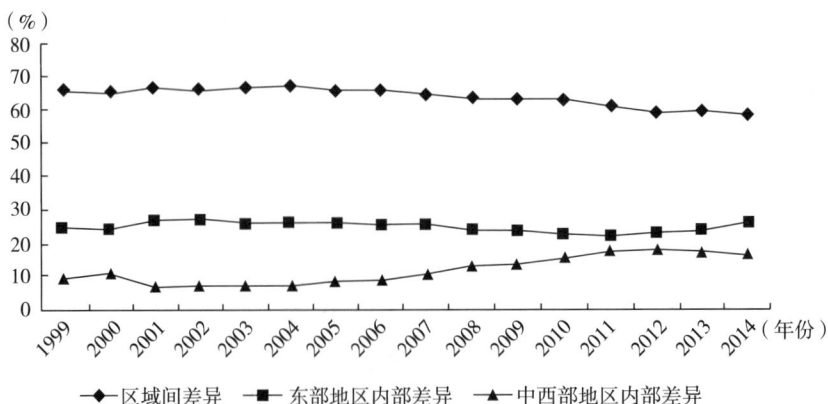

图 7 – 3　1999—2014 年地区人均 GDP 的泰尔指数分解

资料来源：常素欣：《市场潜能、非农就业密度与区域工资差异》，《商业研究》2016 年第 9 期。

（二）地区工资差距的成因分析

中国的地区工资水平及其差异既受制度变迁的影响又受市场机制的作用，具有典型的转型特征。关于地区工资差距的研究，归纳起来主要有三种思路：新古典增长理论、地理经济学和城市经济学。基于新古典增长理论，国内外学者从劳动力流动、外商直接投资、人力资本、对外开放、经济全球化、地理位置和政策倾斜等角度对中国地区工资差距的形成原因进行了探索，并取得了丰富成果（万广华、陆铭、陈钊，2005；张建红，2006）；由国外学者开创的新经济地理学基于对经济活动的空间分布规律和空间集中机制的探究，为地区工资差距的形成与演变提供了一个全新的分析框架。一般是研究市场潜能对地区工资差异的影响（刘修岩、贺小海、殷醒民，2007；刘修岩、殷醒民，2009），得到的结论均是市场潜能的扩大可以增加名义工资；基于城市经济学的研究则是从城市化经济的角度来考察经济活动的空间集聚所产生的外部性对工资水平的影响（王海宁、陈媛媛，2010）。

1. 基于新古典经济学视角的研究

（1）劳动力流动与人力资本

劳动力流动是经济增长和经济结构调整导致的一种自然结果，但劳动力流动本身也会对经济增长、地区差距产生影响。在新古典经济学的理论框架下，区域间的劳动力流动有利于促进区域经济的收敛。给定投资等其他条件不变，通过劳动者的自由迁徙，劳动力肯定从低工资的地方流向高工资的地方，而劳动力的边际生产率又是递减的，最终两个地区的相对工资水平最终会收敛。蔡昉（2003）等很多学者在对国内区域增长的研究过程中，提出消除劳动力市场流动的障碍将会很大程度上缩小地区间工资差距。但在此结论上学界并未达成一致，如钟笑寒（2006）的研究认为，劳动力流入有助于地区内工资的提高，劳动力流入越多的地区，工资水平上升越快。如果地区之间的教育和技能差别存在的话，劳动力流动反而可能会扩大地区间的收入差距。

在人力资本方面，研究界重点关注了受教育水平对地区工资差距的影响。姚先国等（2004）估计了教育回报率的城乡差距，结果发现公共教育投入与受教育机会的不平等是造成地区工资差距的重要原因之一。地区之间人均教育水平的差异会对地区工资差异形成显著的影响（张建红等，2006；杨泽文、杨全发，2004）。

（2）外商直接投资和国际贸易

关于外商直接投资（FDI）对区域工资差距的影响，国内研究界对此颇有争议。一种观点认为，FDI 的区域分布失衡是造成地区间工资差距的主要原因。FDI 通过正的"工资溢出效应"会提升外商投资集中地的企业支付的工资水平（宣烨、赵曙东，2005；孟令岩，2011）。而 FDI 的工资溢出效应存在地区差异，总体表现为由东向西依次转弱的特征，原因在于东部地区相对于中西部地区具有更大的外商直接投资规模（陈怡、周曙东，2009；邱立成、王自峰，2006），从而扩大了中国地区间的工资差距。但劳动力的跨地区流动可以扩散 FDI 的"工资溢出效应"，因此，降低劳动力跨地区流动障碍，引导 FDI 转向经济相对落后的地区，扩大FDI 的工资效应是缩小地区间工资差距的有效途径。万广华等（2005）的实证研究表明，在经济全球化的背景下，FDI、对外贸易等因素对地区收入差距扩大的作用逐渐增强，而教育、地理区位、城镇化等因素对地区间收入差距的贡献率在逐渐减弱。另一种观点则认为，FDI 的地区不均衡对于地区工资差距存在非线性影响，其地区分布差距首先加剧了沿海——内陆地区的工资差距，但随着 FDI 差距的扩大，它通过技术溢出效应及其对于非技术工人需求的扩张使得内陆地区的工资水平提高，从而缩小工资差距（祝树金、邓丽东，2009）。

国际贸易对地区工资差异影响的研究依托于比较优势理论，国内学者在此领域也尚未达成一致结论。第一种观点认为国际贸易扩大了地区工资差距。张建红（2006）使用1980—2002 年的数据研究我国地区工资差异，发现对外贸易使我国地区工资差距不断增大；鲁晓东（2007）利用格兰杰因果分析，发现对外开放对我国东中西部地区的工资影响存在差异，这种不均衡的影响拉大了地区间的工资差距。第二种观点认为国际贸易能够缩小地区工资差距。魏尚进（2002）运用中国一百多个城市的数据研究了开放水平与工资差距的关系，发现城市的对外开放能够缩小工资差距；吴燕（2013）认为，长期国际贸易的发展可以降低全国和东部地区工资水平，提高中西部地区的工资水平，从而缩小工资差距。第三种观点认为国际贸易对区域工资差距的影响作用是分阶段的。何璋和覃东海（2003）研究发现，地区对外开放程度比较低时，对外开放有利于缩小工资分配差距；但开放程度扩大后，对外开放水平就会扩大工资分配差距。颜银根（2012）认为贸易自由化是否能缩小地区间的工资差距取决于地区相对产业份额和本地与国外市场接近程度这两个因素。当本地接近国外市场，并且产业份额相对较小时，贸易自由化与地区间的工资差距成"倒 U 形"关系；相反，贸易自由化程度加深会扩大区域间的工资差距。

2. 基于新经济地理学视角的研究

（1）市场潜能

新经济地理学的研究表明，在规模收益递增、垄断竞争且存在运输成本的情况下，市场交互作用将促使企业向拥有较大市场潜能的地区集聚。更高的市场潜能意味着较大的市场需求和较低的运输成本，从而吸引大量企业和要素流入从而形成产业集聚，为该地区创造更大的劳动力需求，推动地区平均工资上涨。同时，市场潜能会带来明显的技术外溢现象，因此促进了生产技术进步，提高了劳动生产率，进而促进了工资增长（刘修岩等，2007；葛晶等，2016）。

基于地区层面的面板数据，近年来的实证研究多发现，在控制其他变量的影响之后，一个地区的市场潜能对其工资水平具有显著为正的影响。而地区之间在市场潜能上的差异是拉大地区工资差距的重要原因（王小勇，2006；刘修岩等，2007；范剑勇等，2009、2011；覃一冬、王俊杰，2015）。非农产业向东部沿海省份的集聚促使了东部地区制造品和服务的高潜在需求的形成，而这种集聚效应又通过循环累积机制促成了产业在东部地区的路径锁定，进一步地扩大了东部地区的市场需求，从而提高了当地的工资水平，拉大了东部与中西部地区的工资差距（王小勇，2006）。近期，随着个人层面面板调查数据的可得性提高，有研究开始采用基于分位数回归的工资差距分解方法细致地分析市场潜能对不同工资人群的影响差异。基于 2012 年中国家庭追踪调查（CFPS）数据和各省市宏观数据，葛晶等（2016）的分解结果显示，市场潜能解释了中国地区工资差异的 27% 以上，且在低级人力资本人群中作用相对较为明显；在中高工资人群中，市场潜能对东部地区劳动者工资的促进作用要大于西部，而在低工资人群中则相反。

有鉴于此，研究多建议通过减少地方保护主义和地区间的贸易壁垒，鼓励省级间经济合作，加快中西部地区的城市化进程，加强其交通基础设施建设，促进当地经济集聚地带的形成等措施，提高中西部地区市场潜能，进而缩小工资的地区差距。

（2）空间集聚与地区工资差距

空间集聚理论认为，要素和技术在一个地区的空间集聚将促进该地区整体劳动生产率的提高，进而导致该地区生产要素回报提高，提升当地的工资水平。近年来，国内研究重点基于城市集聚、金融集聚和产业集聚，验证了空间集聚与中国地区工资差距的关系。研究发现，城市集聚过程中，金融外部性和技术外部性的差异是导致城市工资差距的重要原因（范剑勇、张雁，2009；李红阳、邵敏，2017；潘辉，2012；潘辉、尹翔硕，2013）。金融集聚对地区工资水平的影响显著为正（王晶晶、岳中刚，2016；张建红等，2006；潘辉、尹翔硕，2013），但随着经济发展水平的提升，其正向促进作用逐步减弱。从分位数回归的结果来看，金融集聚程度的提高对高工资和中等工资地区的影响显著，且高工资地区的受益程度最高。在产业集聚领域，研究重点关注了制造业和服务业集聚以及二者共同集聚对区域工资水平的影响作用（程中华、刘军，2015；杨仁发，2013；程中华、于斌斌，2014）。研究发现，制造业集聚对地区工资水平的影响显著为负，而服务业集聚显著提高了工资水平，制造业与服务业共同集聚对地区工资水平具有显著作用（杨仁发，2013）。

三 城镇职工与农民工工资差距

进入城市从事非农职业的农民工，是推动中国经济发展、农民增收和城市化进程的重要力量，农民工已经成长为城镇劳动力市场上的重要组成部分。据国家人力资源和社会保障部最新数据显示，2013 年全国农民工总量达到 2.69 亿人。因此，农民工的问题引起了研究者和政策制定者的普遍关注。由于严重的劳动力市场分割，农民工在劳动力市场上处于劣势地位，加之人力资本存量的差异，形成了长期以来农民工与城镇职工的工资差距问题。

（一）城镇职工与农民工工资差距的现状与变动趋势

田丰（2010）利用 2008 年中国社会状况综合调查数据考察了农民工与城市职工在年收入、月收入和小时工资收入三方面的差异，发现不论是基于哪种指标，农民工的工资均明显低于城镇职工。邢春冰（2008）基于 2005 年的全国人口普查数据发现，农民工的工资性收入仅为城镇职工的 80%。基于 2006 年的大规模问卷调查，李培林、李炜（2007）指出，农民工的平均月工资仅占城市职工的 68.4%。也有学者对两者工资差距的演变趋势进行了研究，发现在 2002—2007 年之间，农民工月工资收入占城镇职工月收入的比例呈现出逐年下降的趋势（朱长存、马敬芝，2009）。近期的研究者认为，我国城镇职工和农民工工资虽然存在显著差异，但有缓慢的同化趋势，从动态的角度看，工资差距正在不断缩小（陈珣等，2014；杜建军等，2014；杜建军等，2013）。但也有研究认为，现阶段农民工的工资趋同主要表现为高技能农民工与城镇职工的工资差距日益缩小，工资趋同尚不具普遍性（刘新争，2017）。

（二）城镇职工与农民工工资差距的影响因素

个体特征差异和户籍歧视被认为是两大群体工资差异的两大成因（姚先国、赖普清，2004；孟凡强、初帅、李艳，2018）。研究者应用多种工资分解方法从多种角度探究工资差距的影响因素，发现工资差距中部分可以由可观测的个体生产率特征所解释，其余不可解释部分被看作是歧视或劳动力市场分割因素造成。研究界多关注在两者的差距当中，劳动力市场分割等歧视性因素和个体特征差异的影响孰轻孰重。

1. 工资差距的可解释部分

可观测的特征，或称个人禀赋，通常包括受教育程度、工作经验、技能水平等人力资本因素和社会资本因素，这些因素对提高工资水平具有举足轻重的作用。韩俊（2009）发现，不论在受教育程度，还是技能水平方面，农民工与城镇职工相比都存在较大差距。邢春冰（2008）利用 2005 年全国 1% 人口普查的抽样数据对农民工和城镇职工的工资差距进行了 Oaxaca - Blinder 分解，并指出劳动者个体的特征差异解释了农民工与城镇职工小时工资差异的 90%，其中，教育水平是造成两者差距的最关键因素。程诚等（2013）将社会资本加入 Mincer 方程并进行分解后发现，农民工的社会资本欠缺可以解释原有户籍歧视导致的工资差异的 1/4，并且与人力资本相比农民工社会资本回报率较高，可以促进工资差距的缩小。

2. 工资差距的不可解释部分

不可解释因素一般被认定为制度因素造成的劳动力市场分割或歧视。一直以来，研究者高度关注户籍歧视带来的城乡劳动者工资差异，并一致认为户籍歧视是阻碍农民工和城镇职工工资差距缩小的重要因素。不仅如此，户籍制度还影响着农民工在企业其他福利的获取，例如各类社会保险，工会参与等（姚先国、赖普清，2004）。近年来，随着劳动力市场和户籍制度改革的深化，歧视性因素对工资差距的影响也在弱化。

从实证结果来看，基于 2002 年之前的调查数据，研究多发现，歧视因素占城镇职工与农民工工资差距的 50%—60% 左右（王美艳，2005；谢嗣胜、姚先国，2006；邓曲恒，2007）；而 2002 年之后的调查数据显示，城镇职工与农民工之间的工资差距受歧视因素影响的比重有所下降（庞念伟等，2013；屈小博，2014；孟凡强等，2018）。同时，一些研究将分析的焦点转向了分割的具体形式上，比如行业分割、部门分割、职业分割和岗位分割等，并探讨了这些分割对农民工与城镇职工工资差距的影响（符平等，2012；冯虹等，2013；张冬平等，2014；钱雪亚等，2015）。田丰（2010）使用布朗分解方法发现，单位之间的工资差距是农民工与城市职工总体差距的主要部分，而入职的户籍门槛是阻碍农民工进入公有制单位进而获得较高收入的重要原因。

基于上述研究发现，学者们多建议采取有效措施减少乃至消除户籍制度等对农民工有歧视性的政策，另外应加大对农村地区的教育投入，从根本上解决教育资源分配不均的问题（姚先国、黄志岭，2008）。

（三）农民工群体内部的工资差距

近些年来，在城市农民工的规模不断扩大的过程中，农民工内部的工资差距也日趋明显，如农民工工资的性别差异、农民工的代际收入差异、不同就业区域，以及不同就业类型的农民工的工资差距等（黄乾，2009）。

首先，是农民工群体内部的性别工资差距问题。研究发现改革开放后，农民工性别工资差异逐渐加大（张丹丹，2004；李春玲等，2008）。大量文献对农民工内部的性别工资差异进行了分解，但对于可观测的特征差异和不可观测差异各自的影响程度，利用不同数据、不同方法得到的分解结论存在差异（罗忠勇，2010；王震，2010；钱文荣等，2011；杨鹏等，2012；张琼，2013；李明艳等，2017；罗俊峰，2017）。

就业的地域差异也会影响农民工的工资水平，具体细分为输出地和输入地不同导致的工资差异。周文良等（2018）研究本地和外地农业转移人口的工资决定发现，地域歧视对工资的影响存在异质性；对于低收入和中等收入的外来农业转移人口来说，他们与本地农业转移人口之间的工资差距源于人力资本的差异，并不存在地域歧视；对于处于收入的88% 分位点以上的外来农业转移人口，工资水平会受到地域歧视的影响，且随着分位点的增加，受影响的程度也增大。李超海（2015）的研究发现，珠三角地区企业农民工的基本工资低于长三角地区，并且珠三角地区农民工的不公平程度要低于长三角地区。

近年来，农民工群体在就业形式上日趋分化，也由此引起了新形式的工资差距。黄乾（2009）将农民工群体分为稳定就业与非稳定就业两类，发现稳定就业农民工的平均工资收入水平高于非稳定就业农民工，并且非稳定就业农民工的内部收入差距高于稳定就业农民工。在两类群体的工资差异中，有 40.52% 可由禀赋差异得到解释，而 59.48% 可由禀赋的回报率差异解释。宁光杰（2012）比较了农村外出劳动力中的自我雇佣者、短期工、长期工之间的工资差异，在控制了选择性偏差后，自我雇佣的小时收入比短期工的小时收入高，但并不比长期工资获得者（长期工）的高。工资差异分解的结果显示：在自我雇佣者和长期工、自我雇佣者和短期工之间的收入差异中都存在歧视因素。

四　公共与非公共部门的工资差距

公共部门与非公共部门之间的工资差距历来备受转型国家的劳动研究领域关注。经济转型所导致的两部门之间不合理的工资差距不仅会造成人力资本配置的扭曲，同时也会影响到社会的和谐发展。（Melly，2005）经济转型在中国的深化为各种非公共部门的多元化发展提供了广阔的空间，与此同时，行政力量和市场力量也在公共部门的工资决定机制中彼此博弈。这使得公共与非公共部门之间的工资差距日趋凸显。

2000 年以来，国内对公共部门与非公共部门工资差异的研究日渐增多。按照是否将国有（独资）企业归入公共部门，国内研究对于公共部门与非公共部门可分为两大类。一种观点主张将政府机关、国有事业单位和研究所归为公共部门，其余如国有企业、集体企业、私营、个体企业、三资企业等归为非公共部门（尹志超、甘犁，2009；姜励卿、钱文荣，2012；江克忠等，2012；邹清明、黎志军，2016）。另一种观点则将国有独资企业也纳入公共部门（张义博，2012；何翠香、方峥，2015）。另有相当一部分研究是从国有部门和非国有部门的视角探究两部门的工资差距。虽然称谓不同，但其划分口径基本和上述第二种观点对公共与非公共部门的划分一致（张车伟、薛欣欣，2008；孙文凯、王晶、李虹，2013；罗润东、李煜鑫，2014；周兴、王芳，2013；薛欣欣、辛立国，

2015；夏庆杰等，2012；张抗私等，2017）。

（一）我国公共部门与非公共部门工资差异的变动趋势

关于我国公共部门与非公共部门工资差异变化轨迹的研究，学者们存在不同意见。一类观点认为：运用 CHNS1989—2006 年的数据研究发现，2000 年为公共部门与非公共部门的工资差异的分界点，2000 年以前非公共部门工资平均水平是要略高于公共部门的，这是因为非公共部门的工资决定是市场配置效率的结果，而公共部门依然是由政府的工资分配政策制度主导，工资水平较低。然而在此之后，公共部门工资水平显著高于非公共部门，并且呈现日益扩大的趋势。产生这种逆转的原因在于，自 1998 年以来，政府进行了多次公共部门的工资改革，提高了其工资水平（尹志超、甘犁，2009）。

另一类观点则认为，公共部门在长期内都存在工资优势，并且工资差异呈先缩小后扩大的 V 形趋势。周兴和王芳（2013）同样利用 CHNS 1989—2009 年的面板数据，发现相比非公共部门，公共部门的平均工资水平一直存在工资溢价，并且呈 V 形趋势。基于工资差别分解法，该研究发现在 20 世纪 90 年代前后，公共部门的工资决定上存在明显的体制优势，这在一定程度上保护了公共部门的工资；而 21 世纪以来，公共部门仍受体制性因素的影响，但公共部门在个体特征上的优势成为部门之间收入差异的主要原因。基于同样的数据，之所以出现不同结果，可能是在部门划分上的不同，周兴（2013）的研究中将国有企业归为公共部门，而尹志超（2009）则未将国有企业归为公共部门。

（二）两部门工资差异的成因

基于分位数回归对两部门工资差距进行分解，是当前该领域的主流研究方法，该方法超越了对平均工资的比较，可以深入探究整个工资分布区间工资差异的变动和不同的原因。

采用此类方法的研究多发现，2000 年以前，非公共部门的工资优势主要体现在较高的分位数上。而在 2000 年之后，公共部门则呈现总的工资优势，但这种优势主要表现在中低端收入上。（张义博，2012；江克忠，2012）工资分解的结果揭示，20 世纪 90 年代，两部门的工资差异主要源于系数差异，即体制性因素引起的不合理的工资差距。而 21 世纪以来，工资差异的系数差异不断减小，特征差异不断增大，两部门在个体特征构成上的差异成为工资差异的主要原因。这说明，公共部门工资决定的市场化水平日趋提高（周兴，2013）。

两部门系数差异主要体现在对人力资本的回报率上。人力资本的回报率在整个工资分布区间上呈现出不均匀分布的特点：在低收入水平上，公共部门的人力资本回报率均高于非公共部门；而在高收入水平上，公共部门的人力资本回报率要低于非公共部门（姜励卿，2012；周兴、王芳，2013；罗润生，2014）。这表明在工资收入的中低分位数上，部门分割，即非市场因素是差异的主要原因，在高分位数上，人力资本的市场效率则是工资差异的主要因素。

五　正规与非正规就业的工资差距

在中国经济转型和结构调整的过程中，巨大的就业压力促使政府鼓励劳动者采取多种形式实现就业，其中就包括非正规就业。非正规就业在中国得到了快速发展。改革开放以来，随着市场化和城镇化进程的加快，中国非正规就业占城镇就业人口的比重从接近于零增至50% 以上，规模不断扩大，并逐渐成为中国新增就业的主要途径。在当前劳动力市场歧视依旧存在的背景下，越来越多的学者开始关注非正规就业与正规就业之间的工资差距。由于非正规经济活动未被正式制度所充分覆盖，无论是理论研究还是实证研究，目前对非正规就业的认知仍充满争议。

（一）正规就业与非正规就业工资差距的现状

针对两种就业形式间工资差距的现状，现有研究结论并不一致，大多数学者认为非正规就业者的工资水平低于正规就业者（丁述磊，2016）。薛进军等（2012）实证研究发现，正规就业小时工资收入约为非正规就业的 1.65 倍。两种就业形式之间的工资差距在不断扩大且存在不对称性现象，且在工资分布的末端表现明显，符合"黏地板效应"（王学军，2017）。但也有研究发现，非正规就业者总体的小时收入和月收入并未显著低于正规就业者。而且非正规就业群体异质性较大，该群体内某些特征群体的工资水平显著高于正规就业者。例如，非正规自雇者的收入水平显著高于正规就业者，这一收入优势在欠佳的制度环境下还有所放大（张延吉、秦波，2015）。

（二）正规就业与非正规就业工资差距的成因

研究发现，两类就业形式之间的工资差距不仅与个人特征差异（如受教育水平、工作经验等）有关，还与劳动力市场分割及劳动力市场对非正规就业者的歧视有关。但是，究竟哪类差异对工资差距的贡献更大，研究界存在分歧。部分研究认为，市场歧视造成的差异占总差异的比例显著高于特征差异（丁述磊，2016；魏下海等，2012）。具体而言，正规就业的教育收益率均高于非正规就业，同时两种就业方式的教育收益率随工资分位数水平由低到高而呈现先升后降的趋势。此外，相比于正规就业，非正规就业的性别歧视也更为严重，并随着工资分位数水平由低到高而愈强。

另有研究认为，个人特征差异才是主因。张抗私等（2018）使用中国劳动力动态调查（CLDS）数据，利用不同的工资差异分解方法对正规就业与非正规就业工资差异进行分析，发现正规就业与非正规就业群体的特征差异可以解释工资差异的 70% 左右，而系数差异约占 30%。随着工资分位数水平的上升，特征差异的占比越来越大，系数差异占比越来越小。屈小博（2012）也发现，两类就业群体工资差异的 79.3% 能被个人可观测的特征差异所解释。

六　工会化与非工会化部门的工资差距

长期以来，作为最重要的劳动力市场制度性因素，工会与工资差距的关系一直是国外工资差距领域的研究热点。自 20 世纪 70 年代以来，来自发达劳动力市场的大量经验证据表明，巨大的工会力量会带来较低水平的工资不平等。对这一结果的标准解释是，工会采取标准工资率政策，以减少分配的“不平等”和基于个人特征和工作表现的差异。

伴随经济体制改革的逐步深化，中国劳动力市场中的雇佣关系发生深刻的变化，传统企业与职工间的关系被新的劳资模式所取代。在此期间，中国基层工会也取得了巨大的发展，尤其体现在私营企业和外资企业工会的覆盖率和员工入会率的显著提升。然而，针对中国工会在维护劳工权益中所发挥的实际功能，研究界尚存在争议和质疑。争议的焦点在于：未独立于政府的工会组织在劳动力市场中到底充当了什么角色？是仅维护了劳动者的底线权益（如最低工资标准、劳动合同签订、社会保险和劳动保护覆盖），还是实质性地促进了劳动者的工资增长？

Lu 等人（2010）采用私营企业层面的数据，得出结论，中国工会对工会成员的工资和奖金没有显著的正影响，但对非工资性收益（如社会保险和住房补贴等）有显著的正向影响。Zhang 等（2011）的研究发现，工会不仅没有提高工人的工资水平，反而导致了收入分配的不平等。主要原因在于，中国工会具有较高的行政化，其作用的机制并不是通过劳工垄断、集体谈判等对抗或博弈的方式，而是采用一种类似田间"稻草人"的机制，仅具有象征性的威慑力。

近期，开始有实证证据发现，工会的存在可以提高工人的工资。姚洋和钟宁桦（2008）基于企业层面的数据研究发现，企业如果有工会则会明显提高工人的工资、缩短工作时间以及提高福利待遇、养老保险。李永杰等（2013）利用 2008 年中国社会综合调查数据的研究发现：平均而言，工会工人相比于非工会工人具有显著更高的工资水平，以及更低的工资不平等，采用分位数回归和 DFL 反事实分解的结论显示，由工会工资政策引起的技能价格效应是工资差异的主因，特别是对于收入分布低端的低技能劳动者，工会作用更大。而同样是基于 CGSS2008 的数据，易定红、袁青川（2015）采用 Blinder 和 Oaxaca 分解法得出了不同结论。其结论显示，工会会员与非工会会员之间的小时工资差异主要是由其在技能禀赋和工作特征禀赋上的差异，而技能价格效应并不明显，工会对工资并没有显著影响。李明和徐建炜（2014）采用中国收入分配研究院 2009 年的雇员雇主匹配数据发现，中国工会不仅提高了会员的工资水平，还降低了他们的工作时间，中等技能职工从工会身份中获得的工资溢价高于均值，低技能职工低于均值，最高技能职工最小。

针对工会对农民工工资的影响，近期的研究也存在类似争议。孙中伟和贺霞旭（2012）基于 2010 年珠三角和长三角外来工的调查数据分析得出，工会对外来工的最低工资符合率、劳动时间、社会保险等"底线型"权益具有显著的保障作用，但对工资增长无显著作用。汪雯和连大祥（2017）基于苏州工业园区的农民工调查数据，应用无条件分位数回归和工资差别分解法发现，工会会员在整个工资分布区间的工资都显著地高于无工会企业员工。在工资分布的低端区域，工会的工资效应也溢出到了工会企业的非会员群体。从工资差别的分解结果来看，工会会员与无工会企业的员工之间的工资差别大部分源于系数效应，即工会企业与无工会企业采取的不同的工资激励机制。

第四节　中国工资差距研究的评价和展望

改革开放 40 年来，渐进式的经济转型背景为我国工资差距的研究提供了持续的推动，取得了丰硕的研究成果。同时，伴随我国经济体制改革的发展，研究的方向在不断更新。从 20 世纪 80 年代关注的制度方面对工资差距的影响到 21 世纪初期关注经济发展、城市化等外部变化对工资差距的影响，近期研究将更多关注点放在工资差距的分解、竞争性和非竞争性因素影响工资差距的机制上。在研究方法上，从对均值差距的测量，发展为基于微观数据和计量模型对工资差别的分解。尤其是基于分位数回归的分解方法，为全面掌握工资差距在整个工资分布区间的变化和不同的形成机理提供了崭新的思路。当然，该领域内还存在很多值得进一步讨论的问题。

第一，现有关于城乡工资差距的文献与我国各个时期实行的宏观经济政策密切相关，包括对外贸易的发展、城市化的加深和对外投资，等等，但除却宏观经济政策外，经济发展和市场变化也会给工资差距带来影响。近年来互联网的快速发展和平台企业的诞生给劳动力市场带来巨大变化，技术的发展和革新代替了部分传统劳动力，也催生了部分新兴岗位。但目前关于微观经济环境的变化对中国工资差距的影响的研究较少，未来可加强关注。

第二，现有研究使用微观数据探究工资差距时，数据来源存在较大差距，尤其是针对城镇职工和农民工之间的工资差距。近 20 年来，中国劳动力市场数据在微观层面获得了实质性改善，涌现出了不少全国性的抽样性数据，甚至是面板数据，如中国城镇家庭收入调查（CHIP）数据和中国健康与营养调查（CHNS）数据等。这些数据平台大大地推动了先进的计量经济学方法在工资差距领域的实证应用。但这些调查数据的范围和方法存在较大差异，随着研究方法的不断拓展，学者们采用不同的数据和方法对工资差距的产生问题进行了研究，因此针对相似的问题得出了不同或者相悖的结论，导致结论和建议没有普适性。因此未来可考虑针对工资差距问题进行一致有效的研究，从而能够更直观和准确地了解工资差距的深层机理。

第三，现有研究对主要变量的界定和划分等存在较大差距，导致得出的结论不相一致。例如，对工资的界定，目前大多数数据只能观测到现行的货币化工资部分，而对于福利等其他的工资形式较少关注。而很多工资差异也表现在福利上，例如公共部门与非公共部门的工资差异。公共部门的工资有很大一部分是部门福利，这些福利类型多，相对隐形，而非公共部门（以私营企业为例）的工资基本上是部门所发的薪酬，主要包括基本工资和绩效工资两大部分，福利工资方面与公共部门相比，相对很少。所以研究中，要将工资与福利进行准确定义，明确讨论工资差距时是否区分福利。

第四，多数工资差距研究尚未在计量分析中有效处理内生性问题。内生性问题的缘由在于劳动者并非随机选择进入特定的行业、部门或从事特定的就业形式。如果不处理反向因果关系、遗漏变量和样本自选择偏差等内生性问题，就会得出有偏的估计，有关结论也无法让人信服。同时，已有文献缺乏对同一部门中的异质性问题，比如非正规就业群体、公共部门内部的差异性。

参考文献

艾洪山、张亚斌、亓朋：《外商直接投资、国际贸易与工资溢出——基于微观企业层面的实证分析》，《经济评论》2010 年第 2 期。

蔡昉、都阳：《中国地区经济增长的趋同与差异——对西部开发战略的启示》，《经济研究》2000 年第 10 期。

蔡昉、王德文、都阳：《劳动力市场扭曲对区域差距的影响》，《中国社会科学》2001 年第 2 期。

蔡宏波、刘杜若、张明志：《外商直接投资与服务业工资差距——基于中国城镇个人与行业匹配数据的实证分析》，《南开经济研究》2015 年第 4 期。

常素欣：《市场潜能、非农就业密度与区域工资差异》，《商业研究》2016 年第 9 期。

陈怡、周曙东：《外商直接投资对我国收入差距的影响——基于制造业工资基尼系数的实证分析》，《世界经济研究》2009 年第 5 期。

陈怡、周曙东、王洪亮：《外商直接投资对我国收入差距的影响——基于制造业工资基尼系数的实证分析》，《世界经济研究》2009 年第 5 期。

陈钊、万光华、陆铭：《行业间不平等：日益重要的城镇收入差距成因——基于回归方程的分解》，《中国社会科学》2010 年第 3 期。

程中华、刘军：《产业集聚、市场潜能与地区工资差距》，《财经论丛》2015 年第 3 期。

程中华、于斌斌：《产业集聚与地区工资差距——基于中国城市数据的空间计量分析》，《当代经济科学》2014 年第 6 期。

杜健、张大亮、顾华：《中国行业收入分配实证分析》，《山西财经大学学报》2006 年第 12 期。

范剑勇、张雁：《经济地理与地区间工资差异》，《经济研究》2009 年第 8 期。

伏帅、龚志民：《中国行业收入差距的成因及其经济增长效应》，《山西财经大学学报》2008 年第 30 期。

傅娟：《中国垄断行业的高收入及其原因：基于整个收入分布的经验研究》，《世界经济》2008 年第 7 期。

甘春华：《对我国工资差距问题的探讨》，《华东交通大学学报》2001 年第 2 期。

甘春华：《行业工资差距研究述评》，《开放导报》2008 年第 1 期。

龚卓、高翔：《市场获得与地区工资差异分析——以长三角城市为例》，《商业时代》2014 年第 20 期。

顾严、冯银虎：《我国行业收入分配发生两极分化了吗？——来自非参数 Kernel 密度估计的证据》，《经济评论》2008 年第 4 期。

郭继强、姜俪、陆利丽：《工资差异分解方法述评》，《经济学》（季刊）2011 年第 2 期。

郭娜、祈怀锦：《我国行业收入差距与经济增长关系的实证分析》，《统计与决策》2010 年第 3 期。

何雄浪、汪锐：《市场潜力、就业密度与我国地区工资水平》，《中南财经政法大学学报》2012 年第 3 期。

何璋、覃东海：《开放程度与收入分配不平等问题——以中国为例》，《世界经济研究》2003 年第 2 期。

贺霞旭、张东：《换工视角下的农民工群体内部工资及其增长率差异研究——基于四次珠江三角洲九城市的调查数据》，《华中科技大学学报》（社会科学版）2016 年第 4 期。

侯冠平、王资博：《经济增长、教育发展、城镇化与城乡收入差距关系研究》，《商业时代》2013 年第 19 期。

胡爱华、曾宪初、张洁燕等：《我国行业收入差距的演进及其分解分析》，《统计与决策》2008 年第 18 期。

胡欣洁：《北京市职工工资差距透视》，《北京统计》2001 年第 6 期。

姜付秀、余晖：《我国行政性垄断的危害——市场势力效应和收入分配效应的实证研究》，《中国工业经济》2007 年第 10 期。

金玉国、张伟、康君：《市场化进程中的行业工资决定假说及其数量检验》，《数量经济与技术经济研究》2003 年第 5 期。

靳卫东：《人力资本需求与工资差距：技术、贸易和收入的影响》，《经济经纬》2007 年第 1 期。

李红阳、邵敏：《城市规模、技能差异与劳动者工资收入》，《管理世界》2017 年第 8 期。

李实：《中国个人收入分配研究回顾与展望》，《经济学》（季刊）2003 年第 2 卷第 2 期。

李实、尚列：《国有大中型企业间职工收入差距的分析》，《经济研究》1993 年第 3 期。

李实、张平等：《中国居民收入分配实证分析》，社会科学文献出版社 1999 年版。

李实、赵人伟：《收入差距还会持续扩大吗?》，《中国改革》2006 年第 7 期。

李实、赵人伟、张平：《中国经济转型与收入分配变动》，《经济研究》1998 年第 4 期。

李晓宁：《关于行业工资差距与行业垄断的研究》，《经济问题》2007 年第 7 期。

李晓宁、邱长溶：《转轨时期中国行业工资差距的实证研究》，《山西财经大学学报》2007 年第 6 期。

李晓宁、邱长溶、田敏：《工资地区差距的测算与分解》，《统计与决策》2007 年第 16 期。

林毅夫、蔡昉、李周：《中国经济转型时期的地区差距分析》，《经济研究》1998 年第 6 期。

林毅夫、刘明兴：《中国的经济增长收敛与收入分配》，《世界经济》2003

年第 8 期。

刘翠翠、卫平：《外商直接投资、技术溢出与相对工资差距》，《当代经济
科学》2012 年第 4 期。

刘峰：《正确处理地区、行业间工资差距问题》，《发展论坛》1999 年第
11 期。

刘小玄、曲玥：《中国工业企业的工资差异研究——检验市场分割对工资
收入差距的影响效果》，《世界经济文汇》2008 年第 5 期。

刘修岩、贺小海、殷醒民：《市场潜能与地区工资差距：基于中国地级面
板数据的实证研究》，《管理世界》2007 年第 9 期。

刘修岩、殷醒民：《空间外部性与地区工资差异：基于动态面板数据的实
证研究》，《经济学》（季刊）2009 年第 1 期。

鲁晓东：《我国对外开放与收入差距：基于地区和行业的考察》，《世界经
济研究》2007 年第 8 期。

陆铭、陈钊、万广华：《因患寡，而患不均——中国的收入差距、投资、
教育和增长的相互影响》，《经济研究》2005 年第 12 期。

吕康银、王文静：《我国行业间工资差异的测度与分解》，《求索》2008
年第 7 期。

罗楚亮、李实：《人力资本、行业特征与收入差距——基于第一次全国经
济普查资料的经验研究》，《管理世界》2007 年第 10 期。

罗珊、黄翠珊：《外商直接投资的工资效应——基于我国制造业面板数据
的实证研究》，《宏观经济研究》2012 年第 6 期。

马晓君、刘璇：《我国地区间工资差异的比较研究》，《对外经贸》2010
年第 9 期。

潘辉：《城市集聚、外部性与地区工资差距研究》，博士学位论文，复旦
大学，2012 年。

潘辉、尹翔硕：《城市集聚、金融外部性与地区工资差距的关系研究——
以我国长三角城市圈为例》，《国际贸易问题》2013 年第 5 期。

邱立成、王自峰：《外国直接投资的"工资溢出"效应研究》，《经济评
论》2006 年第 5 期。

任国强、尚金艳：《中国行业收入差距文献综述》，《华东经济管理》2011
年第 12 期。

任重、周云波：《垄断对我国行业收入差距的影响到底有多大?》，《经济

理论与经济管理》2009 年第 4 期。

史先诚：《行业间工资差异和垄断租金分享》，《上海财经大学学报》2007
　　年第 2 期。

收入分配研究课题组：《我国行业收入差距扩大的实证分析与规范路径》，
　　《南昌大学学报》（人文社会科学版）2010 年第 9 期。

苏雪串：《产业结构升级与居民收入分配》，《商业研究》2002 年第 22 期。

孙军、高彦彦：《全球产业链、区域工资差异与产业升级——对长三角和
　　珠三角产业发展模式的一个比较研究》，《当代经济科学》2010 年第
　　3 期。

覃一冬、王俊杰：《市场潜力、贸易自由化与地区工资差距》，《财经论
　　丛》2015 年第 7 期。

万广华、陆铭、陈钊：《全球化与地区间收入差距：来自中国的证据》，
　　《中国社会科学》2005 年第 3 期。

王迪：《行业收入差距的成因及其经济效应研究》，博士学位论文，东北
　　师范大学，2016 年。

王海宁、陈媛媛：《产业集聚效应与地区工资差异研究》，《经济评论》
　　2010 年第 5 期。

王晶晶、岳中刚：《金融集聚、本地需求规模与地区工资差异——基于中
　　国地级及以上城市面板数据的实证分析》，《当代财经》2016 年第
　　3 期。

王美艳：《城市劳动力市场上的就业机会与工资差异——外来劳动力就业
　　与报酬研究》，《中国社会科学》2005 年第 5 期。

王美艳：《转轨时期的工资差异：歧视的计量分析》，《数量经济技术经济
　　研究》2003 年第 5 期。

王锐：《垄断对我国行业收入分配的影响及对策研究》，《经济问题》2007
　　年第 2 期。

王小勇：《市场潜力、外部性与中国地区工资差异》，《南方经济》2006
　　年第 8 期。

王晓英：《我国行业间职工收入差距分析》，《山西财经大学学报》2000
　　年第 5 期。

魏下海、张建武、赵秋运：《中国城市工资差距从何而来？——来自 202
　　个地级市面板资料的发现》，《中国劳动经济学》2011 年第 1 期。

吴向霞：《中国地区间工资差异影响因素研究》，硕士学位论文，浙江工商大学，2015 年。

吴燕：《外贸外资对我国地区工资差异的影响——基于动态面板模型的分析》，《技术经济与管理研究》2013 年第 7 期。

武鹏：《中国行业收入差距研究述评》，《上海经济研究》2010 年第 8 期。

邢春冰：《农民工与城镇职工的收入差距》，《管理世界》2008 年第 5 期。

邢春冰、罗楚亮：《农民工与城镇职工的收入差距——基于半参数方法的分析》，《数量经济技术经济研究》2009 年第 10 期。

许和连、魏颖绮、赖明勇等：《外商直接投资的后向连结溢出效应研究》，《管理世界》2007 年第 4 期。

宣烨、赵曙东：《外商直接投资的工资效应分析——以江苏为对象的实证研究》，《南开经济研究》2005 年第 1 期。

薛欣欣：《不同所有制部门工资差异的行业分布特征分析》，《产业经济评论》2010 年第 3 期。

杨仁发：《产业集聚与地区工资差距——基于我国 269 个城市的实证研究》，《管理世界》2013 年第 8 期。

姚芳、姚萍、孙林岩：《我国行业间工资合理比例关系研究》，《山西财经大学学报》2004 年第 3 期。

姚先国、黄志岭：《人力资本与户籍歧视——基于浙江省企业职工调查数据的研究》，《浙江大学学报》（人文社会科学版）2008 年第 6 期。

姚先国、赖普清：《中国劳资关系的城乡户籍差异》，《经济研究》2004 年第 7 期。

尹恒、龚六堂、邹恒甫：《收入分配不平等与经济增长：回归到库兹涅茨假说》，《经济研究》2005 年第 4 期。

余东华、牟晓倩：《行政性垄断对行业收入差距影响的实证分析》，《经济管理》2013 年第 2 期。

俞玲、张海峰、姚先国：《户籍地影响农民工工资吗？——基于杭州市外来农民工问卷调查的实证研究》，《财经论丛》2017 年第 12 期。

岳昌君、吴淑娇：《人力资本的外部性与行业收入差距》，《北京大学教育评论》2005 年第 10 期。

岳希明、李实、史泰丽：《垄断行业高收入问题探讨》，《中国社会科学》2010 年第 3 期。

张海波：《外商直接投资对我国的工资效应分析——基于 1997—2006 年面板数据的实证研究》，《国际贸易问题》2009 年第 10 期。

张建红：《中国地区工资水平差异的影响因素分析》，《经济研究》2006年第 10 期。

张建红、Elhorst J. Paul、Van Witteloostuijn Arjen：《中国地区工资水平差异的影响因素分析》，《经济研究》2006 年第 10 期。

张世银、龙莹：《我国收入差距扩大的影响因素及其实证分析——以行业收入变动为视角》，《经济经纬》2010 年第 4 期。

张雅光、田玉敏、李秀玲：《行业职工收入分配差距及调控对策分析》，《管理现代化》2003 年第 1 期。

张余文：《中国行业收入差距的实证分析》，《经济理论与经济管理》2010年第 8 期。

赵显洲：《农民工与城市工的工资差异及其分布效应——基于 CGSS2013调查数据的经验研究》，《调研世界》2016 年第 3 期。

钟春平：《创造性破坏与收入差距的振荡扩大：基于中国行业工资的经验分析》，《上海经济研究》2004 年第 2 期。

钟晓君、刘德学：《服务业 FDI、职工工资与行业收入差距——以广东为例》，《国际经贸探索》2013 年第 3 期。

钟笑寒：《改革时期中国各地区工资演变》，《清华大学学报》（哲学社会科学版）2005 年第 3 期。

钟笑寒：《劳动力流动与工资差异》，《中国社会科学》2006 年第 1 期。

周云波、陈岑、田柳：《外商直接投资对东道国企业间工资差距的影响》，《经济研究》2015 年第 12 期。

朱凤果、叶阿忠：《中国地区收入差距影响因素的实证分析》，《贵州财经大学学报》2008 年第 1 期。

祝树金、邓丽东：《经济全球化、劳动力转移与我国沿海—内陆地区工资差距的实证分析》，《财经理论与实践》2009 年第 2 期。

第八章　中国人力资本理论研究的创新和发展[①]

改革开放 40 年来，中国的经济经历了长期的高速发展，而今迈入经济发展新常态，经济增速在世界上仍然领先，取得了举世瞩目的成就。与此相适应，我国的经济学理论研究也取得了较大的突破和进展，从简单地介绍和引入西方的经济学理论到提出有中国特色的社会主义经济理论，最终形成了具有中国特色的社会主义经济理论体系，这其中走过了一段曲折漫长的发展过程。人力资本是在现代经济增长理论中推动经济长期增长的决定性因素之一，我国之所以能够保持长期快速的经济发展速度，跟我国人力资本存量的大幅提高有着密切关系。值此改革开放 40 周年之际，我们对于人力资本理论的发展历程和既往创新做一个简要的回顾，并对该理论的未来发展的前景做一个大致的描述和展望。

第一节　人力资本理论与经济发展

经济学中对于人力资本概念的描述大致可以总结为以下三点：第一，人力资本是附着在人身上的一切技能和知识的总和。第二，人力资本可以通过对于教育、培训、营养和健康等方面的物质和时间投资获得。第三，附着在人身上的人力资本可以通过生产性活动带来产品产出从而获得物质财富增值。人力资本、物质资本和自然资源是影响经济增长的三大要素，这其中贫困人口所拥有的最重要资本便是人力资本，发达国家的平均受教育年限整体上要远远高于发展中国家，发展中国家更应该加大人力资本投资以期取得经济的长远发展。本节通过教育与人力资本理论、人力资本促进经济增长的机制和人力资本与脱贫三方面来具体描述

---

① 屈小博，中国社会科学院人口与劳动经济研究所副研究员。

人力资本与经济发展之间的关系。

一　教育与人力资本理论

教育是人力资本理论中最为核心和关键的部分。由于教育是人力资本最直观最有效的体现形式，在实证研究中经常将人力资本简单地等同于受教育年限等相关教育指标。同时，人力资本又不仅仅指的是教育，健康、培训还有迁移都是人力资本的重要组成部分。其中健康是最基础的人力资本形式，有了健康才能够进一步地追求其他形式的人力资本积累。改革开放之初，国内对于人力资本的研究停留于简单的介绍和引入国外的人力资本理论，大致从20世纪90年代起，在中国特色社会主义经济理论的引导下，学者们慢慢开始摸索中国的人力资本态势，研究中国的人力资本问题，丰富了人力资本研究的学术成果。康德曾说过"人只有受过教育才能成为人"，可见教育在人类社会中的重要性，教育所起到的初级作用就是教化人，使人区别于动物，使人具有社会属性。而我们这里探讨的是教育更为深层次的作用，就个人而言，从物质层面来说，教育通过使人掌握技能，提高人的劳动生产率，获得物质财富从而增加人的收入；精神层面来说，教育可以使人修身养性，丰富人的精神世界，拥有更高的生活和工作满意度。而对于社会而言，教育具有正外部性，首先，教育可以促进技术水平的提高，从而促进产出的增加。其次，在个人追求人力资本水平提升的过程中，也会进一步地提高整个社会的劳动生产率。最后，教育投资被看作是一项实现社会公平的重要举措，主要作用于缓解收入不平等、缩小收入差距，同时也能够降低贫困发生率，以及提高国家的综合实力。

在实证研究的过程中，教育对于度量人力资本起到了关键性的作用。由于教育是人力资本范围内可衡量性最高也最具代表性的因素，再者为了计算和测量的方便，常常将人力资本狭义地等同于教育，于是受教育年限、学历程度等相关指标成为度量人力资本的关键变量。早期学者们主要关注人力资本中的度量和估算的问题，这也始终是学界讨论的一大焦点。改革开放初期，中国人力资本的现状堪忧，1982—2000年，全国平均受教育年数由4.61年增长至7.11年，虽然已略超过2000年世界平均水平6.66年，但仍远远低于同时期发达国家的9.76年。并且中国人力资本的投资水平也要大大低于同时期发达国家水平，1995年在校生人均教育支出 1001.3 元，远远低于同年美国 7789 美元的水平。同时人力资本的回报率要高于物质资本，在一定程度上反映出了人力资本的相对稀缺性和供给不足的问题。

教育对于缩小收入差距，促进社会公平同样起到了不可忽视的作用。具体可以从教育对于收入差距的作用方向和作用机制两个方面来进行解释。主张教育可以缩小收入差距的学者认为，人力资本的差距是收入差距的根源，促进教育资源分配的均等化，解决教育投入不平等分布的问题，能够在很大程度上缓解区域间的收入不平等问题。但部分学者观察到尽管我国整体的收入水平在上升，但是高学历和低学历之间的收入差距却在扩大。研究发现，教育收益率呈现随着教育程度提高而提高的趋势，并且相较于低学历者，高学历者更加容易进入正规部门就业，行业和职业之间的割裂又加剧了高低学历者之间的收入差距。所以说教育扩张并不必然带来收入差距的缩小，由于现实的劳动力市场存在一定程度上的扭曲，各地的劳动力流动也存在壁垒和户籍障碍，劳动力市场上存在的过度教育情况导致高学历并不一定获得高收入，收入也并不能完全真实地反映个人的劳动生产率。而且有实证研究更为具体地测度了各个学历层次劳动者的教育回报率，较高教育程度者（高中及以上）的教育回报率要高于较低教育程度者（初中及以下）约 5.9%。并且高收入者的教育回报率比低收入者的教育回报率要高出 2 倍多，教育回报率在不同人群之间的差距扩大是导致收入不平等程度加深的重要原因。高中学历的教育回报率最高，高于大专以上和初中以下学历水平的劳动者，据此建议将义务教育扩展至高中阶段，提高整体受教育水平，才能够更好地通过教育这一途径进一步地缩小收入差距。除教育收益率之外，教育质量的差异也是造成收入差距的重要的作用机制。教育质量差异的来源主要是地区之间教育经费投入的不均衡，2000—2005 年，城镇在校初中生生均教育经费一直是农村的 2 倍以上，城乡之间的教育经费差距对于城乡收入差距的贡献率达到了 43.92%。具体来看，基础教育投入的地区不平等程度要更为严重一些，由于基础教育的投入与地方经济水平有较大关系，而不像高等教育由中央政府主导，统一调拨经费，从而高等教育的生均教育经费差别较小。经济发达地区的教育经费要远远超出经济落后地区，如 2001 年上海市的小学生均教育经费是河南省的 10 倍，故教育质量差别集中体现为基础教育投入的地区差异，基础教育资源不均是造成地区间收入差距的最主要原因。

二　人力资本促进经济增长的机制

人力资本在内生经济增长理论中对于经济增长起到了关键性的作用，内生增长模型中将人力资本作为模型的内生变量，通过人力资本积累速度和人力资本存量两种方式影响经济增长。广义的人力资本可以用健康、教育、培训、迁移8个字来进行简单概括，也就是说，人力资本通过这4种形式具体作用于经济增长，而如果只研究人力资本中教育的影响，会严重低估人力资本的作用。并且，不容忽视的是，人力资本除了可以直接作用于经济增长，并且也可以通过对物质资本、技术水平的影响，间接作用于经济增长。

人力资本与物质资本存在互补关系。一方面体现在物质资本的丰富可以促进对于人力资本的投资，提高人力资本水平。另一方面，人力资本投资能够促进物质资本生产效率的提高，提高物质资本的利用效率，也能够维持物质资本的生产率水平，减缓其下降的过程，故人力资本被看作维持经济长期均衡发展的关键要素。在我国，关于人力资本与物质资本对于经济增长的作用究竟孰大孰小，学界一直有争论。实质上，根据比较优势理论，两者的作用大小会在不同的经济发展阶段相互转化。多数实证研究得出：改革开放初期到20世纪90年代物质资本的边际产出要大于人力资本的结论，认为当时高素质人才缺乏而简单劳动力供给过剩，人力资本的结构层次和水平偏低，劳动力市场不完善，因此导致对于物质资本的需求旺盛。而如今，我国已跨越刘易斯转折点，劳动力数量下降，结构性就业问题严峻，想要打破这种局面，一是依靠人口数量的增长，二是依靠人口质量的提升，但是新生人口在多年以后才能够进入劳动力市场。因此当务之急应是着重提高劳动力的素质，实现技术进步，转变经济增长方式，创造人口的二次红利，才是现今经济发展阶段的当务之急。

人力资本水平是技术进步的根源。技术的研发创新依托于高人力资本水平，技术的运用也依托于人力资本。人力资本是技术应用的先决条件，而具备更高水平的人力资本则可以提高新技术的使用效率，也是技术进步的一个重要基础。人力资本与技术进步之间是相互促进的关系。研究表明，教育水平较高的工人能够更快地掌握和运用新的生产技术，从而提高生产率。同时人力资本具有生产性功能，研发型人才进行技术的研发和创新活动，可以促进新技术的产生。另一方面，技术的进步和创新引致了对于高素质、高技能人才的需求，提高了相应劳动者的工资水平，促使他们进行进一步的人力资本投资。而企业如果长期使用简单劳动力进行一系列生产活动，只会导致企业的技术进步缓慢，有碍于企业的长足发展和技术水平的进步。

人力资本结构对于经济增长起着重要作用。人力资本研究对于经济增长的作用机制，不仅要考虑人力资本的整体水平还应考虑人力资本的结构层次。健康属于比较基础的人力资本形式，因为其他人力资本形式的获得和积累都要以健康为基础，而低层次的人力资本结构是以健康为主导的，这对于经济的提升作用可想而知。只有改善人力资本投资结构和改变经济发展方式，由劳动密集型转变为人力资本密集型产业发展模式，才能够进一步地挖掘经济增长的潜力，维持经济的持续稳定增长。

人力资本形式中的健康和教育对于经济增长的作用是讨论得比较多的，其中健康所起到的作用较为基础。研究发现，在农村地区健康相对于人力资本对脱贫起着更为关键的作用，而不是教育。因此，促进贫困地区的经济发展，首要的关注要点应当是贫困人口的营养和健康问题，而不是一味地进行教育投入。而关于教育对于经济增长的文献更是汗牛充栋，研究测算 1981—2000 年教育对于经济增长的平均贡献率为31.17%，并且不同教育程度的群体对于经济增长的贡献率有着较大差异，教育水平为研究生及以上的劳动力对于经济增长的贡献率是中等教育劳动力（高中及中专）的 4 倍左右，是初等教育（初中及以下）的150 倍，高等教育对于经济增长贡献率要远远高于其他类型教育，故建议提高义务教育年限至高中阶段，并且重点发展高等教育，能够很大程度发挥教育促进经济增长的作用。另外人力资本还具有生产功能，也就是说拥有人力资本的人可以通过教育这一途径将自身的知识和技能传授给受教育人群，从而进行人力资本的生产，提高劳动者的生产效率。人力资本的积累可以提高劳动力的质量和生产率，同时也可以延长劳动者的劳动时间，增加劳动供给。

三　人力资本与摆脱贫困

由于我国人口基数大，又是发展中国家，有着非常庞大的贫困人口数量，在全世界二百多个国家和地区中多年来基本均排在前 5 的位置。并且我国的贫困人口多数集中于中西部落后的农村地区，跟地区经济水平有着较大的关系。从人力资本的视角来看待贫困问题，贫困的发生可以解释为是由于劳动者的健康水平低、受教育程度低以及技能、体能水平欠缺而导致的无法应用和享受科技发展的成果，从而造成的收入低于贫困线以下的情况。扶贫一向是三农问题中的重点，但是扶贫过后，贫困地区往往具有相当比例的返贫率，大多维持在 15%—20% 之间，有些地区甚至高达 50%，从而陷入了贫困的恶性循环。授人以鱼不如授人以渔，光依靠政府的扶贫资金投入和物质补助，只是一种救济式扶贫，仅仅能够解决农民的温饱问题，农民仍然不具备生产足够的物质资料的能力，因而未能从根源上解决贫困循环的问题。而在保障农民基本生存和健康的前提下，加大贫困地区的教育投资，依靠贫困地区的劳动者发挥自身的主观能动性，提高自身的生产力水平，进行开发式扶贫才是打破地区贫困循环的根本措施。更有研究表明，在 4 种人力资本形式中，教育对于收入的影响最大、其次是健康，最后才是迁移。因此以下分别从教育、营养健康和迁移等几个方面对人力资本与脱贫进行大致的概述。

首先，健康人力资本对于减轻贫困起着至关重要的作用，贫困农村地区由于落后的医疗条件限制和食物供给不足等，健康营养水平较低。而营养与健康不达标对于劳动力的影响则集中体现在无法增加劳动供给时间或是劳动力数量，从而导致劳动的有效供给减少，影响农村的经济发展。《中国贫困地区信贷和贫困调查》数据显示，1997 年贫困农户中每有 1 个人因病误工 1 个月，给农户带来的种植业直接经济损失约为 2300元，接近种植业的年平均收入，这还不包括自身的医疗费用。健康是生命的基本保障，改善贫困地区的医疗水平，丰富农村地区的食物供给，能够改善人的营养水平从而降低贫困地区人们的生病率、死亡率，健康能够间接地影响劳动生产率。但是健康人力资本无法成为驱动经济长期发展的内生动力，仅仅是保障了基本的劳动供给，这就要求更进一步地人力资本投资同样也不可忽视。

故部分学者提出了基础教育才是贫困地区摆脱贫困的核心要素，并且多数研究也表明农村的贫困现象跟劳动力素质有较强的相关性。《1990年世界发展报告》就重点强调了对于穷人来说人力资本投资的重要性，加大贫困地区的人力资本投资是减轻贫困的关键措施。提高人力资本水平，第一，教育投资能够提升贫困户的思想水平，因而主动寻求解决贫困问题、提高自身收入的途径。进一步地发挥人类改造环境的主观能动性，利用自然环境或者新技术、新设备等创造更多的物质财富和生产资料。第二，对个人而言，提高人力资本水平也能够提高自身的生产效率，引进和学习新的技术运用到生产实践中去，从而提高整个地区的生产力水平，带领贫困地区走出贫困循环。但同时也可以观察到贫困家庭对于教育的投资过少，教育的成本相对而言较高，而收益也具有不确定性，因而贫困家庭的投资意愿偏低，继而恶性循环导致贫困的代际传递，从而使得某地区出现持续性的贫困。实质上收入和消费低于平均线水平只是农村贫困的表象，真正更深层次的原因是由于农村人口在医疗、教育方面的保障力度低，导致整体的健康水平和文化水平都偏低。因此，义务教育的落实就显得尤为重要，应该进一步的提高基础教育质量，努力将义务教育普及到高中阶段，尽量减少家庭对于教育的支出，使得贫困家庭能够更多的接受教育，从而才能够更有效的提高贫困地区的人力资本水平。

另外还有学者发现迁移对于缓解贫困同样具有重要影响。改革开放以来，农民工外出打工已经成为普遍现象。农户调查数据显示农村贫困家庭外出打工比例从 1997 年的 19.9% 上涨至 2000 年的 25%，并且农村迁移贫困户迁移所获得的收入已经成为原生贫困家庭摆脱贫困的主要收入来源。不过迁移跟收入水平本身就具有相关关系，收入水平越高的富裕家庭越有可能做出迁移的决策，而贫困家庭的迁移决策则需要面对诸多制约，因而迁移对于收入的提升作用有限，更可能在一定程度上是收入水平的一种反映。

第二节　教育决策与回报

对于理性经济人而言，是否进行教育投资，进行何种程度的教育投资，取决于两个方面的考量：一是当前进入劳动力市场可能获得的收入即机会成本，以及直接的教育投入成本，包括时间和金钱成本等；二是获得完整阶段教育后进入劳动力市场可能获得的收入，也就是教育回报。同时教育回报具有不确定性，并且只有在接受完整的教育阶段之后进入劳动力市场一段时间才能够显现出来；另外教育回报也并不是一个短期过程，教育回报率随着工作年限增长也可能有所变化。一般而言，更高的教育意味着更高的收入，就算刚进入劳动力市场时出现教育程度与工资不相称的情况，高学历的人也会更加容易获得晋升的机会。我们讨论的教育回报，多数时候指的是教育的工资回报，也就是教育回报率。该数值的含义是多受 1 年教育能够增长的工资幅度，这里暗含的假设是每受 1 年教育带来的工资上涨是相等的，而实质上高等教育与义务教育带来的工资回报并不能一概而论。故本节将围绕教育的劳动力市场回报、教育程度的工资差异和教育回报率的估计来对个人的教育决策与回报进行一个大致的分析。

一　教育的劳动力市场回报

教育的劳动力市场回报是影响家庭教育投资的关键要素，其中物质回报是个人考虑的最主要因素。并且教育的劳动力市场回报也主要集中于物质层面的研究。对于个人而言，通过劳动力市场的作用将自身人力资本投入生产活动中，从而获得相应的物质回报。对于社会而言，教育具有一定的正外部性，比如说个人在追求更高的教育水平的过程中，提高了自身的人力资本水平和劳动生产率，促进了技术进步，从而提高了社会的生产力水平，增加了社会的产品产出，进一步丰富了物质资本。但精神层面的教育回报也不容忽视，比如接受教育能够提高生活满意度、提高思想水平和道德修养，起到修身养性的作用。还能够对于女性的劳动参与率和婚姻幸福感等产生一定积极正面的影响。于社会而言，教育和文化的传播能够提高社会的信任度，降低社会犯罪率，增加国家的软实力，进一步提高国家的综合实力，从而在国际竞争中取得有利地位。

从不同的教育阶段来看，不同类型的教育所获得的劳动力市场回报是具有较大差异的。我国的教育体系可以归类为职业教育和普通教育两种教育类型，其中普通教育包括义务教育、普通高中到大学教育，而职业教育则包括中职、中专、高职高专和成人教育。首先，不同教育类型和教育阶段的劳动力市场回报差异最明显的是体现在教育回报率上。实证研究发现 1991—2000 年间普通教育的教育收益率都呈现随着教育程度的递增而递增的情况，在普通高等教育中，大学本科和大学专科之间的教育收益率差别较大，要明显大于普通高中教育程度和初中教育程度之间的教育回报率差异。另有研究发现非正规性劳动者中职业高中的教育收益率要明显高于普通教育。而成人教育与普通高等教育之间的差距也很大,成人本科工资对数低于普通本科约 0.17,而成人专业教育与普通专科教育的工资对数没有显著差异。这说明各类型教育之间的教育质量有着较大差异,尤其是国家层面较为注重高等教育和义务教育的发展,而职业教育和成人教育的发展则相对落后,这种差异在劳动力市场上明显体现出来。

教育的劳动力市场回报还相应地具有地区差异、个体特征差异、部门差异、行业差异、职业差异和性别差异等。教育回报的地区差异主要体现在东部沿海经济发达地区相较于中西部落后地区的教育回报率更高,城镇居民的教育回报率要高于农村居民,这主要是由于劳动力流动的不充分所造成的。同时正规部门就业者的教育回报率要高于非正规部门就业的劳动者,就业部门、行业、职业之间的差异主要是由劳动力市场分割所造成的。同时研究也发现年轻劳动者和工作年限更短的劳动者的教育回报率更高,由于年轻劳动者更能够接受和运用新知识、新技术,所以劳动者教育回报率的个体特征差异则更大可能与个人能力相关。而性别差异则主要体现在女性教育回报率要高于男性,同时也观察到女性的平均受教育年限要高于男性,这主要是由于劳动力市场歧视所造成的。但是教育的劳动力回报差异主要还是体现在不同教育程度和教育类型上,而其他方面差异都是次要的,这也进一步说明了劳动力市场的教育回报差异主要是由于劳动力市场机制决定的,而不是劳动力市场分割、歧视等原因造成的。

二 教育程度与工资差异

不同教育程度存在工资差异是教育的劳动力市场回报差异的最主要和关键的体现形式。而教育程度工资差异的原因,是在假设其他劳动力市场条件不具备影响的前提下,一是受教育年限数的差别,二是不同教育程度和教育类型之间的教育质量差别。故以下着重从受教育年限和质量的角度分析不同教育程度的工资差别。

从受教育年限的角度来看,受教育年限越高的人工资水平越高,平均来看,每多受 1 年教育,工资水平约增加 4.3%。并且多受 1 年教育所带来的工资回报会随着教育程度的提高而提高。不过工资方程估计教育回报率时暗含的假设是每提高 1 年受教育水平所带来的教育回报是等价的，而在区分教育—职业匹配状态的 D–H 模型估计中发现，过度教育者每提高 1 年受教育年限带来的工资回报要明显低于同岗位中处于教育—职业适配状态下的劳动者，此时，教育回报率随着教育程度的提高而提高的现象便不复存在。因此在全民受教育水平不断提高的态势下，寻找最合适的职业以达到职业—教育匹配状态，才能够更充分地发挥自身的人力资本。

按照教育程度划分，教育回报率的排序依次是高等教育、中等教育和初等教育。但近年来由于教育扩张，高等教育与中等和初等教育间的工资差异呈现出了新的变化趋势。部分研究认为，不同学历之间的工资差距正在扩大。由于高等教育的扩张，导致劳动力市场歧视日趋严重，从而进一步加大了接受高等教育人群和其他受教育人群的工资差别。另有学者则持相反看法，认为教育扩张缩小了学历工资差距。1999 年由于高等教育的扩张，自 2003 年起，大学毕业生就业难的问题逐步显现出来，工作搜寻的时间成本增加，并且大学毕业生起薪与农民工工资水平的差距日渐缩小，高等教育人群对于低学历人群的替代效应开始显现。用中国营养与健康的调查数据测算得出，我国的高等教育的回报率在 1991—2006 年间呈倒 U 形的变化趋势，在 2004—2006 年间呈现下降趋势，与此同时过度教育以及读书无用论等相关讨论也逐步成为社会热议话题。而中等教育与初等教育之间的工资差别，主要体现于中等职业教育的收益率要大于普通初中，进一步地也高于普通高中。20 世纪 90 年代到 21 世纪初，农村地区的平均年教育回报率估算值基本维持在 0—6% 之间，而 2007 年苏北农村的调查数据显示中等职业教育的年平均教育回报率达到了 9%，并且接受过职业教育的农民比只接受义务教育的农民所获得的平均年收入大致要高出 300 元左右。中等职业学历的毕业生由于其学习内容和培训技能的专业性，总是能够找到相对匹配的工作，因此刚进入劳动力市场时，其工资回报会高于同等教育年限的普通高中毕业生。

三　教育回报的估计

教育回报率直观地反映了教育的工资回报大小，而具体的教育回报率不仅关系到个人对于教育投资的决策，更加关系到国家层面教育政策的制定和未来教育发展的侧重点。在实证研究的发展过程中，教育回报率的估计方法也不断进步，同时测算过程中也发现，教育回报率在不同地区、人群、部门、行业和职业中都存在一定的差别，这反映了劳动力市场分割的现状、劳动力流动不充分以及劳动力市场歧视的典型事实。以下就教育回报率的估计方法演变、教育回报率的空间差异、教育回报率的个体差异和教育回报率的时间差异等方面分别概述教育回报率估计的创新和发展。

教育回报率的地区差异。整体上表现为东部沿海地区的教育回报率要高于中西部地区，具体又表现为城市地区的教育回报率要高于农村地区。经济发达地区的教育回报率较高，更多地被解释为经济发达地区的教育投入力度大、资金充足，同等阶段教育的教育质量较高，故每增加 1 年受教育年限所带来的工资回报也就更高。而城乡教育回报差距则是由于我国独特的户籍制度造成了劳动力市场上的城乡二元制结构，再者城市户口本身附着的隐性福利和优势以及教育资源分布的不均衡，导致了城镇和农村地区之间的教育回报率差异。首先，多数研究均表明城镇居民的教育回报率要稳定高于农村居民，从时间上来观察，全国住户调查数据显示，城镇居民的平均教育回报率从 1988 年的 4% 上涨到 2001 年的 10.2%，更有研究得出城镇居民教育回报率在 1990—1999 年间上涨了近 3 倍，并且多数研究均表明农村居民的教育回报率在这一时期基本维持在 2%—5% 的水平，可见农村教育收益率也在不断提高。其次，城乡教育回报率的绝对差距却在不断拉大。这一时期，由于城镇化的加速推进，农村剩余劳动力纷纷涌入城市，为城市建设添砖加瓦，加上教育资源的倾斜，导致了我国城乡发展差距明显。而在 1999 年高校扩张后，城乡教育回报率呈现缩小的趋势，甚至有研究得出农村地区的教育回报率超过城镇地区的结论。可见高校扩招增加了低收入群体接受教育的机会，促进了教育公平的进一步实现，同样也增强了劳动力在城乡之间的流动性，使得两者教育回报率逐步趋同。

在教育回报率变化的趋势上，首先，我国教育回报率在时间维度上呈现递增趋势。改革开放初期，多数研究测算得出我国的教育回报率一直偏低，城镇居民的教育回报率大致在 2%—3%，而农村居民的教育回报率则更低。在 20 世纪 90 年代到 21 世纪初，不少学者的实证分析结果都已表明这一点。而在 1990—2000 年之间逐渐递增，其中城镇居民收益率在 2000 年前后甚至达到并超过了世界平均水平的 10%，这可能与劳动力市场的逐步完善和教育水平和质量的提高息息相关。其次，与国际上其他国家不同，我国的教育回报率呈现随着教育程度的上升而上升的趋势，教育回报率并没有呈现边际递减趋势。1988 年，根据城镇住户调查数据得出，教育回报率是以小学、初中、高中和大学逐步递增，高中和大学阶段的教育回报差距并不是很明显，只有 0.6%。而职业教育与普通教育之间的差异却达到了 1.2%。并且 1989—2011 年的中国营养与健康调查数据显示，义务教育的回报率呈下降趋势，初中以上学历水平劳动者的教育回报率均呈上升趋势，且大专以上教育回报率的增幅约是高中或中专的 3 倍。这说明近年来，不同教育程度的教育回报率逐步拉大。

在教育回报率的性别差异上，尽管劳动力市场上存在性别歧视，但多数研究均表明女性的教育回报率要高于男性。对于女性而言，提高自身的受教育水平还有利于降低在劳动力市场上的性别歧视。在高学历人群中，性别工资差距呈现明显的收敛趋势。1988 年性别教育回报率差值为 2.9 个百分点，而 1992 年这一差值下降至 2.4 个百分点，1999 年再次上升至 5.8 个百分点。而在大学扩招之后，2003 年城镇职工的男女性别教育回报率差异又一次缩小至 2.9 个百分点。同时，女性较高的教育回报率也成为女性教育投资与决策的重要依据。

教育回报率估计方法的创新。教育回报率的估计方法，在 1990—2000 年间主要是以传统的最小二乘法为主，这时期城镇的教育回报率大致在 6% 左右，而农村的教育回报率则在 5% 的水平。但这一估计方法忽视了教育回报的异质性，也无法处理遗漏变量的问题。2000 年至今，学者们大多使用的工具变量法在一定程度上处理了遗漏变量的问题，最常见的工具变量便是父母的受教育程度，得出来的估计值往往却要高于 OLS 估计结果。而 2002 年的 5 个城市双胞胎数据能够较好地平衡个体之间的差异，采用固定效应模型基本控制住个体的先天能力差异后，得出来的城镇居民教育回报率在 2.3%，而 OLS 估计则高达 8.4%，这充分说明了忽略个体的先天性差别以及家庭背景等要素将会导致教育回报率被大大高估。

四　教育决策与工资上涨

前文中已经提到教育决策与教育成本和收益的关系，个人对于教育回报的衡量与当前劳动力市场的现状息息相关，包括对应专业和教育背景可能获得岗位的薪资水平，就业机会的多寡，就业面的宽窄，等等。本小节重点论述教育决策与近年来农民工工资上涨的关系。

首先，农民工工资上涨会促使农村家庭减少对于高等教育的投资。研究表明，家庭背景对于个体教育决策起到了至关重要的作用。劳动力市场的冲击在很大程度上会影响家庭的教育决策，除失业外，劳动力市场工资水平的相对和绝对变化，同样会影响家庭收入乃至家庭成员的教育投资。近年来，劳动力市场上体力劳动的工资水平出现明显的上涨趋势，2005—2009 年，仅 5 年间农民工的工资涨幅就达到了 65%，年均涨幅达到了 13%。而在 2010 年和 2011 年，农民工工资涨幅均超过了 20%。其中 2013 年，国家统计局数据显示农民工平均工资 2606 元，而同时期的全国抽样数据表明大学本科毕业生起薪约为 3370 元，仅为农民工工资的1.3 倍。一时间，读书无用论的论调甚嚣尘上，这一现象对于农村家庭的教育投资决策的冲击无疑是有很大负面影响。2017 年，农村居民人均教育文化娱乐支出为 1171 元，而城镇居民人均教育文化娱乐支出为 2847元，虽然农村人均教育支出只有城镇人均教育支出的一半不到，但却占到了人均可支配收入的 8.7%，高于城镇 0.9 个百分点。加之农村地区的公共教育投资不足，又加重了农村居民的教育支出负担，在实行义务教育法之后，农村家庭也会更多地在高中阶段辍学。农民工工资上涨态势，会更加减少农村家庭对于高等教育的投资，降低农村居民的人均受教育年限，长期来看会进一步加剧城乡差距。

其次，大学毕业生与农民工工资差距缩小会降低家庭预期的教育回报。农民工工资上涨以及大学生就业难、起薪低的现象，进一步加大了人们对于未来高等教育收益的不确定性。自 1999 年高校扩招以来，我国的大学毕业生逐年增多，2018 年，教育部公布的大学毕业生人数已达到820 万人，是 1999 年大学毕业生的近 10 倍。大学生就业难主要体现在初次就业率低，无法及时就业的问题也日渐显现出来，2015 年大学毕业生初次就业率仅有 77.7%，有将近 1/4 的大学毕业生无法及时就业。并且就业岗位与专业不匹配的比例高，劳动者自身的专业水平和教育程度都无法很好地适应劳动力市场的需求，往往报考某门专业时十分火热，而毕业后却成了冷门专业，只好寻找不匹配的职业进行就业。就业率低、专业不对口比例高以及初次就业起薪低的情况，对于家庭是否进行高等教育投资以及如何选择专业等教育决策均存在较大程度的影响。

第三节 教育质量与教育发展

改革开放 40 年以来，我国的教育事业得到了很大的发展。其中科教兴国、人才强国战略的提出，将教育摆在了社会主义建设的重要位置。随着我国人口红利的消失，人口政策也由重人口数量向重人口质量转变，走入了由中国制造迈向中国智造，由人力资源大国迈向人力资源强国的进程。改革开放 40 年来，教育事业取得的突出成就有：（1）我国的义务教育得到全面普及，基础教育发展态势良好，青壮年文盲率已达到国际标准。（2）高等教育事业发展迅猛，高等教育从精英化走向了大众化。（3）教育质量得到了明显改善，教育投入力度逐步加大。本节旨在从教育投入规模与机制、教育政策和体系变革、教育与劳动力市场三方面描述改革开放 40 年以来，我国教育的变迁、成就与发展。

一 教育投入规模与机制

教育质量与教育投入息息相关，而教育投入最主要的部分就是教育经费的投入，教师数量和质量、校园基础设施建设等都依托于教育经费的投入。从教育投入的总量来看，虽然我国教育经费占财政支出的比例呈现逐年上涨趋势，从 1978 年的 6.76% 上涨至 1994 年的 16.91%。但与其他国家相比，对于教育的投入远远不够。1978—1994 年教育投资占 GDP 比例维持在 2% 左右，远远落后于 31 个国家的平均水平 5.5%。同时 1978—1998 年，教育对于经济增长的贡献率大致为 15%，处于较低水平。教育经费的投入不足直接导致了贫困地区接受教育的比例低且辍学率高，对于农村家庭而言，教育支出一般要占到家庭年收入的 50% 以上，农村居民的教育负担过重又进一步地加剧了城乡差距。迈入 21 世纪以来，教育投入出现了大幅的上涨，2016 年我国财政性教育经费投入达到了 31396 亿元，是 1978 年教育经费的 418 倍，是 2000 年的 14.4 倍。根据教育部公布数据显示，2000—2016 年，教育经费投入占总体 GDP 比例均保持在 3%—4%，与国际水平差距逐步缩小。

从教育投入的结构来看，尽管各级教育投入资金比例相对均衡，但各级生均教育经费却差异很大。在 1978—2000 年,高等教育的生均教育经费是小学生均教育的 15—20 倍。这一现象在近年来有所好转,2000 年以来,这一倍数基本在 10 倍以内,2016 年下降至不到 2 倍,同时国家对义务教育的投入比例占到了教育投入的 50% 以上,各级教育投入趋向平衡。

从教育投入的机制来看,基础教育是采用中央领导、地方负责的分级管理办法。2000 年前后的数据表明,地方基础教育的投入有 80% 以上来源于地方财政收入,只有不到 20% 由中央政府出资,这就导致了教育投入的地区差距较大,表现为经济发达地区的教育投入高,而偏远落后地区的教育经费投入少。2001 年上海市的小学生均教育经费和初中生均教育经费分别是河南省的 10 倍和 6 倍。同时,教育投入的城乡差距也较大,以上海市为例,2001 年上海市小学生和初中生均教育经费分别是贵州农村地区的 10 倍和 8 倍。这一情况在迈入 21 世纪后有所改善。高等教育采取的则是由中央统一调配和拨款的制度,各省市的高等教育投入相对而言则要平衡一些。在 1999 年之前,高等教育几乎全由政府买单,个人无须出资,导致招生人数和规模都较小。而高等教育改革后,高校的学杂费收入在 1998—2005 年上涨了近 10 倍,教育支出也相应上涨了 3.5 倍。这期间城镇居民和农村居民的教育支出占总支出比例也上涨了近 1 倍,加大了个人对于教育的投入。

从改革开放至今的教育规模来看,我国高等教育规模不断扩大,职业教育齐头并进,义务教育全面覆盖。教育部数据显示,全国学龄小学生入学率由 1978 年的 94% 提高至 2017 年的 99.91%,初中阶段毛入学率由 1978 年的 66.4% 提高到 2017 年的 103.5%,[①] 2017 年义务教育巩固率为 93.8%。21 世纪初职业教育也迈入了高速发展阶段,招生问题一直是职业教育发展的难题,但这一时期,职业教育的总招生人数从 2002 年的不到 600 万人扩展到 2007 年的近 1100 万人,在这一阶段职业教育主要以中职为主,招生人数占比 70% 左右。而近年来,职业教育发展态势有所放缓,招生人数再次回落至 1000 万人以下,同时中等职业与高等职业教育人数占比平衡,中职生均教育经费约为高等教育的三分之二,总体规

---

① 毛入学率,是指某一级教育不分年龄的在校学生总数占该级教育国家规定年龄人口数的百分比。由于包含非正规年龄级(低龄或超龄)学生,毛入学率可能会超过 100%。

模和发展态势良好。高等教育规模发展更为明显，毛入学率从 1978 年的 2.7% 提高到了 2017 年的 45.7%，在学总规模由 1978 年的 228 万人发展至 2017 年的 3779 万人，规模扩大近 17 倍。但小学和初中在校生却是改革开放初期时规模更大、人数更多，但那时的高等教育入学率又偏低，说明改革开放初期，我国的教育层次偏低，而现在高等教育大众化，全民受教育水平和层次均得到了明显提高。

二　教育管理体制及其改革

改革开放 40 年来，我国的教育体制经历了不断的摸索和探究，随着一系列教育法和教育方案的出台，最终形成了具有中国特色的教育体系。总的来说，探讨我国的教育管理体制的变化，可以分为两个阶段，以高等教育改革为重要的时间划分节点，探讨 1978—1999 年、1999 年至今的教育体制变化和教育改革的措施。

第一阶段：改革开放到 20 世纪末（1978—1999 年），工作重心为普及义务教育，降低青壮年文盲率。1978 年中共中央举行了第十一届三中全会，会议确定了将工作重心转移到社会主义经济建设上来，在农业建设上则确定了以家庭联产承包责任制为核心的农村经济改革路线，重点提高粮食产量保障人民基本生活，进而带领全国人民迈向以社会主义经济建设为核心的社会主义建设进程。此时，农业现代化是加速农村经济发展的重点要点之一，但是改革开放初期，农民整体的文化水平太低，青壮年文盲率在 30%—40% 之间，偏远地区甚至在 50% 以上，[1] 难以将新知识、新技术运用到农业生产上来，这就使得提高农民文化素质成为推进农村经济改革的一项新的重要的任务。1982 年宪法中明确规定"国家发展各种教育设施，扫除文盲"，同时我国又提出新的愿景，计划在 2000 年之前扫除文盲，将青壮年文盲率降到 5% 以下。这就奠定了以义务教育和扫盲工作为重点的教育发展主基调。1985 年，中央发布了《关于教育体制改革的决定》，构建了由中央领导、地方政府负责的教育管理体系。紧接着又于 1986 年颁布《义务教育法》，确定了义务教育在我国国民教育体系中的重要地位。这阶段扫盲工作和基础教育成效显著，并在农村地区取得了较大的成功。2000 年全国人口普查数据显示，我国农村

---

[1]　国务院发布《关于扫除文盲的指示》，1978 年 11 月 6 日，国发〔1978〕234 号。

15 岁以上人口的文盲率从 1982 年的 37.74% 下降到 2000 年的 11.55%，降幅大大高于城镇地区。这阶段职业教育和高等教育的发展都较为缓慢，职业教育招生人数在 1998—2000 年连续下降，扩招之前高等教育入学人数也较低。1996 年我国颁布职业教育法，并在教育部设立了不同部门分管职业教育和成人教育，并且在 1998 年颁布高等教育法后，才初步形成了比较完整的国民教育管理体系。

第二阶段：21 世纪以来（2000—2018 年），高等教育发展态势迅猛，职业教育齐头并进，义务教育全面覆盖。随着 2006 年修改后的《义务教育法》颁布，国家开始实行接受义务教育的学生全面免除学杂费的措施，到 2008 年，城乡地区基本全面落实。这一措施促进了义务教育，实现了真正意义上的普及，也使得我国的教育事业迈向了一个新的发展阶段。高等教育在这一时期同样出现了重大转变，1999 年中央做出了扩大高等教育规模的重要决策，自此高等教育全面改革，改革的重心分别是大学扩招和实行收费制。由于之前高等教育都是依靠国家统一拨款，个人无须缴纳学杂费，受我国财政收入的约束，高等教育规模发展缓慢。经过此次教育改革之后，全国普通高等院校本专科招生人数由 1998 年的 108 万人上升至 2008 年的 607 万人，同时高校的学杂费收入在这一期间也上涨了近 10 倍，高等教育逐步从精英化教育迈向大众化教育。2013 年十八届三中全会中的《决定》强调了职业教育的地位，并号召加快职业教育体系的建设，培养具备专业技能的高素质人才。2014 年在《国务院关于加快发展现代职业教育的决定》中强调并树立了职业教育的发展方针，明确指出以服务发展为宗旨，以就业为导向。要求在职业教育的发展过程中促进学生培养环节的校企合作，强调实习培训等在培养学生过程中的重要性，实现"教学做"合一，在很大程度上促进了技能与职业岗位的匹配，至此，较为完备的职业教育体系形成了。

三 教育与劳动力市场

教育在劳动力市场中是连接劳动供给方和需求方的重要桥梁，它既可以反映供给方的信息，也可以通过需求方进一步作用于供给者，以改变供给者的行为从而为劳动力市场提供信号。

教育在劳动力市场中具有信号功能，雇主根据学历这一信号筛选相应的求职者，而求职者通过学历展现自身的能力和技能，从而促进劳动力供求双方实现匹配。在进入岗位之前，假定劳动供给者未能具有该岗位所需要的匹配技能，那么所有的供给者都是要进行培训的，而学历就是很好的能够将这个培训成本进行排序的重要观测指标和衡量指标，也是劳动生产率的一种体现。因此在劳动力市场中，雇主往往会根据职位对于求职者的学历来进行匹配筛选并给出相应的报酬。在充斥大量高学历的今日，求职者的学历竞争使得部分岗位学历被不断提高，过度教育的问题开始显现出来，往往求职者们为了获得某份工作过度地进行教育投资，而真正进入工作岗位之后，劳动者却发现了职业—技能不匹配的情况。

教育应当反映劳动力市场需求。当前，尤其是普通高等教育与劳动力市场脱节的情况严重，由于漫长的教材制作和备课环节，使得往往书本上学习到的知识无法及时反映劳动力市场的情况，这就导致了毕业生专业与岗位不匹配的情况。研究显示，1995 年的大学毕业生首份工作专业对口的比例为 66.7%，2005 年却下降至 31.6%，有将近 2/3 的大学生无法选择与所学专业相匹配的工作。就业数据体现了选择专业和学校的重要性，考生们往往选择热门专业报考，而 4 年下来，热门专业变冷门，就业难的问题开始凸显出来，无法寻找专业对口的工作是常态，这就使得自身的人力资本不能在劳动力市场中得到充分的发挥。研究显示，同一岗位中，职业—教育匹配的人群其教育回报率要显著高于职业教育错配的人群，并且职业—教育匹配人群也显示出更高的生活满意度和工作稳定性。当前教育体系未能使学生与劳动力市场有一个较好的衔接，这也是当前大学生就业难的一个重要原因。

教育在劳动力市场中具有生产性作用。教育不只是个体的劳动生产率的一种直接反映，其更重要的功能是，接受过教育的个体在投入劳动力市场进行生产的过程中，能够更好地运用新知识、新技术从而促进劳动生产率的提高。教育的生产性功能体现在两个方面：第一，教育能够提供服务，是一种消费品可以满足人的消费需求。第二，教育同时也是一种投资品，教育投资活动能够产生经济效益，提高受教育者的知识水平和技能，促进科学技术的发展，从而作用于生产力的提升。并且还有研究表明，由于教育对于劳动生产率的提升作用在竞争性越强的劳动力市场中越大，故竞争性越强的劳动力市场中其教育收益率也就越高。具体体现为经济发达的东部地区的教育收益率要高于中西部地区，私营企业高于国有企业和集体企业，90 年代以后入职者要高于之前的入职者，这同时也给教育回报率在不同劳动力市场中的差异提供了一种不同的解释。

参考文献

蔡昉：《人口转变、人口红利与刘易斯转折点》，《经济研究》2010 年第 4 期。

陈斌开、张鹏飞、杨汝岱：《政府教育投入、人力资本投资与中国城乡收入差距》，《管理世界》2010 年第 1 期。

陈浩：《人力资本对经济增长影响的结构分析》，《数量经济技术经济研究》2007 年第 8 期。

初帅、孟凡强：《高校扩招与教育回报率的城乡差异——基于断点回归的设计》，《南方经济》2017 年第 10 期。

都阳、朴之水：《迁移与减贫——来自农户调查的经验证据》，《中国人口科学》2003 年第 4 期。

杜育红、孙志军：《中国欠发达地区的教育、收入与劳动力市场经历——基于内蒙古赤峰市城镇地区的研究》，《管理世界》2003 年第 9 期。

范皑皑：《大学生人力资本的过度与不足——基于弥补型过度教育视角的实证分析》，《北京大学教育评论》2012 年第 4 期。

高玉喜：《中国贫困地区人力资本投资与经济增长》，《管理世界》1996 年第 5 期。

韩俊、汪志洪等：《中国农民工供给态势与"十二五"时期走向》，《改革》2010 年第 9 期。

何景熙：《人力资本投资：应对"三农"问题的战略选择——关于实施农村人力资源开发工程的思考》，《人口研究》2002 年第 6 期。

何亦名：《教育扩张下教育收益率变化的实证分析》，《中国人口科学》2009 年第 2 期。

侯风云：《中国农村人力资本收益率研究》，《经济研究》2004 年第 12 期。

胡鞍钢：《从人口大国到人力资本大国：1980—2000 年》，《中国人口科学》2002 年第 5 期。

李锋亮、丁小浩：《对中国劳动力市场中教育促进劳动生产率作用的实证检验》，《清华大学教育研究》2003 年第 5 期。

李实、丁赛：《中国城镇教育收益率的长期变动趋势》，《中国社会科学》
　　2003 年第 6 期。

宁光杰：《教育扩张能改善收入分配差距吗？——来自 CHNS 2006 年数据
　　的证据》同，《世界经济文汇》2009 年第 1 期。

屈小博：《教育回报与劳动力市场的非正规性——来自中国城市劳动力市
　　场的证据》，《世界经济文汇》2013 年第 5 期。

孙志军：《中国教育个人收益率研究：一个文献综述及其政策含义》，《中
　　国人口科学》2004 年第 5 期。

王德文、蔡昉、张学辉：《人口转变的储蓄效应和增长效应——论中国增
　　长可持续性的人口因素》，《人口研究》2004 年第 5 期。

王弟海：《健康人力资本、经济增长和贫困陷阱》，《经济研究》2012 年
　　第 6 期。

王美艳：《教育回报与城乡教育资源配置》，《世界经济》2009 年第 5 期。

翁杰、周必彧、韩翼祥：《中国大学毕业生就业稳定性的变迁——基于浙
　　江省的实证研究》，《中国人口科学》2008 年第 2 期。

邢春冰、贾淑艳、李实：《教育回报率的地区差异及其对劳动力流动的影
　　响》，《经济研究》2013 年第 11 期。

许玲丽、冯帅章、陈小龙：《成人高等教育的工资效应》，《经济研究》
　　2008 年第 12 期。

杨汝岱、陈斌开：《高等教育改革、预防性储蓄与居民消费行为》，《经济
　　研究》2009 年第 8 期。

姚先国、张海峰：《中国教育回报率估计及其城乡差异分析——以浙江、
　　广东、湖南、安徽等省的调查数据为基础》，《财经论丛》2004 年第
　　6 期。

叶茂林、郑晓齐、王斌：《教育对经济增长贡献的计量分析》，《数量经济
　　技术经济研究》2003 年第 1 期。

叶普万：《贫困经济学研究：一个文献综述》，《世界经济》2005 年第
　　9 期。

余长林：《人力资本投资结构与经济增长——基于包含教育资本、健康资
　　本的内生增长模型理论研究》，《财经研究》2006 年第 10 期。

岳昌君、张恺：《高校毕业生求职结果及起薪的影响因素研究——基于

2013 年全国高校抽样调查数据的实证分析》,《教育研究》2014 年第 11 期。

张车伟:《人力资本回报率变化与收入差距:"马太效应"及其政策含义》,《经济研究》2006 年第 12 期。

张车伟:《营养、健康与效率——来自中国贫困农村的证据》,《经济研究》2003 年第 1 期。

张帆:《中国的物质资本和人力资本估算》,《经济研究》2000 年第 8 期。

张涛、张若雪:《人力资本与技术采用:对珠三角技术进步缓慢的一个解释》,《管理世界》2009 年第 2 期。

赵丽秋:《人力资本投资与收入不平等——教育质量不平等的影响》,《南方经济》2006 年第 4 期。

赵人伟、Griffin, Keith B.:《中国居民收入分配研究》,中国社会科学出版社 1994 年版。

中国大学生就业状况调查课题组:《2015 年中国大学生就业状况调查报告》,《中国大学生就业》2016 年第 10 期。

中华人民共和国国家统计局农村社会经济调查总队:《中国农村贫困监测报告》,中国统计出版社 2000 年版。

周亚虹、许玲丽、夏正青:《从农村职业教育看人力资本对农村家庭的贡献——基于苏北农村家庭微观数据的实证分析》,《经济研究》2010 年第 8 期。

诸建芳、王伯庆、恩斯特·使君多福:《中国人力资本投资的个人收益率研究》,《经济研究》1995 年第 12 期。

邹薇:《传统农业经济转型的路径选择:对中国农村的能力贫困和转型路径多样性的研究》,《世界经济》2005 年第 2 期。

Duncan G. J., Hoffman S. D. M., "The Incidence and Wage Effects of Overeducation", *Economics of Education Review*, 1981, 1 (1).

George Psacharopoulos, "Harry Anthony Patrinos Returns to Investment in Education: A Frther Update", *Education Economics*, 2004, 12 (2).

Li H., Yi Luo, "Reporting Errors, Ability Heterogeneity, and Returns to Schooling in China", *Pacific Economic Review*, 2004, 9 (3).

Li H., Liu P. W., Ma N. et al., "Does Education Pay in Urban China? Estimating Returns to Education Using Twins", *Discussion Papers*, 2003, 97

（2）．

Train R. E. , "The Quality of Growth", *Science*, 1974, 184（4141）．

Zhang J. , Zhao Y. , Park A. et al, "Economic Returns to Schooling in Urban China, 1988 to 2001", *Journal of Comparative Economics*, 2005, 33（4）．

第九章　改革开放以来职业培训研究的 演进和嬗变①

　　职业培训不是什么新生事物，人们也并不陌生，因为它是获取生产和工作所需技能的重要途径。对此，马克思在《资本论》中做过精辟论述："为改变一般人的本性，使他获得一定劳动部门的技能和技巧，成为发达的和专门的劳动力，就要有一定的教育或训练。"② 从词义看，职业培训是指对准备就业和已经就业的人员，以开发其职业技能为目的而进行的技术业务知识和实际操作能力的教育和训练，通常分为后备培训和在职培训。在内容上，职业培训又可进一步分为就业技能培训、岗位技能提升培训和创业培训等类别。显然，职业培训是构建人力资源强国的题中之义。

　　本文基于改革开放 40 年来职业培训领域的文献资料，评述中国职业培训研究的热点、重点，归纳其嬗变特征。在方法上，本文以文献研究为主，并适当结合史实叙事。需要说明的是，所引述的早期文献不乏"就业训练""职业技术教育""职业技术培训"之类表述，这是因为在中国，"职业培训"这一专业提法是 20 世纪 90 年代才正式确立的。本文首先回顾改革开放初期至 1992 年的职业培训研究，而后从 1993 年开始，根据文献内容的侧重点分专题述评。之所以将改革开放初期至 1992 年作为一个时间单元进行评述，是因为该时期的职业培训工作有一些特殊性，而且 1992 年是中国经济体制改革的一道分水岭。③

---

　　① 周灵灵，经济学博士，国务院发展研究中心公共管理与人力资源研究所助理研究员，主要从事劳动经济学、发展经济学研究。本文系周灵灵主持的国务院发展研究中心 2018 年青年招标课题"高质量发展阶段技能需求与技能培养研究"阶段性成果。
　　② 马克思：《资本论》（第一卷），中央编译局译，人民出版社 2004 年版，第 200 页。
　　③ 时任总书记江泽民在 1992 年 10 月召开的中国共产党第十四次全国代表大会上提出"我国经济体制改革的目标是建立社会主义市场经济体制，以利于进一步解放和发展生产力"，拉开了市场经济体制改革大幕。

第一节　改革开放初期至 1992 年的
职业培训研究

一　城镇待业问题与"先培训，后就业"

改革开放伊始，就有学者意识到在现代化生产建设中，随着科技不断进步，不仅要对后备劳动力进行培养训练，对在职职工也要进行培训和提高，要改革和创立适合中国国情的培训制度（滕梅生、方清，1984）。当时，为了解决返城知青、"文化大革命"中被耽误学习的青壮年劳动力以及新成长城市青年的就业和培训问题，党和政府也特别强调要改变教育结构单一的状况，大力发展职业技术教育，以期为社会主义现代化建设培养高素质的劳动技术大军。例如，1981 年 11 月 18 日发布的《关于青壮年职工文化、技术补课工作的规定》和 1982 年 12 月 2 日印发的《关于青壮年职工文化、技术补课工作若干问题的补充规定》皆规定："凡 1968 年至 1980 年初、高中毕业而实际文化水平达不到初中毕业程度的职工，和未经专业技术培训的三级工以下的职工，均应补课。"目的是给"文化大革命"中被耽误学习的青壮年劳动力补文化、技术课，主要是通过学习技术理论和开展岗位练兵使培训对象掌握相应工种初级工必须掌握的基本技能。资料显示，从"六五"期间开始对在职职工进行"双补"培训，截至 1987 年全国有近 2000 万人完成"双补"任务，职工技能水平得到了较大提升（劳动部职业技术培训司，1988）。总之，围绕上述群体的就业和培训问题，改革开放初期至 1992 年的职业培训及相关研究具有鲜明的时代特征。

对于"文化大革命"遗留下来的待业问题①，冯兰瑞、赵履宽（1981）在对 1949—1980 年劳动就业情况进行回顾的基础上，认为可通过放宽政策广开门路、兴办集体国有制企业、举办服务公司、发展劳动密集行业、加强职业技能培训等方式予以解决，也即"激活就业、安排就业、创造就业、自谋出路"多形式并举。其中一个关键举措是进行就

---

① 当时还没有"失业"这一提法，常用"待业"来指代。

业制度改革，贯彻实施"先培训，后就业"原则。对此，申子（1984）总结了"先培训，后就业"改革的主要内容、实践经验及意义，认为它有效克服了培训与就业相脱节现象，不仅为待业青年创造了有利的就业条件，提高了劳动后备力量的素质，对提高企业劳动生产率和经济效益也具有重要意义。在具体的培训实践方面，实行定向培训，建立培训合同，是训练与就业紧密结合的有效途径。对于中央提出的"先培训，后就业"原则，时任劳动人事部副部长李伯勇 1987 年 11 月 12 日在全国就业训练中心研讨会上指出，这个原则是根据我国历史发展和生产力水平的实际需要逐步形成的，它是整个劳动制度改革的重要内容和组成部分，根本目的在于提高劳动者素质和促进就业，实现劳动者的充分就业与人力资源开发（李伯勇，1987）。

一般来说，开展职业培训（当时称为"就业训练"）[①]，得先评估培训对象的规模和培训需求。据研究，改革开放初期全国经济战线上有70% 的干部文化程度在初中以下，全国有 1/4 的职工需要进行文化技术补课。以上海为例，调查显示 1977—1980 年安排的 108 万人就业中，只有18 万人经过"训练"，仅占就业人数的 16%；南京市对 5523 个待业青年的调查表明，具有一定专业技能的只有 150 人，只占调查样本的 3%（滕梅生、方清，1984）。为此，政府组建了一大批"劳动服务公司"。除开办文化补习班、职业训练班外，劳动服务公司还开办一些生产和服务的专业厂、专业队，组织待业者从事临时性工作（冯兰瑞、赵履宽，1981），是将"教育与生产劳动、训练与就业、政治教育与技术训练"紧密结合的新型社会劳动组织。到 1988 年年底，全国有劳动服务公司 6.5万所，生产经营网点 23 万个，从业人员达 730 万人（肖然、永盛，1989）。到 1989 年，全国劳动服务公司累计安置 1200 万人就业，又通过介绍用工等方式向社会输送了 500 多万名合格劳动力（张左己，1989）。

二 就业训练的性质、任务和社会经济效应

从世界范围看，肇始于 20 世纪 60 年代的人力资本理论促使人们越发

---

① 20 世纪 80 年代，在我国的理论研究和实际工作中常把后来的"职业培训"称为"就业训练"。例如，1982 年 12 月 4 日，第五届全国人大第五次会议通过的《中华人民共和国宪法》，第四十二条明确规定："国家对就业前的公民进行必要的劳动就业训练。"将就业训练列入了国家根本大法。

认识到职业培训的重要性（Becker，1962），相关研究也如雨后春笋般涌现。但对于刚刚改革开放的中国而言，能意识到职业培训的作用和重要性并探讨其经济效益，尤为可贵。这方面，滕梅生和方清（1984）较早探讨了"就业训练与经济效益"问题，认为就业训练的经济效益与一般物质资料生产部门的经济效益表现形式是不同的，它主要是通过受训练的劳动者在各种经济活动中，使教育这种潜在的生产力变为现实的生产力，是提高劳动力素质的重要手段。他们基于当时的就业环境，认为就业训练不仅有利于扩大就业、巩固就业成果，还有利于青年就业意识的转变和劳动制度的改革，是调整普通教育与职业教育比例失调的有效措施。[①] 他们还从动员社会力量，广开办学门路，实行定向培训，充分利用技工学校和劳动服务公司组织就业训练等层面探讨了提高就业训练经济效益的途径。

与之相似，赵金亭、于和（1989）探讨了就业训练的性质、任务和特点，认为"就业训练是为培养求职者具有适应职业岗位需要的专业知识、业务技能、品德素质而进行的教育和训练的活动"，是劳动就业最基本的准备，是对劳动者的智力开发，是特殊的职业教育类型，是劳动和教育的相互渗透体和交叉点，同时也是科学技术向生产力转化的中介环节，具有"机动灵活、拾遗补阙、以训练动手能力为主、直接为就业服务"等基本特点。他们还探讨了就业训练的发展趋势，认为需进一步"扩大培训规模，提高就业前训练普及率""提高培训质量，逐步实现就业训练规范化""适应商品经济特点，开展有偿培训"。这些观点在今天看来也是很适宜的。当然，受社会经济发展阶段的约束，其认识也有一些局限性，比如对于培训对象，他们认为就业训练的对象主要是社会待业人员，其次是需要再次就业或转换职业的待业职工，而没有包括在岗职工的岗位技能提升培训。

文誉（1984）则结合自身在劳动人事部的工作体验，认为职业技术培训是智力投资和劳动再生产的一部分，职业技术培训属于教育、劳动和经济等多学科之间的边缘科学，只有使之形成一门独立的学科来做专

---

① 20 世纪 80 年代初，中国普通教育的状况是：大约有一半的初中毕业生不能升入高中，90% 的高中毕业生不能升入大学。存在初等教育不普及、中等教育结构不合理、高等教育规模很小等突出问题。

门的科学研究，才能更好地了解它的本质和探索它发展的规律、才能更好地进行科学理论的建设，促进职业技术培训的发展。

三 劳动服务公司、就业训练中心的职业培训工作

改革开放初期，承担职业培训工作的主要是劳动服务公司和就业训练中心。而且，当时的大多数公共就业训练中心是在国家没有专项拨款的情况下，主要由劳动服务公司靠少量就业经费和自筹资金，因陋就简、从小到大建立起来的。到 1988 年年底，全国劳动服务公司创办了 1810 个就业训练中心，直接培训能力达到 60 万人次（肖然、永盛，1989）。从当时看，劳动力资源在质量上仍处于较低层次，需进行就业训练的约占70%，培训任务相当繁重（张左己，1989）。对此，肖然、永盛（1989）认为劳动服务公司强化就业训练工作具有多方面的积极作用：一是为劳动者就业或转业创造必要的前提条件；二是为劳动者开拓新的职业岗位；三是可以缓解结构性失业矛盾，有利于待业人员充分就业和社会安定团结；四是能提高劳动者素质和劳动生产率，创造更好的经济效益；五是有利于"先培训，后就业"原则的贯彻执行、普及职业技术教育，且有利于劳动制度的深化改革，促进劳务市场的发展和新的就业机制的形成。并进一步指出劳动服务公司要强化就业训练工作，广泛开展就业训练和专业训练，把更多的待业人员吸收到各种培训机构中来学习和培训，除了要做好基础性、专业性工作外，还要善于团结、依靠和推动社会力量办培训，为一切求职者创造就业条件。

在回顾劳动服务公司发展历程的基础上，张左己（1989）认为劳动服务公司很好地坚持了"为劳动就业工作服务、为劳动制度改革服务"基本方向，走出了一条"以劳动力资源的开发和利用推动经济发展"的创业就业道路，探索了一整套宝贵经验，如"坚持社会效益和经济效益并重的原则，在搞活经济、发展生产的基础上尽力扩大就业""加强劳动生产基地和就业训练基地建设，促进后备劳动力的储备和开发"。徐世民（1988）则分析了就业训练中心在国民经济中的作用，认为它有利于促进多种所有制经济的发展，有利于提高劳动者素质、促进生产力发展，也有利于贯彻"先培训，后就业"原则。

对于就业训练中心的职能和特点，华荫昌（1988）认为它们主要是进行单项技能的培训，也就是"一技之长"，培训对象主要是需要就业的

初、高中毕业生，同时也承担待业职工的转业训练、配合部队进行军地两用人才培训，并承担一定的在职职工培训提高任务。在需要和可能时，可开展农村富余劳动力转移培训。就业训练中心培训质量的高低很大程度上取决于动手能力，也就是操作技能的高低，故而必须突出操作技能训练，生产实习和生产经营相结合很重要。此外，李伯勇（1987）在全国就业训练中心研讨会上总结了就业训练中心的重要建设经验，即"指导思想明确，培训为就业服务""坚持和发扬自力更生、艰苦奋斗精神""与'三结合'就业方针①紧密结合，促进用工制度的改革""突出操作技能训练，结合生产经营，切实提高培训质量"。

总体而言，改革开放初期到 1992 年，中国职业培训事业取得了较大发展，初步形成了具有中国特色的多形式多层次，以培养技能为主，职前职后相衔接的职业培训网络，为职业培训事业发展奠定了良好基础（周灵灵，2018）。这期间的职业培训研究也逐渐从对"文化大革命"遗留下来的待业和文化技术补课问题的关注，转向新成长劳动力和普通劳动者的职业培训问题，也就是说，关注的重心随社会经济发展发生了变化。不仅如此，不少学者还开始探讨中国特色的职业培训体系。当然也需看到，该时期的研究在规范化方面还存在诸多不足。

第二节　1993 年以来职业培训研究的演进及重点

党的十四大后，随着社会主义市场经济体制的建立完善，职业培训工作在总结、巩固、提升以往经验和做法的基础上，为适应社会经济发展需要，也在不断地改革。特别是"转换国有企业经营机制，建立现代企业制度"系列工作的推进，从 20 世纪 90 年代中期到 21 世纪初出现了国有企业职工"下岗潮"。与此同时，随着改革深化、产业结构升级、增长方式转变，以及日益严峻的人口老龄化，劳动力市场呈现出"用工荒"与结构性失业并存现象。解决这些问题的一大法宝便是开展职业培训，

---

① "三结合"就业方针是指在国家统筹规划和指导下，实行劳动部门介绍就业、自愿组织起来就业和自谋职业相结合的方针。该方针是中共中央 1980 年 8 月在《进一步做好城镇劳动就业工作》这一文件中提出的，目的是为了更好地解决城镇就业问题。

实现职业培训与就业的一体化。譬如，"十五"期间（2001—2005 年），中国培训下岗失业人员 2500 万人次，[①] 极大舒解了国企改革带来的阵痛。与之相应，职业培训研究逐步突破了研究主体、对象和内容过于单一的窠臼，实现了向多元化、规范化和国际化的转型。本部分从职业培训意愿、培训效果、职业培训对就业和收入的影响、职业培训改革等主要层面评述近 20 年来职业培训研究的演进情况。

一　职业培训意愿研究

开展职业培训工作面临的首要问题便是培训意愿。即便政府或企业免费提供职业培训，也并不是人人都想参训。一般来说，劳动者参加职业培训的主要动机既来自内生需求，也源于外生驱动（许小青、柳建华，2005）。其中，内生需求包括职业发展、认知兴趣等因素，外在因素则包括社交接触、社区服务、外界期望和社会刺激等。而且，劳动者的学历、职位、收入等个体特征也会影响参训意愿（肖凤翔、陈潇，2015）。例如，萧今、曾满超（2004）基于深圳 76 家公司 3475 名员工的调查数据，探讨了员工关于职业培训的四种选择：参加企业提供的教育和在职培训、参加培训机构组织的教育和职业培训、两个都参加或者是都不参加，而选择何种模式与员工个体特征及公司文化有关。总的来说，只有符合实际需求的职业培训，才能最大限度地调动劳动者职业培训积极性。

从个体特征来看，年龄、性别、工作年限、教育程度和工资水平等都有可能影响劳动者的职业培训意愿。一般认为，年纪轻、处于工作初期阶段的劳动者接受新事物的能力相对强，更愿意参加培训，从培训中获得的收益也更大（许昆鹏等，2007；孟宪生等，2011）。对女性而言，职业培训态度越积极、家庭经济状况越好、获取培训信息渠道越通畅的妇女群体，职业培训参与度越高（刘华等，2017）。工作年限方面，孟宪生等（2011）认为工作经验越丰富、培训带来的边际收益越小，劳动者参加培训的意愿就会越低。杨晓军等（2008）则指出工作年限与培训意愿的关系可能是非线性的，因为他们基于武汉市实地调研数据，发现工作年限与培训意愿之间呈"倒 U 型"关系，工作半年至 2 年的时间内，

---

① 数据来源：《国务院批转劳动和社会保障事业发展"十一五"规划纲要的通知》（国发〔2006〕35 号）。

职业培训意愿较为强烈，有过培训经历的农民工接受培训的意愿也越强。

从农民工培训的实际情况看，尽管国家出台了一系列提升农民工人力资本、促进农民工就业的政策措施，但成效并不是很显著。例如，根据2017年全国农民工监测调查数据，仅有32.9%的农民工接受过农业或非农职业技能培训。那么，影响农民工职业培训意愿的因素又有什么特殊性呢？黄德林、陈永杰（2014）基于武汉、厦门、沧州的调查数据，发现农民工职业培训意愿与年龄、工作年限、耕地数量负相关，与性别、职业类型没有显著关系，但与其教育水平和工资水平正相关。而且，农民工职业培训意愿的影响因素会呈现出一些地区差异。随着第一代农民工年龄增长、逐渐返乡，出生于20世纪80年代的新生代农民工成为劳动力市场的主力。对此，马世英、崔宏静、王天新（2014）从消费视角探讨了我国西北少数民族地区新生代农民工的职业培训支付意愿，结果表明，感知价值、参照群体影响对新生代农民工职业培训支付意愿有促进作用，而感知风险在新生代农民工职业培训支付意愿与感知价值、参照群体影响的关系中发挥负向调节作用。据此，相关企业和培训部门可优先考虑从提高感知价值和调动参照群体影响着手，有针对性地设计职业培训内容、推广职业培训项目，提升新生代农民工人力资本的价值。韩娟（2017）基于上海、南京、杭州、宁波的问卷调查和实地调研资料，发现"未婚、认为自己有一技之长、收入高、从事脑力劳动"的新生代农民工更愿意参加职业培训，而性别、年龄、受教育程度、岗位性质对农民工职业培训并无显著影响。总体上，新生代农民工参与职业培训的动力不足，成效较差。

在城镇化进程中，一个不可避免的问题是，一些农民会因建设需要而失去土地。如何解决失地农民的就业问题成为统筹城乡发展的重要议题。毋庸置疑，职业培训是失地农民实现就业的重要手段。以城郊失地农民工为例，其参与职业培训的意愿受家庭劳动力人数、土地被征用情况、以前是否接受过培训以及未来的期望收入等多种因素的影响（卫龙宝、阮建青，2007）。黄祖辉、俞宁（2007）研究发现，技能培训经历、雇佣关系、对培训效果的看法以及培训时间等因素对失地农民的培训意愿也有显著影响。曾国平等（2011）对重庆的失地调查结果表明，影响失地农民职业培训决策的关键因素包括培训目标、内容、方式、教师、费用以及培训设备资源和资金资源。显然，失地农民更关注培训项目的特征，具有较强的针对性，且更注重理论与实践相结合的培训内容，以及更通俗易懂的培训方式。

二 职业培训效果研究

一般来说，开展职业培训的最终目的便是实现各相关主体的效益最大化。培训效果的衡量标准大体就是培训目的实现程度，包括学员对培训的直接反应和感性认识，以及培训后学员的行为和绩效的改进程度（张伶、何建华，2011）。职业培训一定程度上增加了企业成本，而培训效果是未知的，培训动机、培训内容、投资力度、培训师资、培训周期、员工努力程度和培训系统等都会对培训效果产生影响（洪新原，2002；George Messinis，2009；洪列平，2012）。有研究认为职业培训可以提高员工的生产率，特别是在制造业企业中人均培训支出越高，回报就越大，企业通过培训可获得更大收益（Liu & Lu，2016）。也有研究认为，培训收益与员工努力程度密切相关，尤其是针对一些特殊岗位的职业培训。可以说，职业培训是企业与员工间的一场博弈，只有当企业重视长期利益、员工付出最大努力时，培训投资的回报率才能最大化（汪丛梅、黄岚，2007）。

与培训项目安排和组织形式相关的内容可称为培训系统。对此，张伶、何建华（2011）基于五个城市的农民工抽样调查数据，发现农民工职业培训系统主要包括环境设施、培训内容、培训教材、培训方法、培训周期、培训时间、考试认证七个方面，这些都与农民工职业培训效果显著正相关。张扬（2008）基于河南省的调查表明，农民自身素质、培训体系、外部环境等都会影响培训效果。此外，一项基于武汉市企业调研数据的研究发现，职业培训依然存在一些问题，一方面，部分企业不愿意承担培训成本，对培训不够重视，忽视培训需求，培训材料与培训需求不匹配。另一方面，职业培训过于简单，通常只是基于工作实操，忽视了理论知识学习，难以提高员工综合素质。而且，一些高科技企业的员工缺乏就业技能培训（Xie & Shuai，2008）。这些问题都会使职业培训难以达到理想效果。

三 职业培训对就业的影响

职业培训对劳动者的直观影响主要体现在就业和收入两大方面。从改革开放实践看，近40年来，中国就业结构发生了重大转变，城镇就业比重由1978年的23.7%提高到2017年的54.7%，增加了31个百分点，平均每年提高0.79个百分点。而且，三大产业就业结构的高低排序从"一、二、三"的发展型模式提升到了"三、二、一"的现代模式，就业结构更加合理。[①] 这意味着农村劳动力随社会经济发展发生了大规模的转移。总体上，农民工在城市就业以体力劳动为主，工作环境差、工资水平低、流动性大。但随着新经济、新业态的涌现和发展壮大，越来越多的农民工实现了就业升级，这对农民工技能水平提出了新要求。职业培训正是解决农民工技能短板的重要途径。因为与正规教育相比，职业培训是影响农民工正规就业更为直接和有效的人力资本要素，它能够补偿农民工就业过程中的教育劣势（展进涛、黄宏伟，2016），有助于农民工从事技术岗位和管理工作，对提高农民工工作满意度也有积极作用（刘万霞，2013）。

应当说，职业培训大大增加了农村劳动力外出就业的机会（谢正勤、钟甫宁，2006），影响了农民工的就业选择，但不同类型的培训方式对劳动者的就业决策影响不同。比如，刘万霞（2013）基于2010年全国农民工调查数据的研究表明，职业教育和职业培训对农民工从事技术岗位及管理工作有明显帮助，通过技术培训可以提升农民工的工作满意度，但不同的职业教育和技能培训对农民工就业选择影响存在差异，当学徒工、自费培训有助于农民工成为技术工人，政府培训有助于提高农民工的普通技能和择业能力，企业培训则有助于提高农民工的归属感和工作效率。王建（2017）基于城市农民工调查数据比较了正规教育与技能培训对农民工正规就业的影响，发现职业技能培训对农民工正规就业有更强的促进作用，并表现出代际差异和职业分化，技能培训对第一代农民工作用更显著，有利于农民工的职业分化。

也有学者探讨了职业培训对农民工职业转换的影响，发现进城农民工接受培训后会减少工作变动的次数（谢勇、陈昭玖，2009）。一项基于北京、广州、大连、西安四个城市的调查研究也表明，技能培训对工作转换频次有显著负影响（张艳华、沈琴琴，2013）。由于培训具有异质性，不同类型的培训对农民工工作转换的影响也会存在差异，如江金启、

[①]　国家统计局网站：http：//data. stats. gov. cn/easyqnery. htm？cn＝col。

陈婧文（2016）用辽宁省 2014 年农民工抽样调查数据指出，企业对农民工开展专用型人力资本投资可以降低员工工作转换，而政府提供或者农民工自主参加的通用型人力资本投资无法降低农民工的工作转换。与此同时，随着工作经验的增加，农民工工作转换的概率呈先降后升现象。由此，要想有效解决农民工频繁变动工作问题，企业应把农民工纳入培训体系中，同时，政府可通过补贴政策来协助企业进行农民工培训，帮助企业分担培训成本和风险。

四　职业培训对收入的影响

对劳动者而言，参加职业培训的初衷大多是为了实现更高质量的就业、增加工作收入，但从实际情况看，职业培训是否能促进收入增长，尚未得到一致结论。有研究认为职业培训对收入增长有显著影响（Jin Xiao，2002；张世伟、王广慧，2010；李实、杨修娜，2015），农村职业教育能显著提高家庭收入，其平均回报率约为 27%（周亚虹等，2010），职前培训和在职培训则能使农民工月收入分别增长 21% 和 5%（张世伟、王广慧，2010）。具体来看，Jin Xiao（2002）基于 1996 年深圳调查数据分析了正规教育、在职培训、成人教育三种人力资本开发方式对雇员工资收入的影响，发现上岗前正规教育只对雇员初始工资有正向影响，工作经验和职业培训对工资增长有明显促进作用。制造业企业由于要引入新技术，通常会比服务业提供更多的就业培训，从而有利于提高劳动者的竞争力和工资水平。在另一项研究中，作者基于 1998 年上海 2206 名雇员的工资调查数据，也得出类似结论（Jin Xiao，2001）。李唐、程欣（2016）则使用 2015 年中国企业—员工匹配调查数据，指出参加技能培训能使员工工资平均提升 6.3%—7.3%。从农民工培训的收入效应看，一项基于国家统计局 2011 年农民工监测调查数据的研究发现，教育程度越高的农民工更愿意接受培训，以提高其专业化人力资本水平和收入，其中，接受过非农技能培训的农民工比未接受技能培训的农民工月工资高 136.8 元，培训使农民工人力资本净收益提高了 8.24%（屈小博，2013）。此外，李实、杨修娜（2015）基于 2007 年 CHIP 数据和 2010 年国家卫计委数据，指出培训能使农民工月均工资提高 6% 左右，女性的培训收益率高于男性。

也有学者认为，职业培训并未发挥其应有的价值。例如，Ying ChuNg

（2005）基于上海调研数据，探讨了不同种类培训对员工工资的影响，结果表明，在职培训、非正规培训对员工工资影响并不显著，脱产培训只对女性员工工资有显著正向影响，而且，企业规模越大，提供的培训机会也越多，国有企业往往缺乏培训动力。王海港、黄少安等（2009）考察了珠三角地区农村职业培训状况，发现农民参加政府主导的职业培训热情并不高，最终培训结果是最有可能参加培训的人并没有获得最大的收益，而那些培训积极性不大的人却能获得比较大的收益。究其原因，真正需要参加培训项目的普通村民由于家庭、时间、培训机会成本等原因，参与培训的比例较低，而参加培训的大多为素质较高的人群，培训收益相对小。

当然，不同类型职业培训对工资的影响也会有所差异，如就业技能培训、岗位技能提升培训和创业培训。宋月萍、张涵爱（2015）基于第3期中国妇女社会地位调查数据，发现技能型培训、技术型培训、普及型培训这3类培训对农民工工资提升的比例分别为13.4%、8.4%、1.6%，而且，参加培训的次数和时间都会对农民工工资提升产生影响。也有研究者将职业培训分为简单培训、短期培训和正规培训，认为短期培训和正规培训对工资收入有决定作用，简单培训对工资收入影响不显著（王德文、蔡昉、张国庆，2008）。而一项基于安徽籍农民工的访谈资料，发现农民工培训主要以短期简单培训形式为主，其工资收入与当前工作经验、教育程度有关，而职业培训对农民工收入提升并没有显著影响（周世军、刘丽萍、卞家涛，2016），这可能跟农民工职业培训参与率低、培训内容简单同质有关。

五 职业培训体制改革研究

改革开放40年来，中国劳动力市场发生了深刻变革，职业培训体制也历经变迁，不断契合社会经济发展的新需求。对此，周灵灵（2018）评介了2018年5月8日印发的《国务院关于推行终身职业技能培训制度的意见》，并系统梳理了改革开放以来中国职业培训体制改革的重点、难点和主要特征，认为职业培训体制改革本质上是一个制度变迁过程，跟发展阶段密切相关。具体而言，中国职业培训体制改革具有以下特点：建设知识型、技能型、创新型劳动者大军，服务社会主义现代化建设是职业培训体制改革的基本出发点；紧扣时代脉搏，密切结合发展阶段，应时应需而变是改革的突出特色；以市场需求导向，坚持分类指导、统筹规划是改革一以贯之的原则；注重产教融合，强化企业重要主体作用，各级各类培训资源协调发展是改革的重要内容；普惠性与扶持性政策相结合，整合存量、优化增量是改革的基本方略；注重系统培养、多样成才，打通职业教育与普通教育的制度性障碍是改革的基本方向；顶层设计与行业探索结合、诱致性变迁与强制性变迁交融是职业培训体制创新的鲜明特征。与此同时，为了更好地促进社会经济进步、服务高质量发展，中国职业培训体制改革还需重点关注以下话题：一、借鉴国际先进经验，将职业技能进行分类和细化，做好技能调查与技能监测工作，做对技能培训；二、立足企业和产业，密切关注人力资本需求侧演变态势，加强技能开发，让人力资本供给更好地契合发展需求；三、整合优化培训资源，补齐培训资源供给短板，深化人力资本供给侧改革；四、调整优化培训内容，重视并加强大龄劳动力资源的研究和开发，加快创造人力资本红利；五、进一步破除制度性障碍，搭建人才成长"立交桥"；六、革新观念，形成有利于涵养技能人才的社会氛围（周灵灵，2018）。应该说，这是一项关于中国职业培训体制改革较为系统全面的研究。

第三节 改革开放 40 年来职业培训研究的嬗变特征

理论和实践皆表明，在改革开放进程中，中国职业培训体制因应时代需求，做了一系列调整和改革，相应地，职业培训研究也在不断地演进和嬗变。概括起来，这 40 年来中国的职业培训研究具有以下几大特点。

（1）职业培训研究紧扣时代脉搏，立足实践，研究重点和主题根据社会经济发展的需要而适时切换。无论是在改革开放伊始，还是在市场经济建设大潮中，中国的职业培训研究无不密切结合实际、立足经济社会发展的鲜活实践，并适时切换研究重点和主题。应该说，这是改革开放以来职业培训研究的突出特点。譬如，在改革开放初期，职业培训研究的重点在于返城知青、"文化大革命"中被耽误学习的青壮年劳动力以及新成长城市青年的就业和培训问题。20 世纪 90 年代之后，随着社会经济发展，研究重点和主题逐渐转移到了同服务"三农"、治理贫困、振兴乡村、贯彻新发展理念、建设现代化经济体系等相关的职业培训问题。

（2）职业培训研究对象逐渐从单一主体向多元主体转换，基本覆盖了社会各阶层各群体，形成了立体式研究格局。随着改革开放的深入推进，职业培训研究对象逐渐从改革开放初期的城镇待业群体扩展到进城务工人员、下岗失业人员、返乡创业人员、转业军人、贫困人口、应届初高中毕业生、高校毕业生等在岗或失业人群以及新成长劳动力，研究对象在不断多样化、多元化，基本覆盖了社会各阶层各群体，研究格局也逐步立体丰满。这在近20年的文献中体现得最明显。

（3）职业培训研究逐渐从对功能、性质和回报率的关注转向职业培训体制改革的探讨，对培训体制改革的方向也基本达成共识，并促成了一些变革。如前所述，改革开放初期劳动力市场建设方面的首要任务是解决"文化大革命"中被耽误文化学习的青壮年劳动力和城镇待业人员的培训及就业问题。与之相应，当时的职业培训研究主要着眼于劳动服务公司、就业训练中心的功能和性质以及培训回报率的探讨。随着社会主义现代化建设的深入推进，职业培训方面的体制性障碍越来越明显，此时的研究更多地转向对体制改革的探讨，比如"打通职业教育与普通教育的制度性障碍""搭建人才成长'立交桥'，实现多样化选择、多路径成才"，20世纪90年代以来的文献对此多有涉及。

不仅如此，关于职业培训体制改革的方向也基本达成共识，对"终身职业技能培训制度"的研究与呼吁就是极好的例子。比如，2018年5月8日印发的《国务院关于推行终身职业技能培训制度的意见》使相关研究转变为了实实在在的政策行动。

（4）职业培训研究队伍逐渐从以政府官员为主，向科研人员、政府官员、人力资源实务工作者等多元主体转换，形成了良好的研究梯队。20世纪80年代的职业培训文献，大都是劳动、人事、教育等部门的官员立足工作实践，在总结劳动服务公司、就业训练中心、技工院校等培训模式和经验的基础上发出的，相对缺乏专职科研人员撰写的文献。这种状况从20世纪90年代开始有极大转变，形成了科研人员、政府官员、人力资源实务工作者等多主体交相辉映的良好研究梯队。

（5）职业培训研究从早期的工作总结和感想为主，成功向专业论文转型，实现了研究的形式化、规范化和国际化。通过上文的述评可知，早期的职业培训研究文献大都是一些工作总结和感想，以定性研究为主，比较缺乏系统深入的学理性探讨和计量分析。这种研究范式随着现代经济学在中国的传播和普及，从 20 世纪 90 年代开始快速转型，近 20 年来在研究的形式化、规范化和国际化方面取得了极大进步。例如，不少中国学者借助日益丰富的微观调查数据，建立理论模型，实证分析了职业培训对就业、收入等的影响，在研究和发表上向国际化发展。

第四节　简评和展望

基于改革开放以来职业培训领域的主要文献，本文回顾了近 40 年来中国职业培训研究的热点和重点，归纳了职业培训研究演进的主要特征。如前所述，中国职业培训研究在研究主题、研究对象、研究队伍、规范化和国际化等方面取得了极大进步，基本做到了与时俱进。

在中国特色社会主义新时代和高质量发展阶段，为了使职业培训研究更好地契合时代需求，本文认为职业培训研究还需重点关注以下议题。一方面，要大力借鉴人事经济学的理论工具，进一步提升中国职业培训研究的格局和水平。人事经济学是劳动经济学原理在企业问题中的应用，它以如何招募、激励和组织企业的人力资源为研究对象，涉及雇佣关系的方方面面，如激励机制、薪酬、企业与员工匹配、技能发展和工作组织等（Lazear，1999），是一个非常务实的经济学领域。作为发展中大国，我们虽不乏有价值的研究议题，但职业培训研究离国际一流水平还有差距，需不断努力。

与此同时，密切关注高质量发展对职业培训提出的新要求，加强培训内容、培训方式、培训资源和培训体制改革等方面的研究。首先是要明晰职业技能的供需情况。这方面可借鉴 OECD 等国际机构在技能监测与技能发展方面的成功经验，做好技能分类工作，将职业技能进一步细化。结合中国国情开发设计成人基本技能测试量表，立足企业和产业研究设计微观调查问卷，对企业家和雇主进行岗位技能需求调查，做好技能调查与技能监测工作，为职业培训改革提供扎实的微观证据，避免培训的盲目性。培训方式方面则要加强创新，可以借助"互联网＋职业技能培训"，实现培训群体的广覆盖。培训资源和培训体制改革方面也需加强研究，它们是职业培训能够取得预期效果的重要保障。此外，还需加快职业培训研究平台建设，为广大科研人员、实务工作者提供更多更好的交流机会，实现高效能的产学研结合，服务经济社会发展。

参考文献

韩娟：《新生代农民工职业培训消费意愿的实证研究——基于亚阶层、职业期待与消费认知的角度》，《教育发展研究》2017 年第 5 期。

洪列平：《农民工职业培训效果的影响因素与对策》，《教育与职业》2012 年第 3 期。

华荫昌：《关于就业训练中心的几个问题》，《职业教育研究》1988 年第 1 期。

黄德林、陈永杰：《农民工职业技能培训意愿及影响机理研究——基于武汉市、厦门市、沧州市的实证调查》，《中国软科学》2014 年第 3 期。

黄祖辉、俞宁：《失地农民培训意愿的影响因素分析及其对策研究》，《浙江大学学报》（人文社会科学版）2007 年第 3 期。

江金启、陈婧文：《职业培训对农民工工作转换的影响效应研究——基于辽宁省调查数据的实证分析》，《统计与信息论坛》2016 年第 9 期。

劳动部职业技术培训司：《十年职业技术培训的回顾（1978—1987）》，《中国劳动》1988 年第 11 期。

李伯勇：《"先培训，后就业"和加强就业训练工作问题》，《职业教育研究》1988 年第 1 期。

李实、杨修娜：《我国农民工培训效果分析》，《北京师范大学学报》（社会科学版）2015 年第 6 期。

李唐、程欣：《技能培训对员工工资的因果效应测度——来自 2015 年中国企业—员工匹配调查（CEES）的新证据》，《中南财经政法大学学报》2016 年第 4 期。

刘华、李银平、严妍：《基于调研的农村妇女职业培训现状及其影响因素分析——以河北省为例》，《经济问题》2017 年第 2 期。

刘万霞：《职业教育对农民工就业的影响——基于对全国农民工调查的实证分析》，《管理世界》2013 年第 5 期。

马世英、崔宏静、王天新：《新生代农民工职业培训支付意愿的影响因素》，《人口学刊》2014 年第 3 期。

孟宪生、关凤利、唐哲一：《农民工参与就业培训的决定因素及对收入影响的实证分析》，《东北师大学报》（哲学社会科学版）2011 年第 4 期。

屈小博：《培训对农民工人力资本收益贡献的净效应——基于平均处理效应的估计》，《中国农村经济》2013 年第 8 期。

申子：《先培训后就业是就业制度改革的一项重要内容》，《中国劳动》1984 年第 4 期。

宋月萍、张涵爱：《应授人以何渔？——农民工职业培训与工资获得的实证分析》，《人口与经济》2015 年第 1 期。

滕梅生、方清：《就业训练与经济效益》，《青年研究》1984 年第 4 期。

汪丛梅、黄岚：《企业员工特殊性在职培训的博弈分析》，《吉林大学学报》（信息科学版）2007 年第 3 期。

王德文、蔡昉、张国庆：《农村迁移劳动力就业与工资决定：教育与培训的重要性》，《经济学》（季刊）2008 年第 4 期。

王海港、黄少安、李琴等：《职业技能培训对农村居民非农收入的影响》，《经济研究》2009 年第 9 期。

王建：《正规教育与技能培训：何种人力资本更有利于农民工正规就业?》，《中国农村观察》2017 年第 1 期。

卫龙宝、阮建青：《城郊农民参与素质培训意愿影响因素分析——对杭州市三墩镇农民的实证研究》，《中国农村经济》2007 年第 3 期。

文誉：《谈谈关于职业技术培训问题》，《职业教育研究》1984 年第 5 期。

肖凤翔、陈潇：《企业员工参与职业培训的动机调查》，《心理与行为研究》2015 年第 4 期。

肖然、永盛：《劳动服务公司要强化就业训练工作》，《职业教育研究》1989 年第 6 期。

谢正勤、钟甫宁：《农村劳动力的流动性与人力资本和社会资源的关系研究——基于江苏农户调查数据的实证分析》，《农业经济问题》2006 年第 8 期。

徐世民：《就业训练中心在国民经济中的作用》，《职业教育研究》1988 年第 6 期。

许昆鹏、黄祖辉、贾驰：《农村劳动力转移培训的市场机制分析及政策启示》，《中国人口科学》2007 年第 2 期。

许小青、柳建华：《关于农民工教育培训问题的研究》，《求实》2005 年
　　第 5 期。

杨晓军、陈浩：《城市农民工技能培训意愿的影响因素分析》，《中国农村
　　经济》2008 年第 11 期。

曾国平、侯海艳、刘春鑫：《失地农民就业培训影响因素探析——以重庆
　　市为例》，《农业技术经济》2011 年第 6 期。

展进涛、黄宏伟：《农村劳动力外出务工及其工资水平的决定：正规教育
　　还是技能培训？——基于江苏金湖农户微观数据的实证分析》，《中
　　国农村观察》2016 年第 2 期。

张伶、何建华：《培训系统与农民工职业培训绩效关系的实证研究》，《经
　　济管理》2011 年第 11 期。

张世伟、王广慧：《培训对农民工收入的影响》，《人口与经济》2010 年
　　第 1 期。

张艳华、沈琴琴：《农民工就业稳定性及其影响因素——基于 4 个城市调
　　查基础上的实证研究》，《管理世界》2013 年第 3 期。

张扬：《农民职业培训效果的影响因素与对策——基于河南省农民职业培
　　训的调查数据》，《郑州航空工业管理学院学报》2008 年第 6 期。

张左己：《劳动服务公司的十年回顾和展望》，《中国劳动》1989 年第
　　5 期。

赵金亭、于和：《就业训练的性质、任务、特点和发展趋势及对策的探
　　讨》，《职业教育研究》1989 年第 5 期。

赵文祥：《投资于人——实行职业培训与就业一体化计划》，《经济与管理
　　研究》2000 年第 1 期。

周灵灵：《契合高质量发展的职业技能培训制度》，《中国发展观察》2018
　　年第 12 期。

周灵灵：《中国职业培训体制改革 40 年回顾及展望》，国务院发展研究中
　　心《调查研究报告专刊》2018 年第 34 期。

周世军、刘丽萍、卞家涛：《职业培训增加农民工收入了吗？——来自皖
　　籍农民工访谈调查证据》，《教育与经济》2016 年第 1 期。

周亚虹、许玲丽、夏正青：《从农村职业教育看人力资本对农村家庭的贡
　　献——基于苏北农村家庭微观数据的实证分析》，《经济研究》2010

年第 8 期。

Becker, Gary S., "Investment in Human Capital: A Theoretical Analysis", *Journal of Political Economy*, 1962, 70 (5).

Lazear, Edward P., "Personnel Economics: Past Lessons and Future Directions", *Journal of Labor Economics*, 1999, 17 (2).

Liu, Qing & Ruosi Lu, "On – the – job Training and Productivity: Firm – level Evidence from a Large Developing Country", *China Economic Review*, 2016, 40.

Messinis, George, "Earnings, Education and Training in China: the Migrant Worker Experience", CSES Working Paper, No. 42, 2009.

Xiao, Jin, & Mun C. Tsang, "Determinants of Participation and Nonparticipation in Job – related Education and Training in Shenzhen, China", *Human Resource Development Quarterly*, 2008, 15 (4).

Xiao, Jin, "Determinants of Employee Salary Growth in Shanghai: An Analysis of formal Education, on – the – job Training, and Adult Education with a Three – level Model", *China Review*, 2001, 1 (1).

Xiao, Jin, "Determinants of Salary Growth in Shenzhen, China: An Analysis of Formal Education, On – the – job Training, and Adult Education with a Three – level Model", *Economics of Education Review*, 2002, 1 (1).

Xie, Xiaoqing & Chuanmin Shuai, "An Analysis of Enterprise Investment in On – the – Job Training: Based on a Field Investigation in Wuhan, China", International Conference on Wireless Communications, Networking and Mobile Computing, 2008.

Ying, Chu Ng, "Training Determinants and Productivity Impact of Training in China: A Case of Shanghai", *Economics of Education Review*, 2005, 24 (3).

第十章 改革开放 40 年来劳动力市场歧视研究的发展趋势[①]

改革开放以来，随着经济体制改革不断深化，就业制度、工资制度和企业性质都发生了深刻变化。就业制度由"统包统分"逐步转化为劳动者和企业双向选择；工资制度由等级工资逐步转化为与企业效益、个体劳动生产率相关的市场工资；企业性质由全民所有制、集体所有制逐步转化为公有制为主体、多种所有制并存的形式。从计划经济到市场经济转型的过程中，从理论上讲，不同群体之间的就业结果、工资水平的差距会越来越大，但市场歧视的程度会越来越小。但从实践的情况来看，由于企业所有制形式的多样化，企业管理者在招聘、工资决策方面的自主权越来越大，加上受到个人偏见和信息不对称等的影响，他们对弱势群体的歧视现象仍然存在，并影响了弱势劳动者的就业、职业选择、晋升、工资水平、培训等方方面面。

早在 1958 年，国际劳工组织便制定并通过了《消除就业和职业歧视公约》，明确了歧视的内涵以及国家在消除就业和职业歧视方面的职责。我国于 2006 年正式批准了《消除就业和职业歧视公约》，2008 年实施了《中华人民共和国就业促进法》，明确提出要创造公平的就业环境，使劳动者就业不因民族、性别等差异而受到歧视。党的十九大报告也明确提出要实现更高质量和更充分就业，这就要求劳动力市场破除劳动力流动的体制弊端，消除劳动力市场上的歧视问题，提高我国人力资源的配置效率。从我国劳动力市场的实际情况来看，就业歧视主要以性别歧视、户籍歧视、相貌歧视等形式存在。本章我们将对改革开放 40 年以来劳动力市场歧视的相关研究从理论和实证两方面做一个较为全面的评述，以期对该领域已有的研究做一个回顾，对未来的研究提出一些展望。

---

① 葛玉好，中国人民大学劳动人事学院副教授。

本章下面的安排如下：第一部分介绍劳动力市场歧视理论和测量方法；第二部分介绍性别歧视的相关文献；第三部分介绍户籍歧视的相关文献；第四部分介绍相貌歧视的相关文献；第五部分是总结。

第一节　劳动力市场歧视理论和测量方法

劳动力市场上不同群体的市场表现是不同的，以男性和女性为例，男性的平均工资一般要高于女性，但这种原始的工资差距并不全是歧视的结果，也可能是男性的平均劳动生产率高于女性，所以在讨论歧视问题，一个隐含的假设是不同群体的劳动生产率要保持相同。那么，雇主（或企业）为什么会对劳动生产率相同的群体支付不同工资呢？总体来说，可能有 3 种原因：雇主对弱势群体存有偏见；雇主由于信息不对称问题低估了弱势群体的劳动生产率；由于国家政策和制度相关规定，雇主在雇用弱势群体时不仅承担工资等直接成本，还要承担很多间接成本。贝克尔（Becker G. S.）通常被认为是首先使用经济学方法分析歧视问题的经济学家，他分析的主要是上述雇主对弱势群体存有偏见的情况。菲尔普斯（Phetps）等又分析了信息不对称所引起的歧视问题，即统计性歧视。从制度角度分析歧视的文献并不多，尤其是基于中国劳动力市场相关制度的分析。下面我们重点介绍前两类原因导致的歧视，对第三类原因导致的歧视我们只做简要分析。

一　个人偏见型歧视理论

贝克尔（1957）认为歧视产生的根源在于雇主对弱势群体的偏见，雇主如果认为雇用弱势群体会给他带来一定的效用损害，为了实现效用最大化，雇主宁愿承担一定的费用或者放弃一部分利润也不愿雇用某些弱势群体。贝克尔还使用歧视系数来表示对弱势群体的歧视程度，以白人群体和黑人群体为例，假设雇主厌恶黑人，歧视系数为 d，数值越高，歧视程度越高。白人和黑人的劳动生产率完全相同。雇主达到效用最大化时需满足的条件是：

$$W_w = (1 + d) W_b \tag{1}$$

其中，W_w 是白人的平均工资；W_b 是黑人的平均工资。通过贝克尔的歧视理论，我们可以得到的一些结论是：（1）只要存在雇主歧视，就会导致黑人平均工资低于白人；（2）雇主雇用黑人劳动者的数量小于利润最大化情况下的数量，企业的利润会因歧视而降低；（3）企业或者全部雇用白人或者全部雇用黑人，具体情况与雇主对黑人的歧视系数 d 有关。第 2 个结论还意味着，如果市场结构是完全竞争的，对黑人实施歧视的企业就会由于亏损而被市场淘汰，竞争是弱势群体的朋友，而垄断所带来的垄断利润为雇主（或企业）提供了歧视的土壤。在现实情况中，白人群体和黑人群体的劳动生产率不相同，在同一群体内部也存在差异，但我们还是可以通过雇用黑人的数量、白人和黑人的工资差距、企业的利润来判断是否存在雇主歧视。

改革开放以来，我国市场化程度越来越高，按照贝克尔的理论，我国劳动力市场上对弱势群体的歧视程度应该是越来越小的。但是，随着市场化程度的提高，企业的自主权也在不停地扩大，企业的管理者对弱势群体（如女性、外地人）的偏见就可能释放出来，从这一角度来说，劳动力市场对弱势群体的歧视程度可能还会变大。此外，我国还有很多国有企业，即使企业的目标是利润最大化，但作为企业代理人的经理，他的目标可能不是利润最大化而是自己的效用最大化，这也可能会加重对弱势群体的歧视程度。

雇主歧视可以发生在劳动力市场的任何阶段。以男性和女性为例：在刚进入劳动力市场找工作时，在相同情况下，男性能够找到工作，女性找不到工作，这是就业歧视。进入劳动力市场后，男性可以在工资水平较高的行业或者职业中就业，而女性只能在工资水平较低的行业或者职业就业，这是行业歧视或职业歧视。有的学者还专门提出了拥挤理论来说明类似的问题，例如 Fawcett（1917）、Edgeworth（1922）、Bergmann B. R.（1974）等。男性和女性在行业分布和职业分布上的差异，是否是由雇主歧视导致的，还需要分析劳动者行业和职业选择结果是主动行为还是被动行为。即使在同一个行业，同一个职业，甚至在同一个岗位上，具有相同生产率的男性拿到的工资也高于女性，这是工资歧视。在晋升时，男性比女性晋升得快，这是晋升歧视。本章后文分析文献时对上述情况都会有所涉及。

贝克尔关于歧视的理论相对来说比较乐观，在他的理论框架下，歧视只是一种短期现象，从长期来看，雇主或者会改变对弱势群体的偏见，或者被市场淘汰出局。但劳动力市场上的实际情况是，对弱势群体的歧视长期存在，贝克尔的理论很难解释这一现象。后来 Arrow（1972）、Kahn L M.（1991）基于与贝克尔类似的分析框架提出了雇员歧视模型和顾客歧视模型。还是以白人群体和黑人群体为例，仍然假设白人和黑人的劳动生产率相同。雇员歧视是指，白人雇员不愿意与黑人雇员一起工作，并愿意为此宁愿承担一定的工资损失。雇员歧视一般得到的结论是：（1）企业或者全部雇用白人，或者全部雇用黑人；（2）如果黑人和白人的劳动生产率相同，他们的工资水平也相同；（3）雇员歧视对企业利润没有影响。当然，如果白人对企业来说非常重要，企业一定要雇用白人，那上述结论就不成立了。顾客歧视是指，白人顾客不愿意接受黑人雇员的服务，并愿意为此承担一定的价格损失。顾客歧视一般得到的结论是：（1）企业会同时雇用黑人和白人；（2）针对不同类型的顾客，由不同类型的雇员提供服务；（3）顾客歧视对企业的利润没有影响。研究顾客歧视时，学者们经常按"顾客和雇员能否面对面接触"进行分类研究。在我们国家，雇员歧视一般出现在户籍歧视和相貌歧视中，不大可能出现在性别歧视中。有些雇员不愿意同外地人、相貌欠佳的人一起工作，顾客不愿意接受外地人、相貌欠佳的服务等。但是一般来说，男性不太可能不愿意同女性一起工作，但在有些场合下，男性顾客可能对女性也存在相貌歧视。

二 统计型歧视理论

在有些情况下，即使雇主、雇员、顾客对弱势群体不存在偏见，男性和女性、黑人和白人的劳动力市场表现也会有很大差异。为了解释这些现象，菲尔普斯（1972）提出了统计型歧视理论。该理论假设劳动者的劳动生产率存在差别，但由于信息不对称问题，企业或雇主判断不出个体的劳动对个体的劳动生产率的影响，只能依据其所在群体的历史上的平均生产率进行判断。由于从历史数据来看，女性的劳动生产率低于男性，黑人的劳动生产率低于白人，所以雇主给女性或黑人支付的工资水平较低。统计性歧视理论还有一个很有意思的结论，雇主一般对历史上劳动生产率高的群体比较信任，在判断该群体个体劳动生产率时，对个体表现给予的权重较大；对历史上劳动生产率低的群体不信任，在判断该群体个体劳动生产率时，对个体表现给予的权重较小。所以，最后导致的结果是，越优秀的女性，越优秀的黑人，遭受的歧视程度越高。

统计性歧视的根源在于信息不对称，因此解决统计性歧视的问题的主要途径也是解决信息不对称的问题的途径。一方面，被歧视的弱势群体可以通过发出一些信号来证明自己的劳动生产率，把自己同所在群体区分出来。另一方面，雇主也可以通过实践过程来修正自己的判断。如果女性同男性的劳动生产率真的相同，黑人同白人的劳动生产率真的相同，从统计性歧视理论来看，歧视现象也是暂时的，因为雇主会通过实践进行学习，对劳动者的劳动生产率的判断会越来越准确。如果不同群体的待遇差距持续存在，那可能说明雇主关于劳动生产率的判断标准比学者们通常使用的教育、经验等变量更加准确，不同群体的差距可能就不是由于歧视造成的，而是一些学者们所不能观察到的生产率特征导致的。此外，从获得信息的角度来看，统计性歧视可能主要存在于前面所述的就业歧视或行业歧视，工资歧视一般不太适合使用统计性歧视理论来解释。在刚开始时，企业可能不了解劳动者的劳动生产率，存在信息不对称问题，从而产生统计性歧视问题；但在随后的生产过程中，企业对劳动者劳动生产率的信息会越来越完善，统计性歧视问题可能就会得到解决。

三　制度性歧视理论

制度性歧视的产生与国家法律、行政法规等制度相关，体现在就业过程中对社会特定群体差别对待，是由国家的正式规则所形成，被国家的正式规则所接受和保护的歧视（任喜荣，2006）。在我国，比较明显的制度性歧视与户籍歧视有关，很多城市在就业、教育、医疗、社会求助、公共福利使用方面都设有一些地方性的政策，排他性地或优先向本地居民提供，人为地制造对外地人的歧视。受户籍歧视的影响，外地人特别是农民工大多从事一些工资待遇较低、工作环境较差、社会保障不到位的工作。

还有一些制度看上去对各种群体是公平的，但在实际上实施时却会对弱势群体造成歧视，形成意外伤害，这大多缘于政府制定政策时对可能的后果缺少科学评估。例如提高最低工资的政策、"全面二孩"政策，等等。提高最低工资看起来是个好事，但这个政策会导致部分劳动者找不到工作，这些劳动者通常是农民工。看起来很好的政策会对农民工群体造成伤害。"全面二孩"政策看起来是国家为了提高生育率的一项中性政策，但这个政策实施以后，企业担心女性劳动者生育二胎，在招聘时对女性的就业歧视增加。诸如此类的政策还有很多，国家在制定相关政策时，一定要征求相关领域专家的建议，对可能的后果进行科学预判，并出台相应的配套对冲措施。

四　歧视程度的测量

歧视程度的测量，一般都会涉及"无歧视情况下劳动者会是什么情况"这一问题，文献中经常称为反事实。反事实是现实中根本不存在的情况，只能通过假设来约定。我们以测量性别工资歧视经常使用的 Oaxaca 分解法为例对此进行说明。首先，分别对男性样本和女性样本使用 OLS 方法估计工资方程：

$$\ln \overline{W}_m = \overline{X}_m \hat{\beta}_m \tag{2}$$

$$\ln \overline{W}_f = \overline{X}_f \hat{\beta}_f \tag{3}$$

其中 $\overline{X}_m$ 和 $\overline{X}_f$ 表示男女生产率特征矩阵，$\hat{\beta}_m$ 和 $\hat{\beta}_f$ 表示男女估计系数矩阵。男女总的工资差距可以表示为：

$$\ln \overline{W}_m - \ln \overline{W}_f = \overline{X}_m \hat{\beta}_m - \overline{X}_f \hat{\beta}_f \tag{4}$$

经整理上式可写为以下两种不同的形式：

$$\ln \overline{W}_m - \ln \overline{W}_f = \overline{X}_m \hat{\beta}_m - \overline{X}_f \hat{\beta}_f$$
$$= (\overline{X}_m - \overline{X}_f) \hat{\beta}_f + \overline{X}_m (\hat{\beta}_m - \hat{\beta}_f) \tag{5}$$

$$\ln \overline{W}_m - \ln \overline{W}_f = \overline{X}_m \hat{\beta}_m - \overline{X}_f \hat{\beta}_f$$
$$= (\overline{X}_m - \overline{X}_f) \hat{\beta}_m + \overline{X}_f (\hat{\beta}_m - \hat{\beta}_f) \tag{6}$$

式（4）假设女性的工资工程是在没有歧视情况下的工资方程；式（6）假设男性的工资方程为没有歧视情况下的工资方程。得到式（4）、式（6）以后，我们经常使用后一部分占总工资差距的比例来度量歧视的程度。显然，根据式（4）、式（6）得到的歧视程度是不同的，即对"无歧视情况"做不同的假设，会得到不同的歧视程度。该问题在文献中被称为指数基准问题（index number problem），后来有些经济学者对此问题进行了改进，例如科顿（Cotton）、纽马克（Neumark）等，但这些改进仍然无法在根本上解决问题。

Oaxaca 分解方法有可能会低估歧视的程度。男性和女性在一些可观察个人特征方面的差别本身可能就是歧视。以教育为例，受传统封建思想的影响，家庭在做出子女教育决策时，对女孩存在歧视，使女性平均受教育水平低于男性。但在 Oaxaca 分解中，这种歧视被"合理"化了，不再属于歧视的范畴。Oaxaca 分解方法也可能会高估歧视的程度。男性在很多不可观察的生产率特征方面优于女性，例如体力等，但这些生产率特征没有在工资方程中加以控制，本来不属于歧视的内容都变成了歧视。本文提到的许多文献都使用了 Oaxaca 方法。鉴于上面所述理由，我们尽量不要对不同的文献的结论直接对比，它们缺乏可比性。除非是这些文献使用相同的数据，相同的控制变量，相同的关于"无歧视下的情况"的假设。

正因为 Oaxaca 分解有很多缺陷，最新的文献中开始尝试一些新的测量歧视的方法。在就业歧视和相貌歧视的相关研究中，有些学者开始使用实验方法，例如假简历的方法；在工资歧视，有些学者通过比较计件工资和非计件工资的企业得到相关结论。

第二节　关于性别歧视的相关研究

新中国成立后，为改变人们长期以来重男轻女的思想，倡导男女平等，维护社会稳定，政府开始实行"低工资、高就业"的就业政策，解决城镇女性就业问题，此时男女在工资收入上的差距较小，性别歧视程度较小，劳动力市场性别歧视问题并未凸显（姚先国、黄志岭，2008）。改革开放后，随着市场经济体制改革，企业逐渐成为"自主经营、自负盈亏"的经济主体，追求利润最大化的雇主开始改变雇佣策略，从安置就业、数量就业观念逐渐转变成竞争就业、质量就业（刘丽双、王艳萍，2000），在竞争的市场化环境中，劳动力市场歧视现象又有所加重。下面我们分别从就业歧视、行业（或职业）歧视、工资歧视和晋升歧视等方面来对性别歧视的相关研究做一下简单介绍。

一　就业方面的歧视

葛玉好（2018）发现，1996—2001 年国有企业改革期间，女性受劳动力市场负面冲击的影响更大，在同样的情况下比男性更快地退出劳动力市场。这种快速退出，主要是由于女性遭受了严重的就业歧视。在这个研究中，作者还发现在这个时期女性的平均工资水平相对于男性上升了，但这种上升是种假象，并不意味着女性境况的改善。真正的原因，由于低素质的女性退出劳动力市场，工资差异只是反映了素质较高女性和素质一般男性的结果。所以，从这个研究中可以看出，工资歧视的研究要同就业歧视的研究结合起来，才能得到更加准确的研究结果。葛玉好等（2018）使用假简历的方法研究了女大学生的歧视问题。发现同样一份简历，只要把性别从"女"改为"男"，收到面试通知的次数会增加42%，教育成绩、学历水平并不会帮助女大学生减轻受歧视的程度，但是多增加实习经历的确会减轻女大学生受歧视的程度。所以女大学生遭受的就业歧视可能是以统计性歧视为主，如果她们能发出自己适合工作的信号（如实习经历），遭受的歧视程度会降低。

二 行业（或职业）方面的歧视

格罗斯（1968）最早提出在劳动力市场上存在劳动者因性别差异被分配到不同行业，从事不同类别工作的现象，最终形成职业性别隔离。在我国改革开放初期，企业在雇佣决策上有了较大自主选择权，许多行业都存在性别隔离，尤其是白领行业、体制外企业和沿海地区表现得更为突出（蔡禾、吴小平，2002），20 世纪 90 年代后期的城镇劳动力市场也一定程度上存在性别职业分割（李实、马欣欣，2006）。随着市场经济发展，女性教育程度提高，就业领域不断向白领职业扩张，职业性别隔离程度逐渐下降，但蓝领、半蓝领职业性别隔离状况并未得到改善，职业性别隔离现象依旧存在（李春玲，2009）。在经济转轨时期，职业性别隔离主要体现在：（1）行业选择过程中，女性就业领域受限，主要集中在某些特定职业上，且大多属于职位"金字塔"结构底层，收入与社会声望都比较低；（石莹、黄镇国，2011；卿石松、郑加梅，2013；童梅、王宏波，2013）（2）职业发展过程中，女性劳动者通常处于劣势，面临更大的职业向下流动风险，而向上流动的概率较小（宋月萍，2007）。

在城镇劳动力市场上，职业性别隔离是造成男女工资差异的关键性因素，由于行业工资差距较大，且多数女性所处行业平均工资较低，导致男女工资差异（姚先国、谢嗣胜，2006）。不过，王美艳（2005），李实、马欣欣（2006），葛玉好（2007），姚先国、黄志岭（2008）等都发现行业选择对性别工资差距的影响不大，性别工资差距主要体现于行业内对女性的歧视，这个结论可能跟行业的分类太粗有关系。吴愈晓、吴晓刚（2009）发现职业性别隔离对男女工资差异影响只体现在国有部门，而非国有部门影响并不显著。陈永伟、周羿（2014）再次证实了性别工资差距来源于行业内的观点，并认为行业内部工资和晋升方案差异是阻碍女性进入高工资行业的主要因素，能够解释性别工资差异的 20%。

三　工资方面的歧视

虽然我国法律明确规定工资分配遵循按劳分配原则，实行"同工同酬"，但是实际情况女性平均工资低于男性。根据世界经济论坛发布的《2017 全球性别差距报告》显示，中国女性和男性的同工薪资比仅为 64%。劳动者性别工资差距可以由个体禀赋差异和性别歧视来解释，大多数研究基于平均工资视角。由于样本数据来源与时间不同，歧视对性别收入差距的解释程度略有差异，但均表明目前劳动力市场仍存在性别歧视。Meng（1998）认为性别歧视可以解释性别工资差异的 78%。李实、马欣欣（2006）基于 1999 年中国居民收入调查数据得到的结果是，在全部的性别工资差异中，由性别歧视解释的部分为 79.5%。郭凯明、余靖雯（2017）基于全国高校毕业生就业调查数据的分析结果表明，歧视因素可解释性别工资差异的 60%。

也有不少研究是从工资分布角度分析性别工资差异，多数研究表明：性别工资差异在工资分布的不同位置表现出不对称性。张世伟、郭凤鸣（2009）基于东北三省城市劳动力市场数据，得出的结论是：低收入群体中，性别工资差异由个人特征和性别歧视共同决定；中高收入群体中，性别工资差异可完全由性别歧视解释；高收入群体中，性别工资差异缩小，但是性别歧视造成的差距较大。而葛玉好、曾湘泉（2011）基于中国城镇住户调查数据分析结果表明：低收入群体中，女性受到歧视程度越来越高，导致性别工资差距越来越大；高等收入群体中，女性受到的歧视程度低，男女个人特征差别越来越小导致性别工资差距越来越小。

四　晋升方面的歧视

在中国，一个普遍现象是，无论企事业单位，还是政府部门，处于高管职位的女性占比都显著低于男性，2018 年财富美国 500 强中女性 CEO 仅 24 位，与去年相比下降了 25%。颜士梅等（2008）和卿石松（2011）认为同一职业，女性在初始工作配置和职位晋升上都存在性别歧视，职业晋升差异无法全部由教育程度和工作经验等解释。

卿石松（2011）对晋升过程中性别歧视的产生原因进行了分析，主要有三个方面解释：（1）由于对女性存在偏见，女性长期以来被认为是抚养子女、承担家务劳动的主体，重心是在家庭，且部分男性不喜欢接受女性的领导或男性对女性上司存在偏见，导致女性职位晋升不足。（2）由于存在统计性歧视，雇主通过群体的统计性特征对个体能力进行评判，如果女性平均能力较低，发出的信号不明确，女性得到晋升的概率就会低于男性。（3）女性职业生涯较短，由于两性职工退休年龄差异以及女性生育、哺乳等原因，资本投资回报低于预期，理性雇主会选择降低女性的晋升机会或提高晋升能力标准。

在组织中，女性越向高层晋升，面临的歧视可能越强烈。王存同、余姣（2013）基于 2006 年中国综合调查数据研究认为，性别歧视会导致男女晋升机会不等，女性在职业发展过程中存在"玻璃天花板"效应。秦广强（2014）利用同样的数据样本再次验证了天花板效应，研究还认为教育水平提升会缩小晋升机会的性别差距，女性在体制内比体制外获得更多晋升机会。[①]

第三节　关于户籍歧视的相关研究

计划经济时期，我国实施重工业优先发展战略，提供就业岗位有限，农村劳动力向城市流动受限。改革开放以来，由于经济发展需要，大量农民工逐渐涌入城市，形成了城市劳动力和农民工两个群体，虽然农民工为城市发展做出了巨大贡献，但由于户籍制度以及其他一系列福利制度的存在，他们不具有城镇户口，在工作岗位、工资、社会保障、住房、子女教育等方面仍处于弱势地位，受到歧视和排斥（蔡昉等，2005；孙

---

① 秦广强：《职业晋升中的性别不平等——基于 CGSS 2006 数据的分析》，《社会学评论》2014 年第 3 期，第 78—87 页。

长青，2005）。

现阶段，户籍制度对劳动力市场产生的负面影响并没有消除，城镇化发展过程中，新生代农民工遭受的就业歧视主要体现在行业（或职业）分布歧视、工资歧视和福利待遇歧视上（范婧，2014）。与城镇职工相比，农民工在职业获得、行业进入和所有制部门进入三个维度上都遭受了明显的户籍歧视（章莉、李实等，2016）。下面我们分别从行业（或职业）分布方面的差异、工资方面的差异、福利待遇方面对户籍歧视做一个简单介绍。

一　行业（或职业）分布方面的歧视

林格尔和皮奥里（Doeringer P.，Piore M. J.，1971）提出劳动力市场分割理论，劳动力市场上，人们在信息获得、进入渠道的差别，导致其从事行业、工资水平、职位等级上存在明显差异。按照职位和工资水平可将劳动力市场分割为一级市场和二级市场：一级市场一般工资高、工作环境好、升迁机会多；二级市场一般工资低、工作环境恶劣、缺乏升迁机会。

现有研究大多将劳动力分为农民工与城镇职工，在以户籍制度为基础的城乡二元体制下，我国劳动力市场分割主要体现农民工和城镇职工行业分布上，王桂新（2001）利用上海流动人口调查数据分析得出，农民工就业具有非常明显的偏向性，以二级市场体力劳动者为主，流向的领域主要是建筑业、餐饮住宿服务业和制造业，大多集中在民营企业和非国有企业，很少从事一级市场办公室白领工作。周世军、周勤（2012）基于 2009 年中国健康与营养调查数据研究认为，农民工主要分布在非技术管理型职业，他们在进入高层职业时存在文化门槛，底层职业存在户籍门槛。吴贾、姚先国、张俊森（2015）基于 1989 年至 2011 年中国健康和营养调查数据研究发现，农民工更多从事体力劳动，工资水平较低，且失业率较高。

从农民工定位关系来看，一级市场上，农民工主要是补缺城镇劳动力，而不是替代；二级市场上，农民工与城镇劳动力之间既存在替代效应，也存在规模效应（张兴华，2005）。在进入一级市场时，农民工群体遭受户籍壁垒，章元、高汉（2011）研究认为农民工在一级市场上所受到的户籍歧视比二级市场上所受到的户籍歧视高 27%。

二　工资方面的歧视

我国工资分配遵循按劳分配原则，实行同工同酬，但现实是，劳动者从事同样的工作，但他们的工资水平却因户籍差异而存在较大的差异。

农民工与城镇职工在所有岗位上都存在工资差异，城镇职工小时工资比农民工高 40.74%（王美艳，2005）。多数研究从平均工资角度分析了户籍歧视对城乡工资差异的影响，由于过程中使用的数据样本和计量方法不同，并未得到一致定量结论，但研究均表明城乡劳动力工资差距一定程度上可以由户籍歧视来解释。例如蔡昉、都阳、王美艳（2002）认为城乡户籍歧视可解释城乡工资差异的 76%；谢嗣胜和姚先国（2006）综合应用 Blinder - Oaxaca 分解和 Cotton 分解方法分析了城乡劳动力工资差距，发现差距的 44.8% 可由个人特征解释，剩余 55.2% 可由户籍歧视解释。当然，也有研究者认为户籍歧视造成的收入差距较小，例如邢春冰（2008）基于 2005 年全国人口普查数据，认为城镇地区农民工与城镇职工的小时工资差距中 90% 左右可以由劳动者的特征解释，户籍歧视造成的城乡工资差距仅占 10%。孟凡强、吴江（2014）研究结果表明总体来看，户籍歧视可解释城乡工资差异的 27.11%，并在不同地区间表现出差异，其中东部最高，中部最低。户籍歧视对城乡工资差距的解释力度可能与地区有关，例如上海市的调查数据显示，城市居民和流动人口收入差异的 50.82% 是由流动人口所受的歧视导致；浙江省调查数据显示，城乡工人的工资差距只有 20% 左右由户籍歧视解释（姚先国、赖普清，2004；姚先国、黄志岭；2008）。王美艳（2005）基于 2001—2002 年五个城市（上海、武汉、沈阳、福州、西安）的调查数据，发现外来劳动力与城市劳动力间的工资差异中，有 43% 是由歧视等不可解释的因素造成。

也有一些学者从工资分布角度研究户籍歧视对城乡工资差异的影响，发现城乡工资差异在工资分布上存在不对称现象。邓曲恒（2007）利用 2002 年的 CHIP 数据得出的结论是，在中等及以下收入群体中，歧视是造成收入差异的主因，而对高收入人群而言，收入差距主要是个体特征差异导致。孟凡强、邓保国（2014）基于 2006 年中国综合社会调查数据分析得出，从全国层面来看，随着工资分位数的上升，户籍歧视造成的城乡工资差距缩小；低收入群体中，西部地区户籍歧视影响最小；高收入群体中，中部地区户籍歧视影响最小，并在工资分布顶端出现反向歧视现象。王海宁、陈嫒嫒（2010）利用 2008 年四大城市（北京、天津、上海、广州）外来人口抽样调查数据，低收入群体中，外来市民受到了户籍歧视，中等以上收入群体中，外来市民反而存在反向歧视，这可能与流入的中等以上收入外来劳动力具备较高人力资本有关。

随着社会发展，企业招聘时逐渐淡化户籍概念，户籍对收入差距的影响总体减弱，拥有外地户籍反而能获得更高的收入（徐凤辉、赵忠，2014），如果不存在歧视，外地户籍劳动者应该获得更高层级的职业和工资收入。（马艳林，2016）针对这一现象，陈昊等（2017）从收入补偿视角解释了户籍所在地的"反向歧视"，认为拥有本地农业户籍以及低学历的劳动力受到更严重的歧视，而在其他条件相同时外地户籍反而会带来收入溢价，户籍转换概率的提高将降低城乡收入差距。这就说明，随着户籍体制改革的不断深化，各大城市掀起抢人大战，劳动力流动的原因也发生变化，我们在研究劳动力市场歧视时有必要将外来工人与外来农民分开考虑。

三　福利待遇方面的歧视

劳动者经济福利状况不仅包括工资收入，也包括一些非货币性的福利，研究者认为，农民工在享受福利方面受到的歧视程度相比工资歧视可能更大（卢周来，1998；蔡昉等，2002）。总结已有文献发现，户籍歧视造成的福利待遇差异体现在劳动合同签订、社会保险、工会参与等方面。

劳动合同签订方面，中国企业通常处于主动地位，是否与劳动者签订劳动合同主要与企业规模、所有制形式、管理理念等相关，而与工人的户籍身份关系不大，因此城乡劳动力在劳动力合同签订方面不存在户籍歧视（姚先国、赖普清，2004）。孟凡强、吴江（2014）认为与工资差异相比，户籍歧视对城乡劳动力在社会保险享有率差异与劳动合同签订率差异方面的影响更大。

社会保险方面，大多数农民工不能与城镇职工享有平等的社会保障，农民工的社会保险享有率均明显低于城市工（毕霞、魏丛东，2005；张世伟、郭凤鸣，2009），他们在三大社会保险享有率方面的真实差异均达到45%左右（姚先国、赖普清，2004；张世伟、郭凤鸣，2009），研究者使用不同样本数据对农民工与城镇职工养老保险、医疗保险及失业保险差异进行了分析，其中姚先国、赖普清（2004）利用浙江省企业调查和农村劳动力流动调查数据，认为户籍歧视可解释比例分别为 31%、26%、21%。张世伟、郭凤鸣（2009）利用东北地区城市劳动力市场抽样调查数据，认为户籍歧视可解释的比例分别为 59.48%、17.23% 和 51.82%。黄志岭（2012）利用浙江省企业职工调查数据，发现社会保险参与的城乡差异中 70% 左右是由户籍歧视造成的，其中户籍歧视可以解释养老保险、医疗保险及失业保险差异的比例分别为 76.4%、68.8%、70.8%。虽然因使用样本与研究方法差异，研究并未得出一致定量结论，但表明农民工在享有社会保险福利方面确实存在较为严重的户籍歧视问题。

工会参与率方面，城镇职工工会参与率为 75.34%，比农民工高 19.45 个百分点（黄志岭，2012）。两类工人在工会参与差异上部分可从身份歧视角度分析，户籍歧视可解释工会参与差异的 19%（姚先国、赖普清，2004）。

随着户籍制度改革，使得部分流动人口在流入地落户转化为新市民，但新的问题如住房、新市民子女教育、社会保障问题凸显，新市民表现出"入而未融"状态。究其原因，在基本公共服务、社会融入、生活质量和心理归属等方面，农民工的市民化发展状况不均衡（梅建明、熊珊，2013）。目前，进城农民工并未完全实现新市民身份转换，需要依赖于农民工自身努力，以及政府相关政策支持和制度创新，帮助他们融入城市。

第四节　关于相貌歧视的相关研究

在中国，随着用人单位用工自主权的扩大，就业中的相貌歧视现象也逐渐凸显出来。劳动力市场上的相貌歧视表现在身高、BMI 或者是否残疾等方面。现实生活中有很多相貌歧视的例子，下面以身高为例说明。2000 年重庆小辰，女，身高 151 厘米，在西南政法大学就读期间校内外发表文章 160 余篇，撰写各类作品逾 15 万字，获各类奖项 19 项。在毕业求职报考广东一单位时，因其身高未达到用人单位的录用标准而被建议放弃报考。2002 年朱静嘉，女，身高 148 厘米，报考广东省地方史志办公室岗位，因身高未达 150 厘米被拒绝报名参加考试。2004 年福建省杨某，男，身高 159 厘米，在报考漳州市事业单位考试中考试总分名列第一，因身高未达 160 厘米被拒绝录用。2006 年赵某，男，参加了江苏省海门市人事局组织的招录城管行政执法大队（事业单位编制）工作人员的考试，综合成绩并列第三名（录取 4 人），因身高 165 厘米未达到招录要求的 170 厘米而未被录用。上述这些例子显示我国劳动力市场上的相貌歧视现象还非常普遍。相貌歧视对个人、对企业、对社会都会造成一些负面影响。对个人来说，相貌歧视侵犯了劳动者的合法权益，不利于公平竞争；对企业来说，不利于其声誉，最终会损害其利益；对社会来说，不利于劳动力市场中人力资源的优化配置，影响社会的公平和效率。

很多学者研究过相貌歧视问题。高文书（2009）利用 2005 年"中国城市劳动力调查"数据使用 OLS 和工具变量法研究了身高对小时工资的影响。OLS 回归结果表明，无论对男性还是女性，身高对其工资报酬都有显著的正的影响。男性身高每增加 1 厘米，小时工资会提高 1.14%；女性身高每增加 1 厘米，小时工资会提高 0.89%。工具变量法的估计结果表明，身高对男性和女性工资报酬也都具有显著正影响，其影响程度还高于 OLS 估计结果：男性身高每增加 1 厘米，小时工资会提高 4.81%；女性身高每增加 1 厘米，小时工资会提高 10.73%。江求川和张克中（2014）利用中国健康和营养调查数据库（CHNS）2006 年的城镇居民收入和体检数据，使用分位数回归分析了在不同收入阶层上身高和体重的重要性。作者首先利用收入方程探讨身高和体重引起的工资差异以及我国劳动力市场中的身材歧视问题，发现：女性的身高每增加 1 厘米，其月工资收入会提高 1.1%；身材偏胖的女性的月工资要比身材适中的女性低 17.1%。上述工资差异并不是由于健康差异、劳动能力或认知所导致的，即使控制住各种可能的渠道，女性的身材特征都是解释女性工资差异的一个重要因素，这说明我国劳动力市场中存在对女性身材的歧视行为。

陈静思（2016）基于中国综合社会调查（CGSS）2010 年数据使用 OLS 回归和分位数回归讨论了我国劳动力市场的身高歧视现象。研究结果显示，在被他人雇佣工作的样本中，身高会显著提高收入，但在自雇佣的样本中，这种影响并不存在。所以"身高溢价"主要是由于雇主的歧视所造成的。

张晓云（2018）基于中国家庭追踪调查（CFPS）2014 年数据和省份

市场化指数数据，分析了地区市场化程度对消除身高歧视的作用。研究结果表明：首先，我国劳动力市场存在"身高溢价"现象，即身高对收入具有显著正影响，并且身高优势有助于劳动力获得白领职业和进入具有较高职业声望的职业类别。其次，"身高溢价"来自劳动力市场上的雇主歧视行为，而非顾客歧视或个体在受教育水平、认知能力及非认知能力等人力资本方面的差异。最后，"身高溢价"现象具有明显的地区异质性，在相对欠发达的地区其影响更具显著性，而增进地区市场化程度能够显著降低劳动力市场的相貌歧视程度。

罗弥、张川川（2012）使用中国家庭追踪调查（CFPS）2010 年数据研究了 BMI 对就业状况和工资的影响。BMI 对就业和工资的影响都是非线性的，这表明超重或过瘦都会对劳动力市场的结果产生不利影响。作者认为 BMI 对就业和工资的影响来自潜在雇主的歧视，雇主对 BMI 值很高或很低的人存在偏见，并出于各种原因偏爱那些正常范围内的人。这个研究还发现，在女性就业前，歧视对超重/肥胖方面的影响要大于对体重过轻方面的影响，然而，一旦女性就业后，歧视的模式就会转向相反的方向。

Pan 等（2013）基于城市居民基本医疗保险（URBMI）2007—2010年调查数据，发现 BMI 对被雇佣的概率有倒 U 形效应，说明存在相貌歧视。根据文章的研究结果，女性就业的最佳 BMI 为 22.7，男性为 24.3。进一步的研究表明，"健康通道"和"审美通道"在形成男女体型差异中起着重要作用。此外，文章还发现职业类型（正式就业与非正式就业）也受体型的影响。

王询等（2014）基于 2014 年"中国劳动力动态调查"（CLDS）数据实证检验了相貌对劳动力工资性收入的影响。研究发现，与相貌水平一般相比，拥有高颜值可以获得"美貌溢价"，低颜值却并没有收到"丑陋罚金"。在控制健康变量后，相貌的作用显著减小。分样本研究结果显示，男性相貌显著影响其工资性收入，女性相貌对其收入影响并不显著。受教育水平低的群体相貌显著影响工资性收入，但对受教育水平高的群体来说，相貌对其收入影响并不显著，因此教育可以弥补相貌的缺陷。

刘一鹏等（2016）基于中国家庭追踪调查（CFPS）2010 年数据研究了劳动力市场的相貌歧视问题。OLS 回归结果表明，相貌较差的男性，其工资率要比相貌处于平均水平的男性低 19.5%；相貌较差的女性，工资率显著低了 12.1% 。然而，该文没有发现相貌高于平均水平会带来工资溢价。在控制行业和工作机构固定效应之后，相貌变量的参数估计值有所下降，说明相貌通过影响劳动者所进入的行业来影响收入。总体而言，我们的估计结果表明，在中国的劳动力市场中相貌较差的劳动者工资率显著偏低，且相貌对男性的影响远高于女性。

郭继强等（2016）使用上海社会科学院人口研究所"流动和常住人口的家计调查"（SASS）1996 年和中国家庭动态跟踪调查（CFPS）2012 年数据，研究相貌对收入的影响。得出的结论是，好的相貌总体上有助于提升收入，但最漂亮那一类人的收入却没有次美者高。作者把相貌作为一种"人际技能信号"来阐释相貌对收入的影响机理。

顾天竹和纪月清（2017）基于中国劳动力动态调查（CLDS）2012 年数据研究了身高对社会网络的影响。研究结果表明，女性身高每增加 1%，其社会网络综合指标会提高 0.3%；男性身高每增加 1%，社会网络综合指标则会提高近 0.5%，即身高对社会网络有显著正向影响，并且影响效果对于男性和女性而言几乎同等重要。

杨园争等（2017）基于中山大学"中国劳动力动态调查"（CLDS）2012 年数据，运用 OLS 回归及倾向性得分匹配法研究了相貌对工资的影响。结果显示，在男性群体、女性群体以及低学历群体中，"美貌溢价"和"丑陋罚金"都存在：前者会带来工资升水而后者则会降低工资水平。该研究的另外一个重要发现是，容貌歧视在高学历群体中的失效，即"颜值"不会对高学历劳动者的工资产生显著影响。

残疾人因为身体原因也会遭受歧视，本质上这也是一种相貌歧视。国内也有不少学者研究过对残疾人的歧视问题。罗秋月（2001）认为用人单位的消极态度和观念影响了残疾人的就业。用人单位常常认为残疾人不适合工作，要求残疾人向用人单位不断提供相关就业能力的信息。即使残疾人被聘用，可能也没有正式的劳动合同，而且没能得到应有报酬，工作稳定性也较差。赖德胜等（2008）对第二次全国残疾人抽样调查数据进行的分析表明，目前我国残疾人与非残疾人之间的就业率存在明显差距。杨立雄和兰花（2010）认为残疾人就业质量低的一个重要原因就在于就业歧视。社会和市场对残疾人形成就业模式的一些固定印象，例如盲人往往被局限在按摩行业，聋哑人大多从事锻工、车工、搬运工、清洁工等工种，肢残人员则多以修车、补鞋、补衣为生。解垩（2011）

利用中国健康与营养调查数据，测度了残疾人与非残疾人的就业和工资差异，并且分析歧视因素在工资差异中的占比，以及歧视对残疾人就业率的影响。在残疾人与非残疾人的工资差异中，歧视因素大约占35%—47%；歧视使残疾人就业率下降1.4%。

第五节　总结

改革开放40年来，我国的就业制度和工资制度都发生了巨大改变，市场化程度越来越高，劳动者收入与其劳动生产率的相关程度也在不断提高。但不可否认的是，劳动力市场仍然存在各种各样的对弱势群体的歧视，例如对女性的歧视、对农民工的歧视和对相貌不佳群体的歧视，等等，相关消息经常见诸媒体，学者们对这些歧视问题的严谨研究也有很多。不过，劳动力市场上对弱势群体歧视的现象并没有多大的改观，原因可能有以下几点。

第一，国家政策制定部门对劳动力歧视问题重视的程度不够。目前困扰国家发展的事情有很多，例如人口老龄化、中美贸易战、金融危机，这些问题看起来都比歧视问题更棘手、更迫切，因此对解决歧视问题投入的财力、物力都不充足。政策制定部门的认识高度直接影响了下面各执行部门对歧视问题的认识高度，企业甚至被歧视的弱势群体都对歧视问题表现出特别高的承受度。

第二，企业是实施歧视的主体，在尊重企业自主管理权的原则下很难坐实企业存在歧视劳动者的行为，它可用"利润最大化目标"为借口来为自己的歧视行为进行辩护。企业的这种借口也有一定的合理性，相对于学者和政策制定者来说，企业更能清楚地判断劳动者的劳动生产率，有些看上去是"歧视"的内容可能就不是真正的"歧视"，各方对"歧视"使用的判断标准不一致。

第三，被歧视群体的觉醒意识不足。例如，很多女性自己都认同"男主外，女主内""女性天生不如男性"等传统思想，对遭受的性别歧视高度容忍；农民工经常拿自己的情况跟在农村的情况相比，而不是跟城市里本地户籍的劳动者相比，他们感觉到的更多是自己的境况比以前好了，而不是跟城里人存在很大的差距。再者，被歧视群体普遍认为歧视的后果不严重，无非就是薪酬待遇低一点，仍然能够满足生活需要，所以一般不会采取诸如上访之类的极端行为。

第四，学术研究成果质量良莠不齐，很难被政策部门所采纳。目前关于歧视问题的研究存在三大问题：（1）大多专注于实证分析，缺少理论指导，即使发现了问题也无法去寻求解决方案；（2）大多从劳动者（供给方）的角度去分析，缺少从企业（需求方）的角度分析，结论有失偏颇；（3）即使在实证研究领域内，研究结论差异太大，未能形成一些共识性成果，以性别工资歧视研究为例，歧视对总性别工资差距的影响程度从小到 1%，大到 99% 的研究成果都曾经出现过。为了解决劳动力市场上的歧视问题，为了扩大学术成果对政策部门的影响力，我们提出了以下建议：

第一，政策制定部门要提高对"歧视问题"的认识高度。"歧视问题"从目前来看对政府造成的压力不大，但随着文明程度的进步，认识程度的提高，这个问题的重要性会越来越凸显。"歧视"与"人生而平等""人人都有追求美好生活的权利"等理念是相违背的，追求上述理念的政府应自主自觉地解决劳动力市场上的"歧视问题"。此外，解决"歧视问题"还有利于解决人口老龄化社会的人口短缺问题。

第二，企业要从承担社会责任和谋求长期效益的角度认识"歧视问题"。不歧视弱势群体会给企业带来良好的社会声誉，有利于形成平等、和谐的企业文化，有利于增加企业长期的利润水平。网络技术、人工智能的发展实际上提高了某些弱势群体（如女性）的比较优势，传统的歧视弱势群体的原因也会逐渐弱化。此外，在技术快速发展的社会里，人与人之间的差异会拉大，通过群体判断个体的方法不再是甄别信息的有效方式，对弱势群体进行统计性歧视的理论基础也可能不再可靠。

第三，提高"歧视问题"学术研究的质量，为政策制定提供坚实的理论和数据基础。具体来说，可从以下几方面着手。首先，重视歧视理论问题的研究，特别是制度性歧视理论。其次，从企业方面也就是劳动力的需求方研究"歧视问题"，力争做到"兼听则明"、公平公正。最后，从研究使用的数据、研究方法的科学性等方面甄选研究成果，对粗制滥造、哗众取宠的研究予以曝光，避免"劣币驱逐良币"，尽快在歧视领域的一些重要问题上达成共识性成果。

参考文献

蔡昉、都阳、王美艳：《劳动力流动的政治经济学》，上海人民出版社
　　2002 年版。

蔡昉、都阳、王美艳：《城市排斥外地劳动力的政治经济学：北京案例》，
　　《中国制度变迁的案例研究》2005 年第 1 期。

蔡禾、吴小平：《社会变迁与职业的性别不平等》，《管理世界》2002 年
　　第 9 期。

陈昊、赵春明、杨立强：《户籍所在地"反向歧视之谜"：基于收入补偿
　　的一个解释》，《世界经济》2017 年第 5 期。

陈静思：《中国劳动力市场的"身高歧视"分析》，《低碳世界》2016 年
　　第 30 期。

陈永伟、周羿：《职业选择、性别歧视和工资差异——对我国城市劳动力
　　市场的分析》，《劳动经济研究》2014 年第 1 期。

邓曲恒：《城镇居民与流动人口的收入差异——基于 Oaxaca - Blinder 和
　　Quantile 方法的分解》，《中国人口学》2007 年第 2 期。

范婧：《中国新生代农民工就业歧视的经济学分析》，《经济问题》2014
　　年第 9 期。

高文书：《健康人力资本投资、身高与工资报酬——对 12 城市住户调查
　　数据的实证研究》，《中国人口科学》2009 年第 3 期。

葛玉好、曾湘泉：《市场歧视对城镇地区性别工资差距的影响》，《经济研
　　究》2011 年第 6 期。

葛玉好：《大学生就业存在性别歧视吗？——基于虚拟配对简历的方法》，
　　《经济学》（季刊）2018 年第 4 期。

葛玉好：《劳动力市场负面冲击对女性就业和工资的影响》，工作稿，
　　2018 年。

葛玉好：《部门选择对工资性别差距的影响：1988—2001 年》，《经济学》
　　（季刊）2007 年第 2 期。

顾天竹、纪月清：《论社会资本中的美貌溢价——基于劳动力社会网络外
　　貌差异的实证》，《经济与管理研究》2017 年第 9 期。

郭继强、费舒澜、林平：《越漂亮，收入越高吗？——兼论相貌与收入的
　　"高跟鞋曲线"》，《经济学》（季刊）2016 年第 4 期。

郭凯明、余靖雯、蒋承：《统计型歧视理论视角下的性别工资差距》，《世界经济文汇》2017 年第 5 期。

黄志岭：《社会保险参与的城乡工人户籍差异实证研究》，《财经论丛》2012 年第 4 期。

江求川、张克中：《中国劳动力市场中的"美貌经济学"：身材重要吗?》，《经济学》（季刊）2013 年第 2 期。

解垩：《残疾与劳动力市场——中国城镇男性的证据》，《管理世界》2011 年第 4 期。

赖德胜、廖娟、刘伟：《我国残疾人就业及其影响因素分析》，《中国人民大学学报》2008 年第 1 期。

李春玲：《中国职业性别隔离的现状及变化趋势》，《江苏社会科学》2009 年第 3 期。

李实、马欣欣：《中国城镇职工的性别工资差异与职业分割的经验分析》，《中国人口学》2006 年第 5 期。

刘丽双、王艳萍：《论我国当前的妇女就业问题》，《山西高等学校社会科学学报》2000 年第 7 期。

刘一鹏、郑元、张川川：《长得好有高收入? ——中国劳动力市场的相貌歧视问题研究》，《经济评论》2016 年第 5 期。

卢周来：《当前我国劳动力市场中的歧视问题透视》，《经济体制改革》1998 年第 3 期。

罗秋：《残疾人就业存在问题与对策》，《中国劳动》2001 年第 8 期。

马艳林：《教育水平对失业风险影响的实证研究——"民工荒"和"大学生就业难"现象的再解释》，《人口与经济》2016 年第 1 期。

梅建明、熊珊：《基于"四个维度"的农民工市民化实证研究——对3318 份调查问卷的分析》，《中南民族大学学报》（人文社会科学版）2013 年第 4 期。

孟凡强、邓保国：《劳动力市场户籍歧视与城乡工资差异——基于分位数回归与分解的分析》，《中国农村经济》2014 年第 6 期。

孟凡强、吴江：《中国劳动力市场中的户籍歧视与劳资关系城乡差异》，《世界经济文汇》2014 年第 2 期。

秦广强：《职业晋升中的性别不平等——基于 CGSS 2006 数据的分析》，《社会学评论》2014 年第 3 期。

卿石松、郑加梅：《"同酬"还需"同工"：职位隔离对性别收入差距的作用》，《经济学》（季刊）2013 年第 2 期。

卿石松：《职位晋升中的性别歧视》，《管理世界》2011 年第 11 期。

任喜荣：《制度性歧视与平等权利保障机构的功能——以农民权利保障为视角》，《当代法学》2006 年第 2 期。

石莹、黄镇国：《我国劳动力市场中的性别歧视和户籍歧视》，《东岳论丛》2011 年第 10 期。

宋月萍：《职业流动中的性别差异：审视中国城市劳动力市场》，《经济学》（季刊）2007 年第 2 期。

孙长青：《农民工问题的制度因素及制度创新》，《郑州大学学报》（哲学社会科学版）2005 年第 3 期。

童梅、王宏波：《市场转型与职业性别垂直隔离》，《社会》2013 年第 6 期。

王存同、余姣：《"玻璃天花板"效应：职业晋升中的性别差异》，《妇女研究论丛》2013 年第 6 期。

王桂新、沈建法：《上海外来劳动力与本地劳动力补缺替代关系研究》，《人口研究》2001 年第 1 期。

王海宁、陈媛媛：《城市外来人口工资差异的分位数回归分析》，《世界经济文汇》2010 年第 4 期。

王美艳：《城市劳动力市场上的就业机会与工资差异——外来劳动力就业与报酬研究》，《中国社会科学》2005 年第 5 期。

王美艳：《中国城市劳动力市场上的性别工资差异》，《经济研究》2005 年第 12 期。

王询、岳园园、朱晨：《颜值越高收入越高？——基于 2014 年"中国劳动力动态调查"的经验研究》，《云南财经大学学报》2018 年第 5 期。

吴贾、姚先国、张俊森：《城乡户籍歧视是否趋于止步——来自改革进程中的经验证据：1989—2011》，《经济研究》2015 年第 11 期。

吴愈晓、吴晓刚：《城镇的职业性别隔离与收入分层》，《社会学研究》2009 年第 4 期。

谢嗣胜、姚先国：《农民工工资歧视的计量分析》，《中国农村经济》2006 年第 4 期。

邢春冰：《农民工与城镇职工的收入差距》，《管理世界》2008 年第 5 期。

徐凤辉、赵忠：《户籍制度和企业特征对工资收入差距的影响研究》，《中国人民大学学报》2014 年第 3 期。

颜士梅、颜士之、张曼：《企业人力资源开发中性别歧视的表现形式——基于内容分析的访谈研究》，《管理世界》2008 年第 11 期。

杨立雄、兰花：《中国残疾人社会保障制度》，人民出版社 2010 年版。

杨园争、方向明、郑晓冬：《劳动力市场中容貌歧视的学历纠正效应研究》，《南方经济》2017 年第 3 期。

姚先国、黄志岭：《人力资本与户籍歧视——基于浙江省企业职工调查数据的研究》，《浙江大学学报》（人文社会科学版）2008 年第 6 期。

姚先国、黄志岭：《职业分割及其对性别工资差异的影响——基于 2002 年中国城镇调查队数据》，《重庆大学学报》（社会科学版）2008 年第 2 期。

姚先国、赖普清：《中国劳资关系的城乡户籍差异》，《经济研究》2004 年第 7 期。

姚先国、谢嗣胜：《职业隔离的经济效应——对我国城市就业人口职业性别歧视的分析》，《浙江大学学报》（人文社会科学版）2006 年第 2 期。

张申伟、贾亚莉：《关于录用公务人员身高歧视的探讨》，《法制与社会》2009 年第 26 期。

张世伟、郭凤鸣：《东北地区城市劳动力市场中户籍歧视问题分析》，《中国农村经济》2009 年第 2 期。

张世伟、郭凤鸣：《分位数上的性别工资歧视——基于东北城市劳动力市场的经验研究》，《中国人口科学》2009 年第 6 期。

张晓云、辛兵海、杜丽群：《市场化能够消除歧视吗？——来自"身高溢价"的证据》，《财经研究》2018 年第 5 期。

张兴华：《农民工对城镇劳动力的替代性研究》，《中国农村经济》2005 年第 4 期。

章莉、李实、William A. , Darity Jr. 等：《中国劳动力市场就业机会的户籍歧视及其变化趋势》，《财经研究》2016 年第 1 期。

章元、高汉：《城市二元劳动力市场对农民工的户籍与地域歧视——以上海市为例》，《中国人口科学》2011 年第 5 期。

周世军、周勤:《户籍制度、非农就业"双重门槛"与城乡户籍工资不平等——基于 CHNS 微观数据的实证研究》,《金融研究》2012 年第 9 期。

Arrow K. J. , "Some Mathematical Models of Race Discrimination in the Labor Market", Racial Discrimination in Economic Life, Chapter 6, 1972.

Bergmann B. R. , "Occupational Segregation, Wages and Profits when Employers Discriminate by Race or Sex", *Eastern Economic Journal*, 1974, 1 (2) .

Cross E. , "The Sexual Structure of Occupations Over Time", *Social Problems*, 2, 1968.

Doeringer P. , Piore M. J. , "Internal Labor Markets and Manpower Adjustment", New York: DC Heath and Company, 1971.

Edgeworth F. Y. , "Equal Pay to Men and Woman for Equal Work", *Economic journal*, Vol. 32, 1922.

Fawcett M. , "The Posit ion of Women in Economic Life", London: Allen & Unwin, 1917.

Kahn L. M. , "Customer Discrimination and Affirmative Action", *Economic Inquiry*, 1991, 29 (3) .

Luo M. , Zhang C. , "Non – linear Relationship between Body Mass Index and Labor Market Outcomes: New Evidence from China", *Mpra Paper*, (1), 2012.

Meng X. , "Male – Female Wage Discrimination and Gender Wage Discrimination in China's Rural Industrial Sector", *Labor Economics*, (5), 1998.

Pan J. , Qin X. , Liu G. G. , "The Impact of Body Size on Urban Employment: Evidence from China", *China Economic Review*, 27 (4), 2013.

Phelps E. S. , "The Statistical Theory of Racism and Sexism", *American Economic Review*, 62, International Library of Critical Writings in Economics, 1997.

后　记

《中国劳动经济学40年（1978—2018）》一书，是中国社会科学出版社"纪念改革开放40周年丛书"的一部分。本书作者主要来自中国人民大学劳动人事学院和中国社会科学院人口与劳动经济研究所，同时，国务院发展研究中心、首都经济贸易大学、北京林业大学、首都师范大学等单位的学者也参与了本书的撰写。

本书的具体写作分工如下：第一章，中国就业理论与实践的研究进展，由高文书撰写；第二章，改革开放以来中国就业弹性研究的回顾与展望，由杨玉梅、杨伟国撰写；第三章，中国灵活就业问题研究进展，由刘红霞撰写；第四章，改革开放以来中国劳动力流动研究，由王智勇撰写；第五章，改革开放40年中国农村劳动力转移就业政策研究，由纪韶撰写；第六章，改革开放以来关于工资决定机制的研究，由易定红、周金峨、赵一凡撰写；第七章，中国工资差距研究40年综述，由汪雯撰写；第八章，中国人力资本理论研究的创新和发展，由屈小博撰写；第九章，改革开放以来职业培训研究的演进和嬗变，由周灵灵撰写；第十章，改革开放40年来劳动力市场歧视研究的发展趋势，由葛玉好撰写。全书由杨伟国、高文书组织编写。

本书得以顺利完成和出版，首先感谢各位作者所付出的辛勤劳动，其次要感谢侯苗苗副编审的辛苦工作和耐心指导，最后还要感谢中国社会科学院大学的王敬雅、刘乃毓、徐洁、王基光等，他们承担了本书部分章节的资料收集和整理工作。

杨伟国

2018 年 11 月